疑問からはじまる刑法 I

[総論]

川端 博 著

成文堂

はしがき

　「刑法学は，非常に精密な理論が展開されているので，とても理解しにくい」との印象をもたれがちである。その理論体系は壮麗なゴチック様式のドーム(教会の大聖堂)にたとえられることが多い。ドームといえば，わたくしにとってはケルンのドームが強烈な印象として想い起こされる。ボン大学の法哲学研究所を主宰するアルミン・カウフマン教授(刑法・法哲学者)のもとに留学するためにボン・ケルン国際空港に降り立ったのは，36歳の春のことであった。カウフマン教授の秘書が予約してくれたケルンのホテルは，ドームの側だったので，すぐに部屋から飛び出して見に行った。天に向ってそびえ立つ黒ずんだ壮大な姿に圧倒された。その壮重さ。それは600年以上もかけて今なお建築中だという。その息の長さ。当時の西ドイツの首府であったボン市は，ケルンの隣にありブンデスドルフ(連邦村)と称され小奇麗な地方都市の風情をたたえた街であった。ケルンのドームとボンの街並が，わたくしのドイツ留学の心象風景の中心にある。

　留学中にドイツ刑法学の研究に励んだが，その際，カウフマン教授を始め助手のドルンザイファー博士やポルツ゠クレーマー氏と裁判官であるその夫や助手補たちに，日頃から抱いていた素朴な疑問を直截にぶつけて説明を求めたことであった。その回答から得られた知見は，ドイツ刑法学を深く理解するのに大いに役立ったとおもう。

　ここに思い出話を書き綴ったのは，刑法学を学んでもなかなか理解できないと思い悩んでいるあなたに自分の体験を話してエールを送りたいからにほかならない。素朴で幼稚な疑問をもつのは恥ずかしいと考えているあなたを励ましたいのである。「じつは僕もあなたと同じように素朴な疑問を懐きながら刑法学を学んできたのだよ」と訴えたいのである。素朴な疑問こそは本質の把握につながる。それらの疑問を解消することによって刑法学をより正確に理解することが可能となる。そのことを明らかにしたいというのが本書の

ねらいである。

　そこで，本書は，刑法学を学ぶ際に生ずる素朴な疑問に答えるという形で叙述されている。そして，基礎知識を確実なものにするために，随所に択一式の問題が出題され，それに対する解答のためのヒントと解説がほどこされている。論点によっては，簡単に概要を提示したうえで，款を改めて詳細に説明を加えるという方法を用いた。そのことによって多少重複する部分も生ずるが，その反面，問題の全体との関連において内容がより明確に把握できるというメリットが生ずることになる。若干の個別的な判例についても，学習上，有用と考えられる切り口からの説明を加えたので，興味をもって読んでいただけるとおもう。いくつかの論点については，過去の司法試験問題から選んで取り上げて簡単に解法を述べながら解説をほどこしてある。問題を解き解説を読み進むうちに，刑法学の基本を理解することができるものと期待している。このような期待をこめて本書を世に送る。

　本書の出版にあたって成文堂の阿部耕一社長および本郷三好編集部次長から多大な御配慮を戴いたので謝意を表したい。本書は，わたくしの原稿を読まれた本郷氏から頂戴した貴重なアドバイスを活かして，構成を変更したうえでまとめ上げたものである。同氏のアイディアがなければ，このような形で出版することはできなかったであろう。同氏の御協力に改めて御礼を申し上げる次第である。

　　　平成18年(2006年)6月4日

　　　　　　　　　　　　　　　　　　　　　　　　　　川　端　　博

目　次

はしがき

◆◆ 第1章　構成要件該当性 ◆◆

❶ 構成要件および構成要件該当性 …… 2
- 第1款　構成要件の意義 …… 2
- 第2款　構成要件該当性判断の特色 …… 4

❷ 因果関係論 …… 7
- 第1款　因果関係論と責任論との関係 …… 7
- 第2款　条件説と相当因果関係説 …… 9
- 第3款　相当因果関係説と判断基底 …… 12
- 第4款　相当因果関係説の基本構造 …… 14

❸ 法人の犯罪能力 …… 25
- 第1款　法人の犯罪能力 …… 25
- 第2款　法人の犯罪能力否定説の批判的検討 …… 27

❹ 行為論および不作為犯論 …… 36
- 第1款　行為論の意義・種類・機能 …… 36
- 第2款　不作為犯と罪刑法定主義 …… 38
- 第3款　作為義務の体系的地位 …… 41
- 第4款　作為義務の根拠 …… 43

❺ 故意論 …… 47
- 第1款　故意の体系的地位 …… 47
- 第2款　構成要件的故意・過失とは何か …… 50
- 第3款　結果発生の認識に関する判例 …… 52

第 4 款　意味の認識に関する判例（チャタレイ事件判決）……………54
　　　第 5 款　概括的故意の意義 ……………………………………………56
　　　第 6 款　概括的故意に関する判例 ……………………………………59
　　　第 7 款　未必的故意と認識ある過失の区別 …………………………61
　　　第 8 款　未必的故意に関する学説の検討 ……………………………64
　　　第 9 款　未必の故意に関する判例 ……………………………………72
　　　第 10 款　結果回避義務と未必の故意に関する判例 …………………74
　　　第 11 款　条件つき故意に関する判例 …………………………………76
6　構成要件的事実の錯誤 ……………………………………………………79
　　　第 1 款　故意と錯誤論 …………………………………………………79
　　　第 2 款　構成要件的事実の錯誤の意義と種類 ………………………81
　　　第 3 款　具体的符合説と法定的符合説 ………………………………84
　　　第 4 款　法定的符合説の正当性 ………………………………………86
　　　第 5 款　方法の錯誤と過剰結果の併発 ………………………………99
　　　第 6 款　因果関係の錯誤 ……………………………………………101
　　　第 7 款　抽象的符合説 ………………………………………………104
7　過失犯をめぐって …………………………………………………………107
　　　第 1 款　新旧過失犯論争 ……………………………………………107
　　　第 2 款　構成要件的過失 ……………………………………………112
　　　第 3 款　信頼の原則 …………………………………………………114
　　　第 4 款　結果的加重犯の基本問題 …………………………………126
　　　第 5 款　結果的加重犯と予見可能性に関する判例 ………………133

◆◆第 2 章　違法性◆◆

1　行為無価値論と結果無価値論 ……………………………………………138
　　　第 1 款　違法性の本質としての行為無価値・結果無価値 …………138
　　　第 2 款　行為無価値論と結果無価値論の基礎的考察 ………………140

2	事前判断と事後判断	150
3	主観的違法要素	154
4	刑法における「危険」概念	163
5	正当化事由（違法性阻却事由）	167

第1款　被害者の承諾 …………………………………………… 167
第2款　正当防衛の正当化根拠 ………………………………… 175
第3款　正当防衛の意思 ………………………………………… 179
第4款　偶然防衛・対物防衛 …………………………………… 182
第5款　緊急避難の本質 ………………………………………… 188
第6款　過失犯と緊急行為 ……………………………………… 197
第7款　誤想過剰防衛 …………………………………………… 199

第3章　責　任（有責性）

1 責任能力 ……………………………………………………………… 204
　第1款　精神分裂病者の責任能力に関する判例 ………………… 204
　第2款　心神喪失と心神耗弱に関する判例 ……………………… 206
　第3款　原因において自由な行為（1）
　　　　　―故意犯のばあいに関する判例 ………………………… 208
　第4款　原因において自由な行為（2）
　　　　　―過失犯のばあいに関する判例 ………………………… 210
　第5款　心神耗弱と原因において自由な行為に関する判例 …… 213

2 違法性の認識ないしその可能性 ……………………………………… 216
　第1款　故意説と責任説 …………………………………………… 216
　第2款　違法性の認識に関する判例（1）―羽田空港デモ事件 … 220
　第3款　違法性の認識に関する判例（2）―黒い雪事件 ………… 222

3 違法性の錯誤（法律の錯誤） ………………………………………… 225
　第1款　違法性の錯誤と構成要件的事実の錯誤との区別 ……… 225

第2款　違法性の錯誤に関する諸説と「相当の理由」……………*227*

◆◆第4章　未遂犯・不能犯◆◆

1 実行の着手の意義 …………………………………………*234*
2 中止犯（中止未遂）………………………………………*238*
　　第1款　中止犯の法的性格 …………………………………*238*
　　第2款　中止犯の法的性格の概要 …………………………*246*
　　第3款　中止犯の成否（1）…………………………………*249*
　　第4款　中止犯の成否（2）…………………………………*251*
3 不能犯・事実の欠缺 ………………………………………*256*
　　第1款　不能犯の意義および未遂犯との区別 ……………*256*
　　第2款　事実の欠缺 …………………………………………*259*

◆◆第5章　共　犯◆◆

1 共犯一般 ……………………………………………………*266*
　　第1款　共犯の意義と種類 …………………………………*266*
　　第2款　犯罪共同説と行為共同説 …………………………*271*
　　第3款　必要的共犯 …………………………………………*274*
　　第4款　不作為犯と共犯 ……………………………………*277*
　　第5款　身分犯と共犯 ………………………………………*280*
2 共同正犯をめぐって ………………………………………*293*
　　第1款　共謀共同正犯 ………………………………………*293*
　　第2款　過失犯の共同正犯 …………………………………*299*
　　第3款　承継的共同正犯 ……………………………………*302*
　　第4款　共同正犯の中止と離脱 ……………………………*306*

3 狭義の共犯をめぐって …………………………………………316
　第1款　共犯の処罰根拠 …………………………………………316
　第2款　共犯の従属性の有無 ……………………………………319
　第3款　共犯の従属性の程度 ……………………………………322
　第4款　幇助の因果関係 …………………………………………325

第1章
構成要件該当性

1 構成要件および構成要件該当性

◇第1款　構成要件の意義

構成要件は違法行為の「定型」であり「観念形象」であるといわれるが，それはどういう意味なのだろうか。刑法の条文は構成要件そのものではないのだろうか。

〔解説〕

構成要件は「違法行為」を定型化したものであると解するのが，通説的見解である。構成要件を「違法・有責的行為」の定型化されたものと解する説も主張されている。いずれにしても構成要件が「違法行為」を定型化したものであるとする限度では，争いはない。では違法行為の「定型化」とは何を意味するのか。簡単にいえば，刑法的保護に値する利益を侵害する社会的に許されない行為（違法行為）を言葉によって明確に類型化したものが，構成要件である。社会的に有害で許されない行為を法律によって犯罪行為として明示したものこそ，構成要件にほかならない。たとえば，殺人罪・窃盗罪は，刑法199条と235条に規定されているが，その条文自体が殺人罪・窃盗罪の構成要件というわけではない。その条文の命題によって明らかにされている「行為」，つまり「人を殺」す行為，「他人の財物を窃取」する行為が構成要件の内容をなすのである。その行為は，無数に存在し得る殺人行為・窃盗行為の「平均型」であって，現実に発生した事実を意味するのではない。その意味において，構成要件は，事実ではなくて「観念形象」なのである。

比喩を用いて説明すると分かり易いであろう。構成要件は，いわば犯罪の「カタログ」である。刑法の世界で問題にすべきものとしての「犯罪」の内容を包括的にまとめたカタログが刑法ということになる。カタログ販売のばあい，カタログの中には，商品の説明（構成要件の叙述）とその定価（法定刑）が提示されており，客の注文を受けてはじめて（構成要件該当性），現物を取得し，その商品について良否を判断（違法性・責任判断）できるのである。さらに構成要件は，レストランにおける「メニュー」に記載された食事になぞらえることができる。メニューはそのレストランで食べることができる食事のカタログであるが，それ自体は食事の種類・内容・定価を示すものであって，食事そのものではないのである。

● 〔択一式問題〕 ●

【問】 構成要件に関する次の記述のうち正しいものはどれか。
(1) 構成要件が違法行為を定型化した観念形象であるという点において，学説上，争いはない。
(2) 刑法の条文はすべて構成要件そのものを意味する。
(3) 構成要件は違法・有責行為を定型化した観念形象であると解することもできるが，そのように主張する説は存在しない。
(4) 条文に提示されている法定刑が構成要件ではないという点については，学説上争いはない。
(5) 構成要件は歴史的・現実的事実そのものを意味し，観念形象を意味しない。

☞ 解答へのプロセス

(1)違法行為を定型化したものが構成要件であるとする説（違法類型説）が通説であるが，違法・有責行為を定型化したものと解する違法・有責類型説も有力に主張されている。したがって，(1)は誤り。(2)刑法の条文は，必ずしも構成要件だけを規定しているわけではないので，(2)は誤り。(3)(1)で述べたように，違法・有責類型説が有力に主張されているので，(3)は誤り。(4)法定刑は，あく

までも犯罪の「法的効果」であって，犯罪の構成要素の一部である構成要件とはなり得ない。この点については，学説は一致しているので，(4)は正しい。(5)構成要件そのものは，一定の違法行為が類型化された観念形象にほかならないので，(5)は誤り。

　以上により，正解は(4)。

〔応用問題1〕　未遂犯および共犯は「構成要件の修正形式」であるといわれるが，それはどういう意味か。
《ヒント》　①それぞれにおいて何が基本型とされるのか。②それぞれにおいてその基本型の何が修正されているのか。③なぜそのような修正が必要なのか。③は未遂犯・共犯の処罰根拠の問題にほかならない。

〔応用問題2〕　構成要件の故意規制機能とは何か。それはなぜみとめられるのか。
《ヒント》　故意の認識的側面に関して構成要件が果たす役割について考えよ。その役割の存在意義は何かについても考える必要がある。

〔応用問題3〕　規範的構成要件要素とは何か。いわゆる「開かれた構成要件」とは何か。これらの存在を無制限にみとめるのは，構成要件の本来の機能を損うことにならないか。
《ヒント》　①初期の構成要件理論が構成要件の内容を客観的・記述的要素に限定しようとしたのはなぜだろうか。②なぜ規範的構成要件要素をみとめざるを得なくなったのであろうか。③規範的構成要件の内容は，誰が，どのようにして決定するのだろうか。④法益概念の精神化との関係はどうなのか。

◆第2款　構成要件該当性判断の特色

　構成要件該当性判断は「定型的・抽象的」なものであるとされるが，それはどういう意味なのだろうか。違法性判断・有責性判断とどう違うのだろうか。構成要件該当性が有する「違法性推定機能」とはいったい何なのだろうか。

〔解説〕
　構成要件該当性というのは，ある社会的・現実的事実が刑法に規定されている構成要件にあてはまる（該当する）ことを意味する。構成要件に該当する

と判断された事実を「構成要件該当事実」という。構成要件該当性が事実の「性質」を意味するのに対して，構成要件該当事実は，そのような「性質」を具備する「事実」そのものを意味する。

　構成要件は観念形象である（第1款参照）。ある行為が「構成要件にあてはまる」ということは，その行為が「構成要件の概念を充足する」ことを意味する。構成要件該当性の判断にあたっては，その行為が形式的に構成要件の概念要素を具備しているかどうかを考えるべきであり，また，それで足りる。構成要件は違法行為を定型化したものであるから，構成要件に該当する行為は原則として違法である（違法性推定機能）。行為が抽象的・定型的な構成要件にあてはまるか否かの判断は，抽象的・定型的なものであり，その行為が禁止されるべきものか否か，という具体的・実質的な判断である違法性判断とは異なる。また，違法行為をおこなった行為者に法的な非難を課することができるか否か，という具体的・実質的判断としての責任判断とも異なっている。

　以上の関係を比喩を用いて説明しよう。A市でミスA市を選出することにしたとする（今，その行事の当否は問題にしない）。ミスA市となるための資格として，①A市在住者，②未婚の女性であること，③年齢，④身長などの条件が提示される。この資格条件が構成要件にあたる。その条件を具備するかどうかは書類審査で一律に形式的に抽象的に判断できる（構成要件該当性）。しかし，実質的・内容的条件として，さらに容姿端麗，教養の豊かさ，品位などが挙げられよう。これらは，審査員が個々的に面接して具体的に質問するなどして実質的に判断してはじめて，その存否の判定がなされる。このような判断が，刑法では違法性・責任の判断にあたるわけである。

●〔択一式問題〕●

【問】　構成要件該当性に関する次の記述のうち，正しいものはどれか。
(1)　構成要件該当性の判断は，具体的・実質的判断である。
(2)　構成要件に該当する事実を構成要件該当性といい，犯罪の成立要件とな

(3) ある行為について構成要件該当性が肯定されると，その行為は原則として違法である。
(4) ある事実について構成要件該当性が肯定されると，その行為はつねに違法である。
(5) 構成要件該当性は，客観的処罰条件にすぎず，犯罪の成立要件ではない。

解答へのプロセス

(1)構成要件該当性の判断は，ある事実が構成要件にあてはまるか否かを，抽象的・定型的・形式的に判断するものであるから，(1)は誤り。(2)構成要件に該当する事実は「構成要件該当事実」といい，構成要件該当性とは異なる。構成要件該当性は，事実の「属性」・「性質」を意味するのである。したがって，(2)は誤り。(3)・(4)構成要件該当性には違法性「推定」機能があるので，構成要件該当性が肯定された行為は「原則として」違法である。原則として違法であるというのは，具体的・個別的ばあいには，違法阻却事由・正当化事由の介入により適法となることもあることを意味する。したがって，(3)は正しく，(4)は誤っている。(5)客観的処罰条件は，犯罪は成立するがそれがなければ処罰することのできない条件をいう。構成要件該当性は，違法性・有責性（責任）と並ぶ「犯罪の成立要件」である。したがって，(5)は誤り。

以上により，正解は(3)。

〔応用問題1〕 構成要件該当性を犯罪の成立要件とすることの積極的意義は何か。
《ヒント》 抽象的・定型的・形式的判断が有する機能の観点から考えると，どうなるか。

〔応用問題2〕 構成要件を違法・有責類型と解すると，構成要件該当性は，違法性推定機能のほかに有責性（責任）推定機能を有することになるか。かりに有責性推定機能がみとめられないとすると，その根拠は何なのか。また，そのような機能をもたない「類型」をみとめる必要はあるのか。
《ヒント》 ①違法性推定機能とは何か，②それは，訴訟法上の「推定」と同じか，③違法・有責類型説において，いかなる要素が有責類型として構成要件に取り込まれているか。

2 因果関係論

◇第1款　因果関係論と責任論との関係

> 因果関係論は，行為の結果が行為者によって惹起されたか否かを問題にするのであるから，結局，行為者の帰責を扱う責任論に解消されて独自の意義をもたないのではないだろうか。

〔解説〕

因果関係論は，法益を侵害する結果が行為者の行為を原因として起こったか否か，を議論するものである。つまり，その結果を行為者の「せいにする」ことができるかどうかを問題にするのが，因果関係論にほかならない。なぜ刑法で因果関係を問題にするのかといえば，結局，ある結果を発生させた行為者に刑罰を科するためには，その結果が行為者の「しわざ」として起こったことを明らかにする必要があるからだ，ということになる。そうすると，因果関係論は，ある行為の結果を行為者に「帰責」するための理論，すなわち，行為者の「責任」を問うための理論にほかならず，責任論に解消されてしまうのではないか，という疑問が生ずるであろう。このような考え方は，因果関係論の独自性をみとめないものであるから，因果関係論否定説といわれる。

因果関係論否定説は妥当でないとして一般に否定されている。つまり，この説は，「客観的」帰責としての因果関係論と「主観的」帰責としての責任論とを混同するものであるとされる。因果関係論は，行為と結果との間の必然関係を問題にすることによって，刑罰を科するに値する行為の存否を問題に

する。そのばあいには，責任能力・期待可能性などの行為者を非難するための主観的状況を考慮に入れることなく，その意味において「客観的に」帰責が問題とされることになる。要するに，現実に発生した結果をその行為者が惹き起こしたか否かだけを判定するわけである。これに対して責任論は，法益を侵害した違法な行為をおこなったことについて，非難するに値する事情が行為者に存在したか否かを判定する。つまり，責任論においては，行為者の主観的事情を問題にすることによって，行為者に刑を科する必要があるか否かが判断されることになる。

このように客観的帰責と主観的帰責は区別されるべきであるから，因果関係論は必要なのである。

●〔択一式問題〕●

【問】 因果関係論と責任論に関する次の記述のうち，通説の立場によると誤っているのはどれか。
(1) 因果関係論は，ある結果が行為者に帰責させられ得るかどうかを問題にするものであるから，広い意味の責任論であるといえる。
(2) 因果関係論は，行為者の主観的事情を基礎にして行為者に対する非難可能性の存否を問題にするものではないから，狭義の責任論と同じではない。
(3) 責任論は，因果関係論によって因果関係ありとされた行為と結果を前提にして，その行為をおこなった者に対する非難可能性を問題にする。
(4) 因果関係論は，構成要件の外部的・客観的要素である行為と結果との関係を問題にするものであるから，構成要件該当性の次元に属する。
(5) 因果関係論は，発生した結果が行為者の「しわざ」であるとして，これを行為者の「せいにする」ものであるから，当然に，行為者の狭義の責任を問題にする。

☞ 解答へのプロセス

(1)正しい。結果が行為者に「帰責」されるというのは，行為者の刑責にかか

わるので，広義の責任論に含まれる。(2)正しい。狭義の責任論は，行為者の主観的事情を考慮に入れて非難可能性の有無を判断するものである。(3)正しい。狭義の責任は，行為と結果を前提にして判断される。(4)正しい。三元的犯罪論構成をとる通説は，因果関係を構成要件該当性のところで議論する。(5)誤り。因果関係論は，たしかに，ある結果が行為者の「しわざ」かどうかを問題にするが，しかし，そのような行為をしたことの当否は問わない。その当否は狭義の責任の問題なのである。通説は，因果関係論は狭義の責任の問題を包含しないとする。

以上により，正解は(5)。

〔応用問題1〕 刑法上，因果関係の存否が重要性を有する犯罪類型をあげよ。
《ヒント》 なぜ因果関係が取り立てて問題になるのか。たとえば，単純挙動犯において因果関係は問題となり得るか。

〔応用問題2〕 不真正不作為犯において不作為と結果発生との間に因果関係は存在し得るか。それが存在し得るとしたばあい，作為犯における因果関係と同一の内容を有するか。
《ヒント》 「無から有は生じない」といわれるが，これは不作為についてもいえるのだろうか。不作為と結果発生との間に条件関係はみとめられるのだろうか。その条件関係の存在を示す命題は，「AがなかったならばBもなかったであろう」という内容になるのだろうか。

◇第2款　条件説と相当因果関係説

　刑法上の因果関係の存否を判定するにあたって，判例は条件説を，通説は相当因果関係説をそれぞれとっているが，両説はどう違うのだろうか。

〔解説〕

原因と結果の関係を因果関係という。外界の事象にはすべて因果関係が存在する。刑法において，行為と結果の「帰属」関係の存否を議論することを因果関係論という。「犯罪は行為である」とされるが，結果犯においては，一

定の結果が行為によって発生させられたか否か，つまり，その行為が結果の原因となるか否か，が重要な問題となってくる。いいかえると，刑法は，ある者が行為をおこない，その結果として生じた事態をその者の「せいにする」あるいは，その者に「帰責する」ことができるか否かを検討しなければならない。無限に連鎖する因果の系列の中から，行為者のせいにさせられるべきもの，あるいは行為者に帰属させられるべきものを選び出すのが，因果関係論なのである。

現在，因果関係論として条件説と相当因果関係説が主張されている。条件説は，その行為がなかったならばその結果は生じなかったであろうという「条件関係」(conditio sine qua non——不可欠条件) があるばあいに刑法上の因果関係が存在すると解する説である。これは，自然科学その他の領域でみとめられている因果関係の概念を刑法上の因果関係論にあてはめるものといえる。しかし，条件説のように解すると，因果関係の範囲が非常に広いものとなり，「帰属」関係としてその範囲を限定しようとする刑法上の因果関係論の趣旨に合致しない。そこで条件説は，因果関係の中断という概念を用いて不都合を回避しようとするが，成功していないとされている。

相当因果関係説は，行為と結果との間の条件関係の存在を前提としたうえで，その行為からその結果が発生することが，経験上，一般的 (相当) であれば，刑法上の因果関係が存在すると解する見解である。したがって，相当因果関係説は，条件関係をさらに限定するので，条件説よりも因果関係の範囲を狭めるものであるといえる。要するに，両説は条件関係を十分条件と解するか否かで異なることになる。

● 〔択一式問題〕 ●

【問】 条件説と相当因果関係説に関する次の記述のうち，誤っているものはどれか。
(1) 条件説は，不可欠条件 (条件関係) があるばあいに因果関係をみとめるものであって，一般的な因果概念をそのまま刑法に持ち込むも

のである。
(2)　条件説の論者は，その適用の結果，因果関係の範囲が広がるのを防ぐため，因果関係中断論を提唱している。
(3)　相当因果関係説は，条件関係が存在しないばあいであっても，行為と結果との間に相当性があれば因果関係の存在を肯定する。
(4)　相当因果関係説は，行為と結果発生との間に，一般経験上，通常起こり得るという関係があるときに，因果関係があるとする。
(5)　条件説は，一般的因果概念を前提にして因果関係の存否を判断するので，因果関係を広くみとめすぎると批判されている。

解答へのプロセス

　(1)正しい。条件説は，一般的な因果概念である条件関係によって刑法上の因果関係の存否を判断する。(2)正しい。因果関係中断論により，他人の行為や自然現象が介入するばあいに因果関係の存在を否定する。(3)誤り。相当因果関係説は，条件関係の存在を前提にして相当性を判断するものである。(4)正しい。相当因果関係説における「相当性」というのは，その行為によりその結果が発生することが，経験上，通常であることを意味する。(5)正しい。条件関係の存在だけで刑法上の因果関係を肯定すると，その範囲はきわめて広いものとなる。

　以上により，正解は(3)。

〔応用問題1〕　AがBを殺す意思でBに毒を飲ませたが，毒がまわりきらないうちに，その事情を知らないCがピストルでBを射殺した。Aの罪責はどうなるか。
《ヒント》　条件説・相当因果関係説により，Aの行為とBの死亡との間の因果関係はどうなるか。

〔応用問題2〕　AとBは，意思の連絡なしにそれぞれ別個独立にCを殺害しようとして致死量の毒薬をCのウィスキーに混入し，それを飲んだCを死亡させるに至った。A・Bの罪責を論ぜよ。
《ヒント》　択一的競合とは何か。

〔応用問題3〕　AとBが，Cに対して殺害の道具としてそれぞれ刺身包丁を与えたが，CはAからもらった刺身包丁で殺人行為をおこなった。このばあい，Bの罪責はどうなるか。

《ヒント》 仮定的事情を条件関係の判断に加えてよいか。

◇第3款　相当因果関係説と判断基底

> 相当因果関係説は，判断基底に関して主観説・客観説・折衷説に分かれているが，なぜ見解が分かれるのだろうか。また，結論においてどのような具体的相違が生じるのだろうか。

〔解説〕

　相当因果関係説は，その行為から結果が発生するのが，経験上，一般的（相当）といえるばあいに刑法上の因果関係を肯定する。その際，いかなる範囲の事実を基礎にして相当性を判断するかによって，因果関係の存否に違いが出てくる。このような判断の資料とされるべき事実を「判断基底」という。たとえば，Aは，Bが血友病患者であることを知らずにBに軽傷を負わせたところ，出血が止まらずBは死亡したとする。このばあい，Bが血友病患者であったという事実を相当性の判断に含ませるべきであろうか。この点をめぐって学説は客観説・主観説・折衷説に分かれている。

　客観説は，行為当時に行為者が認識していたか否かにかかわらず客観的に存在していた一切の事実のほか，行為後に生じた事実で客観的に予見可能とみとめられる事実を判断基底に入れるべきであるとする。主観説は，行為当時，行為者が認識した事実および行為者が認識し得た事実を判断基底に入れる。折衷説は，行為時に一般人が認識し得た事実および行為者がとくに認識していた事実を判断基底に入れるべきであると解する。客観説に対しては，その適用上，条件説と同じになってしまうとの批判があり，主観説に対しては，行為者の認識だけを基礎にするのは客観的帰責としての因果関係の存否を不当に狭めてしまうとの批判がある。そこで両説を止揚するものとして折衷説が一般に支持されて通説となっている。しかし，折衷説に対しても，一般人概念が不明確であるとか，行為者の認識を問題にすべきではないとかの

批判がある。

前にあげた例のばあい，客観説は，Bが血友病患者であったことを判断基底に組み入れて，Aの行為とBの死亡との間の因果関係を肯定する。主観説は，Aがその事実を知っていたばあいにのみ因果関係を肯定する。折衷説は，Aがその事実を知っていたばあいに因果関係を肯定し，知らないばあいには，一般人にも予見不可能としてこれを否定する。

〔択一式問題〕

【問】 相当因果関係説における判断基底に関する次の記述のうち，誤っているものはどれか。
(1) 判断基底は，相当性を判断するにあたってその基礎となるべき事実を意味する。
(2) 主観説は，行為当時，行為者が認識していた事実を判断基底に取り込む点で争いはない。
(3) 折衷説は，行為者が認識していても一般人ならば認識できないような事実を判断基底に組み入れない。
(4) 客観説は，行為当時，一般人も行為者もともに認識できない事実であっても，客観的に存在するかぎり，これを判断基底に組み入れる。
(5) 主観説は，一般人が認識し得る事実であっても，行為者が認識していないかぎり，これを判断基底に組み入れない。

解答へのプロセス

(1)正しい。判断基底は相当性判断の基礎となる事実にほかならない。(2)正しい。主観説の理解に関しては，①行為者が認識した事実だけを判断基底とする説と，②行為者が認識した事実および行為者が認識し得た事実を判断基底とする説，とに分かれている。しかし，行為者が認識した事実を取り込む点では争いはないことになる。(3)誤り。折衷説は，一般人にとって認識不可能な事実であっても，行為者がとくに認識していたばあいには，これを判断基底に組み入れる。(4)正しい。客観説は，行為当時，存在した事実はすべて判断基底に組み入れる。行為後に生じた事実については，客観的に予見可能であったものだけ

を判断基底に組み入れることができるとされる。(5)正しい。主観説は，行為者が認識していないかぎり，一般人に認識可能な事実を判断基底に組み入れないので，客観的帰責（帰属）としての因果関係論の本旨に適合しない，と批判されている。

　以上により，正解は(3)。

〔応用問題1〕　相当性の内容に関して，これを①高度の蓋然性，②ありがちな可能性，③異常なもの，きわめて偶然的なものを除く趣旨，と解する立場がある。いずれの理解が妥当か。
《ヒント》　客観的帰責という観点から，判断基底と相当性判断との相互関係を基礎にして，相当性の内容を考えよ。

〔応用問題2〕　AがBをナイフで刺してBに重傷を負わせた。Bはただちに救急車で病院に収容され，医師Cによる手術を受けたが，Cの手術上のミスにより死亡した。Aの罪責はどうなるか。
《ヒント》　Aの行為とBの死亡との間の因果関係につき，①判断基底とされるべき事実は何か。②何をもって相当性ありと解すべきか。Aの故意の内容はどうなっているか。

◆第4款　相当因果関係説の基本構造

> 「因果関係論」とは何だろうか。相当因果関係説の内容，「相当性」と「判断基底」の意義および両者の関係はどうなっているのだろうか。「行為後の事情」は，どのように扱われるのだろうか。

〔解説〕
1　問題の所在

　因果関係とは，時間的前後の関係にある事実に関して存在する必然的関係をいう。刑法における因果関係は，一定の犯罪の成立について，行為と結果との間に存在すべき必然的関係を意味する。このように因果関係は，行為と結果との関係を問題にするのであるから，結果発生が重要な意味をもつ犯罪類型（結果犯，過失犯，結果的加重犯など）において，とくに議論されることにな

る。刑法上の因果関係をどのように解するかという論議を因果関係論という。現在，因果関係論として，条件説（等価説）と相当因果関係説とが主張されており，相当因果関係説が通説となっている。

ドイツにおいては，条件説が判例・通説となっており，わが国の判例の主流も条件説の立場にたっている。わが国において条件説は少数説にとどまっている。通説の中にあっても，判断基底，介在事情の取扱い，相当性の内容などについて見解の相違がある。そこで，相当因果関係説じたいに内在する問題に焦点をあわせて検討することにしよう。

2 相当因果関係説における問題点

相当因果関係説（相当説）は次のように主張する。因果関係があるといえるためには，まず，①行為と結果との間に「条件関係」，つまり，「もしその行為がなかったならば，その結果も発生しなかったであろう」という関係が存在しなければならない。次に，②条件関係にある行為と結果との間に，人類の全経験的知識に照らして，その行為からその結果が発生することが一般的であり，相当であるという関係（相当性）が存在しなければならない。すなわち，①条件関係の存在，②相当性の存在が刑法上の因果関係の要件となっているのである。②の相当性の判断にあたっては，次のような2段階の操作がなされる。第1段階は「判断基底」の設定であり，第2段階は「相当性の有無」の判断である。最近，相当因果関係説に対する批判が有力に展開されているのは，まさしく相当性判断における上記の二つの段階の「関係」が十分に解明されていないからであるといえるであろう。論理的関係として見るかぎり，判断基底（相当性の判断をおこなう基礎となる事実ないし資料）が確定された後，それを基礎として相当性判断がなされるのであるから，両者の関係は明瞭である。しかし，「行為後の事情」を因果関係（すなわち，相当性）の存否の判断のために考慮に入れるべきかどうか，かりに考慮に入れるべきであるとすれば，それは判断基底の問題なのか相当性の判断の問題なのか，という点は，やはり不明瞭であるといわざるをえないであろう。このように，相当因果関

係説は，判断基底と相当性判断の内容そのものの問題のほかに，両者の「関係」という問題をも包蔵しているのである。

3 判断基底の問題

ある行為からある結果が通常発生するかどうかは，いかなる範囲の事実を前提とするかによって異なる。このような相当性判断の前提となるべき事実を「判断基底」という。この点については，すでに述べたように主観説，客観説，折衷説とが対立しており，折衷説が通説である。ところが，これらの説の内容の理解それ自体が一致しておらず，相当説内部に混乱が見られる。

主観説の理解として，①行為当時，行為者が認識した事情だけを基礎とするものであるとする見解と，②行為当時，行為者が認識した事情および行為者が認識し得た事情を基礎とするものであるとする見解とに，分かれる。主観説を初めて主張したクリースの所説は②の内容を包含していたのであり，わが国で主観説をとられた宮本博士は「行為者の予見したか又は予見し得べかりし範囲，即ち責任内容の範囲を以て因果関係の範囲とする」とされ，これを故意・過失の範囲と同義に解された。ここでは①と②のいずれの理解が正しいかどうかを問題にする必要はなく，さしあたり適用の結果が①と②で多少異なることに注意しておけばよいとおもわれる。

因果関係論は，法律上の責任判断の前提として，ある事実を当の行為者の「しわざ」としてよいか，あるいは「その条件を与えた者を加害者としてよいかを画定する」ものであり，そこにおいては「被害がその行為の射程範囲内の事実であるかどうか」が重要な視点とされる(藤木)。これは一般に承認されている。この観点からすれば，主観説が行為者の認識 (および認識の可能性) だけを基礎にするのは，客観的帰責としての因果関係の存在を不当にせばめてしまうので，主観説は妥当でないとされることになる。

客観説は，裁判時に裁判官の立場から，行為当時に行為者が認識していた事情および客観的に存在していた一切の事情のほか，行為後に生じた事実で客観的に予見可能であるとみとめられる事実を基礎として相当性を判断する

見解である。この説が主観説の不都合を克服し，「客観的」帰責としての因果関係論の「客観的」側面を重視しようとする意図は十分に理解できる。しかし，この説は，適用上，条件説とほぼ同一のものとなり，客観的「帰責」としての因果関係論の任務にもとることになる。さらに，「行為当時の事情に関するかぎり，一般人も知ることができず行為者も知らなかった特殊の事情をも考慮に入れるというのは，相当因果関係説の根本趣旨と矛盾する。そればかりではない。ひとしく因果関係がその上に進行する事情の中で，行為当時の事情と行為後に発生した事情とを区別することは，理論的根拠を欠く」(団藤)のである。すなわち，行為時に存在した事実はすべて判断基底に包含させるのに，行為後の介在事実は予見可能のものに限定する根拠は，客観説からは十分に提示されていないといえるであろう。あくまでも客観的に因果の系列を考察しようというのであれば，行為後に発生した事実もすべて考慮に入れるべきことになろう。そうだとすれば，客観説と条件説との間に理論上の限界線を画するのはほとんど不可能になるといえる。

　上記のような難点を克服するものとして主張されたのが折衷説である。折衷説は，行為時に一般人が認識し得た事実および行為者がとくに認識していた事実を基礎にして相当性を判断すべきであるとする。ここにいう「一般人」概念について，トレーガーは「もっとも注意深い人間」を想定したが，これは，社会の普通人・平均人ないし通常人を意味すると解すべきである。なぜならば，刑法は社会の普通人を基礎にして存在し機能するので，普通人・平均人が基準とされるべきであるからである。トレーガーの所説は，結局，裁判官の判断力・洞察力を前提とするのと同じことになってしまい，妥当でないとされている。また，折衷説の中で，行為後の事情を考慮に入れるかどうかを明瞭にしている見解は多くない。この点について団藤博士は，「行為時の事情と行為後の事情とを通じて」「行為の時（行為者の立場）に立って，通常人が知りまたは予見することができたであろう一般的事情，および行為者が現に知りまたは予見していた特別の事情を基礎とすべき」であるとして，行為後の事情を考慮に入れるべきことを明言されている。行為の前後で事実を区

別する根拠がない以上,同列に扱うのが妥当であるとされる。

　わたくしは,折衷説が前述の因果関係論の趣旨に最も適合し妥当であると解している。

　ところが,折衷説をとると行為者の主観によって因果関係が左右されることとなって妥当でないとの批判がある。すなわち,「因果関係が行為と結果との間の『帰責関係』であるとしても,それは客観的帰責であって主観的帰責ではないはずである。知らなかったから因果関係がないというのは,目をつぶれば世界はなくなるというのに似ている」とされるのである(平野)。しかし,すでに指摘されているように,因果関係を帰責概念としてみとめ判断基底の設定にあたって一定の事実の捨象を肯定する相当説の立場に立つかぎり,「目をつぶれば結果は必然でなくなる」のは当然であるといえる(町野)。「主観的帰責」とは,構成要件に該当する違法な行為を「決意した」ことを理由に,行為者に責任非難を加えることを意味する。そのような「決意」の前提となる構成要件的行為と結果との間の因果関係は,行為者の主観を判断基底に取り込んだことによりただちに「主観的帰責」の性質をおびるとはいえないであろう。因果関係論においては,あくまでも行為と結果との間の一般的な(その意味において客観的な)関係を問題にしているのであって,行為者に対する帰責(その意味において主観的な帰責)それ自体を問題にしてはいないことに注意する必要がある。したがって,折衷説をとると主観的帰責をみとめたことになるとする批判は妥当でない。

　さらに折衷説は,行為者の認識の有無によって因果関係の肯否に差が生ずることをみとめるので,共犯のばあいに不都合が生ずると批判される。つまり,共犯のばあいに「因果関係が人によってあったりなかったりするのは奇妙だといわなければならない」とされるのである。しかし,大塚博士が指摘しておられるように,そこには不都合はないとされるべきである。すなわち,因果関係は,構成要件該当性を定める一要素であり,結局,ある行為者をどのような犯罪について処罰すべきかを決定するためのものとして意味があるのである。したがって,ある犯罪について処罰し得ない者は初めから除外し

ておくのは当然ということになる。

　折衷説が行為者の認識を重視するのは，一定の事実を利用・支配することに，その者の「しわざ」として法的に把握する根拠を見出そうとするからであるとおもう。さらに一般人の認識可能性を考慮するのは，一定の事実を一般的に利用・支配する可能性がそこにみとめられるからにほかならない。

4　行為後の事情の取扱い

　従来の相当説が，行為後の介在事情も行為時における予見可能の問題として判断基底に取り込んだことに対して，批判が加えられている。この所説の「特徴は最初の行為時に介在事情を判断基底の構造にのせて判断の時点を固定させないところにある。その結果として，最初の行為時に被告人も一般人も予見し難い事情であっても因果経過の一こまとしてその相当性を問いうることになるのである」とされる。上述の問題提起は，折衷説にとって反省を迫るものとして重要な意義を有するといえる。しかし，行為時に存在する事情と行為後に生じた事情とを区別して取り扱う理論的根拠は十分に明らかにされていない。いわゆる「危険性の判断」と「危険性の実現の判断」とは観念的には区別できても，実際上は，前者は後者を何らかの形で先取りせざるを得ないと批判されている。

　事例に即してこの問題を検討することにしよう。

　Aは，道路上にいたBを殺す意思でBをナイフで刺し，その場から立ち去った。そのまま放置されていたならばBは出血多量で死亡したであろうところを，通りかかったCが見つけて病院に運び込んだが，医師Dの治療ミスにより，Bは死亡した。

　この例において，Aの行為後に介在したDの行為は，Aの行為とBの死亡との因果関係に影響をおよぼすであろうか。折衷説の判断定式をこれに適用すると，路上に放置されている重傷者を通行人が救出する可能性は，場所・時期・時刻・天候などにより異なるが，それらを総合判断したばあい，一般人に予測可能であるとされることが多いであろう。その重傷者が病院に収容

される事態も一般人に予測可能である。治療ミスで死亡するというケースはけっして稀有ではない，という意味では，Dの治療ミスも一般人にとって予測可能であるといえるであろう。したがって，これらの事実をすべて判断基底に入れたうえで相当性を判断すべきことになる。そうすると，負傷者が病院に収容されると治療ミスで死亡するというのは，一般的でないので，相当性が否定されるという結論になるはずである。

　しかし，このばあい，相当性の否定は別の点に求められるべきではないだろうか。すなわち，この例においてBの死亡の直接の原因がDの過失行為に求められる以上，Bを死亡させたのはDであるから，もはやAの行為とBの死亡との間の因果関係は存在しないはずである。つまり，Aの行為は殺人未遂であることが確定されていることになる。このように結果を発生させた第三者の行為が構成要件に該当するばあいには，行為後の介在事情として判断基底に組み入れる必要はないといえるであろう。

5　判断基底の設定と相当性判断との関係

　相当性の判断は，何を判断基底に組み入れるかによって，実際上，大部分決まってしまうとされる。なぜならば，「認識可能性を基準にして一つの相当性判断がなされている」と解されるからである。たしかに，「実際上」，そういうことがあるかもしれないが，論理的には両者は区別されなければならない。上記のような事態を避けるためには，判断基底における予見可能性をゆるやかに解する必要があるとおもわれる。一般人にとって認識可能かどうかは，ある結果の発生がまったく認識できない位稀有かどうかによって決定されるべきである。前述のとおり，結果の発生を支配・利用できる可能性があったかどうかこそが，客観的帰責を決める前提としての判断基底の中核である。その観点からは，予見可能な事実の範囲を拡大することに合理性があることになる。問題は「相当性」の判断にある。つまり，予見可能性それ自体は，相当性判断に直接，影響を及ぼさないと解すべきである。

6　相当性の内容

　相当説のいう「相当性」は，「経験上通常である」こと，「一般的可能性」として説明されることが多い。しかし，その内容については争いがある。「高度の蓋然性」から，「ありがちな可能性」・「きわめて偶然なものを除く」ことまで幅が存在する。判断基底の予見可能性を広げたうえで相当性でしぼりをかけるのが，客観的帰責の観点からは妥当であるとおもわれる。そこで「高度の蓋然性」を要求する立場を正当と解すべきであると考える。

●〔択一式問題〕●

【問】　Aは，Bを傷つける意思でBの腕をナイフで切りつけてBに軽傷を負わせた。ところが，通常のばあいであれば全治1週間ほどの軽傷であったにもかかわらず，たまたまBが血友病患者であったので，その傷がもとでBは死亡した。Aの罪責として正しいものはどれか。ただし，傷害致死罪の成立について相当因果関係の存在で足りるとする説の立場に立つものとする。

(1)　相当因果関係説における主観説をとるかぎり，Aはつねに傷害致死罪の罪責を負う。
(2)　相当因果関係説における客観説をとるかぎり，Aはつねに傷害致死罪の罪責を負う。
(3)　相当因果関係説における折衷説をとるかぎり，Aはつねに傷害致死罪の罪責を負う。
(4)　相当因果関係説における主観説をとるばあい，Bが血友病患者であることをAが知っていたかどうかは問題とならない。
(5)　相当因果関係説における折衷説をとるばあい，Bが血友病患者であることをAが知っていたかどうかは問題とならない。

☞　解答へのプロセス

(1)　主観説をとったばあい，相当性判断の基底とされる事実は，行為者が認識していた事実(ないし行為者が認識し得た事実)にかぎられるので，Bが血友病患者であることをAが認識し，または認識し得たばあいに傷害致死罪の成立がみ

とめられることになる（3参照）。したがって、(1)は正しくない。
(2) 客観説は、行為当時存在した客観的事実のすべてを判断基底に含めるので（3参照）、Aまたは一般人の認識の有無にかかわらず、Bが血友病患者であることは相当性判断の基礎とされる。そうすると、血友病患者の腕をナイフで切りつけて軽傷を負わせたばあい、社会の一般的経験から見て、その傷がもととなって被害者が死亡するという事態は通常、おこり得るか、という形で相当性判断の問題が提起されることになる。血友病患者に傷を負わせ、出血が止まらなくなってその者が死亡するということは、一般的にあり得ることである。したがって、Aの傷害行為とBの死亡との間に相当因果関係が存在すると判断される。そうすると、Aは、つねに傷害致死罪の罪責を負うことになる。それゆえ、(2)は正しい。
(3) 折衷説においては、行為当時、行為者が認識していた事実、一般人が認識し得た事実が相当性の判断基底に組み入れられるので（3参照）、Bが血友病患者であったという事実はつねに判断の基礎とされるわけではない。そうすると、Aの行為とBの死亡との間の因果関係がみとめられないばあいもあるので、(3)は正しくない。
(4)・(5) 主観説・折衷説をとると、Aの認識は重要である（3参照）。したがって、(4)・(5)は正しくない。

　以上により、正解は(2)。

●〔択一式問題〕●

【問】 刑法における因果関係に関する次の記述のうち、正しいものはどれか。
(1) 刑法上、すべての犯罪について因果関係の存否が問題となる。
(2) 刑法上の因果関係の存否について、判例および通説は条件説（等価説）をとっている。
(3) 刑法上の因果関係について、通説は相当因果関係説（相当説）をとっているが、判断基底に関しては見解の対立がある。
(4) 結果犯のばあい、因果関係の存在が否定されると、既遂としての罪責を問われる。
(5) 条件説の内部において、判断基底に関して見解の対立がある。

☞ **解答へのプロセス**

(1) 因果関係の存否が問題となるのは，結果犯，過失犯，結果的加重犯などのように結果発生が重要な意味をもつ犯罪類型に限られるのであって，必ずしもすべての犯罪についてではない（①参照）。したがって，(1)は正しくない。
(2) 判例の主流は条件説をとっているが，通説は相当因果関係説（相当説）をとっているので（①参照），(2)は正しくない。
(3) 通説である相当因果関係説の内部にあって，判断基底をめぐって，主観説・客観説・折衷説の対立がある（③参照）。したがって，(3)は正しい。
(4) 結果犯のばあい，行為と結果との間の因果関係が証明されなければ，その結果は当該行為によって発生させられたことにはならないから，「未遂犯」として処罰されることになる。したがって，(4)は正しくない。
(5) 判断基底は，「相当性」の存否を判断する基礎の問題であるから，条件説においては問題にならない。したがって，(5)は正しくない。

以上により，正解は(3)。

● 〔択一式問題〕 ●

【問】 刑法上の因果関係に関する次の記述のうち，正しいものはどれか。
(1) 相当因果関係説をとる以上，刑法上の因果関係の存否の判断基底は一般人の認識し得た事実にかぎられる。
(2) 相当因果関係説をとる以上，刑法上の因果関係の存否の判断基底は行為者の認識した事実にかぎられる。
(3) 相当因果関係説をとる以上，刑法上の因果関係を判断する際，条件関係を考慮に入れることはできない。
(4) 条件説をとる以上，刑法上の因果関係を判断する際，当該行為から当該結果が発生するのが一般的かどうかを考慮に入れることはできない。
(5) 条件説をとる以上，刑法上の因果関係を判断する際，一般人が認識し得た事実を判断基底に入れることはできるが，行為者が認識した事実を考慮に入れることはできない。

☞ 解答へのプロセス

(1) 判断基底については争いがあり（3参照），一律に一般人の認識し得た事実に限定することはできない。したがって，(1)は正しくない。

(2) 一律に判断基底を行為者の認識した事実に限定するのも，(1)において述べたように妥当でない。したがって，(2)は正しくない。

(3) 相当因果関係説は，刑法上の因果関係の要件として，①条件関係の存在，②相当性の存在をあげている（2参照）。したがって，(3)は正しくない。

(4) 条件説においては，必然的条件関係の存否だけを問題にすべきであり，かつ，それをもって足りるので，結果発生が一般的か（相当か）否かは考慮に入れられるべきではない。したがって，(4)は正しい。

(5) 条件説においては判断基底の問題は生じないので，(5)は正しくない。

以上により，正解は(4)。

3 法人の犯罪能力

◆第1款　法人の犯罪能力

> もともと観念的な存在であって自然人のようには身体を有しない法人は，犯罪を犯すことができるのだろうか。もし犯罪の主体となり得るとすれば，その根拠はどこに求められるのだろうか。

〔解説〕
　犯罪は肉体と意思を有する自然人（人間）の行為によって犯されるのが通常である。例えば，殺人・窃盗などは生身の人間の現実的な身体的動作をとおして実現されるのである。そうであるからこそ，その行為に対応する刑罰も，生命刑としての死刑，自由刑としての懲役刑・禁錮刑という自然人を対象とするものが刑罰体系の中核を構成しているとされる。つまり，自然人の意思形成と身体的動作が犯罪の不可欠の要素であり，これに対する倫理的非難の可能性がなければならないとされるわけである。そうすると，法人については倫理的非難を加えることができないし，法人に科すべき刑罰も財産刑としての罰金・科料だけにとどまっていて不十分であるから，わが刑法は法人の犯罪能力を原則として否定していることになる。このように解するのが，判例・通説の立場である。この見地からは，法人の犯罪といわれるものの実体は，法人を背景とする自然人の個人犯罪にすぎないことになる。したがって，個々の自然人を処罰すれば足りるとされる。ただし，「両罰規定」によって法人が処罰されるばあいには，例外的にその限度で法人に犯罪能力がみとめられるにすぎないと解される。

しかし，企業組織体としての法人が，その企業活動に付随して刑法犯の結果を惹起するという事態が往々にして生じている。これを伝統的な法人の犯罪能力否定説によって処理できないとして，法人の犯罪能力肯定説が次第に有力になってきていることに注意する必要がある。法人といえども意思形成は可能であり，それに対する法的責任としての非難可能性を肯定することができるし，法人処罰のための適切な刑罰も観念できるので，法人の犯罪能力を否定すべきではないとされる。たしかに，現行の刑罰体系は自然人処罰を前提としているといえるが，しかし，刑罰は法的効果であってその前提である法律要件としての犯罪能力を基礎づけるものではないから，法人の犯罪能力肯定論の方が妥当であるとおもわれる（詳細については，第2款参照）。

● 〔択一式問題〕 ●

【問】 法人の犯罪能力に関する次の記述のうち，誤っているものはどれか。
(1) わが国および大陸法系の諸国では，法人の犯罪能力否定論が優勢である。
(2) イギリス，アメリカおよび英米法系の諸国では，法人の犯罪能力肯定論が優勢である。
(3) 生命刑・自由刑を中核とする刑罰体系の存在は，法人の犯罪能力否定論の有力な論拠とされている。
(4) 両罰規定が存在する限度では，法人の犯罪能力否定論といえども，その犯罪能力を肯定せざるを得ないとする点で一致している。
(5) 法人の犯罪能力肯定論は，現行の犯罪すべてについて法人の犯罪能力をみとめて処罰すべきであるとする点で一致している。

☞ 解答へのプロセス

(1)正しい。大陸法系の諸国では伝統的に法人の犯罪能力否定論が優勢であり，わが国においてもそうである。(2)正しい。英米法系の諸国においては，現実主義の観点から法人の犯罪能力肯定論が優勢である。(3)正しい。生命刑・自由刑は，まさしく自然人を予定する刑罰であるから，行為主体と受刑主体が一

致すべきである刑法において，法人の犯罪能力は否定されるべきであるということになる。したがって，生命刑・自由刑を基本とする刑罰体系の存在は法人の犯罪能力否定論の有力な論拠とされている。(4)正しい。法人の犯罪能力否定論も，両罰規定のばあいに法人の犯罪能力を肯定せざるを得ない。もしこれを否定すると，法人は行為主体ではないのに処罰されることとなって，行為主体と受刑主体の一致の原則が破綻してしまう。(5)誤り。法人の犯罪能力肯定論といえども，現行刑法上のすべての犯罪について法人の犯罪能力を肯定して処罰すべきであるとしているわけではない。現に存在する懲役刑・禁錮刑に代えて法人の認可取消・休業宣告などを直ちにみとめるのは，罪「刑」法定主義違反である。

　以上により，正解は(5)。

〔応用問題1〕　両罰規定における過失推定説を論評せよ。
《ヒント》　①いかなる過失があるのか。②「推定」をみとめることは責任主義に違反するか。なお，最大判昭32・11・27刑集11巻12号3113頁参照。
〔応用問題2〕　両罰規定において，違反行為者が誰であるかを特定できないが，法人の組織活動としては，法人たる企業体が負うべき注意義務に明らかに違反していたと見られるばあい，その法人を処罰することができるか。
《ヒント》　①法人だけの処罰をみとめるのは「両」罰規定の性質に反しないか，②法人自体の過失という観念をみとめることができるか。

◆第2款　法人の犯罪能力否定説の批判的検討

> 法人の犯罪能力はみとめられるのだろうか。伝統的な学説・判例は，法人の犯罪能力を否定するが，その論拠は何だろうか。それは正当といえるのだろうか。

〔解説〕
1　法人の犯罪能力の肯否をめぐる新状況
　英米法系の法領域においては法人の犯罪能力が広範にみとめられている。これに対して大陸法系の国では，伝統的に法人の犯罪能力は否定される。大

勢において大陸法系に属するわが国では，判例・通説は法人の犯罪能力を否定するが，行政刑法の領域では法人を処罰する規定が少なくない。つまり，立法は英米法主義をとっているわけであり，ここにおいて立法と判例・学説は大いにかけはなれていることになる。法人の活動が社会生活上，きわめて重要な意味をもつようになり，法人の活動範囲が拡大するにつれて，法人の活動も刑法によって規制する必要性がたかまってくる。その要請にこたえるために法人を処罰する規定を新設することが増える傾向にある。立法と学説の懸隔はひろがるばかりである。こうなると，法人処罰は特別法上の単なる例外現象として等閑に付するわけにはいかない。そこで，伝統的な否定説の論拠に批判を加えたうえで，理論上も法人の犯罪能力を積極的にみとめる見解が次第に有力に展開されるようになってきた。むしろ最近では，肯定説の方が学説上，優勢であるとさえいえるであろう。さらに「企業組織体」としての法人やコンプライアンス・プログラムという観点が導入されることにより，法人の犯罪能力をめぐる問題は新たな局面を迎えたことになる。

　このような新状況をふまえたうえで，法人の犯罪能力について，否定説の主要な論拠を批判的に検討しながら考察していくことにしよう。

2　否定説の諸論拠とその検討

　否定説の第1の論拠として，法人には「意思」と「肉体」がないので刑法上の行為能力がない，ということがあげられる。これに対して肯定説は，法人はその「機関」をとおして意思を形成し行為をおこなうことができる，と反論する。たしかに，法人のばあい，純然たる物理現象として自然人とまったく同じように身体の動静としての行為をおこなうことはできない。しかし，法人が観念形象として作り出された以上，それは当然のことである。したがって，自然人とは同一でないことを理由にして法人の犯罪能力を否認するのは，結局，「はじめから自然人しか犯罪能力がないということを前提にしていることにな」ってしまう(板倉)のであり，肯定説に対する有効な批判とはなり得ないことになる。

問題は,「機関」を構成する自然人の意思形成とその実現をどのように「評価」すべきか, という点にある。つまり, これを法人の行為として捉えるのは「どこまでも法的思惟の産物であり, 具体的な事実行為としては, 機関たる地位に就いている自然人の行為なのである」(植松)と解するかどうか, である。法人が社会的に実在し, 法人として行為をおこなうことをみとめる以上, 機関を構成する自然人の行為も, 法人の具体的な事実行為としてみとめるのが妥当である。というのは, 自然人の物理的挙動だけに拘泥するのは, 法人の活動の実態に即していないからである。ほんらい無形的存在である法人は, その意思形成と意思実現にあたって有形的存在としての自然人の媒介を必要とするが, 自然人の関与はそれ以上の意味をもたない。いいかえると, 機関たる自然人は, 法人の具体的事実行為の実現にかかわっているにすぎず, それとは別個独立の評価をうけるべきではない。

　否定説の第2の論拠は, 法人に対して倫理的責任を負わせることができないこと, に求められる。たしかに, 倫理は, 人間の人格陶冶を目的とし善悪の観点から人間の意思活動を対象とするから, 倫理的責任はあくまでも個人に向けられることになる。しかし, 法的責任の主体は個人人格にかぎられない。なぜならば,「法は社会生活の正しい秩序を維持発展させることを目的とし, 社会的であるか反社会的であるかという観点から見た行為を対象とするから」である (金澤)。したがって, 社会的統一体としての団体 (法人) がおこなった反社会的活動に対して, 刑法的観点から責任を追及することは, 当然, 許されることになる (金澤)。伝統的な倫理的責任非難の見地からも, 法人の集団的意思形成に対する非難は可能であるとする立場もある。

　否定説は, 第3の論拠として, 現行の刑罰体系の中核をなしている自由刑・生命刑が法人に適用され得ないこと, をあげている。これが, 否定説の最大の実質的根拠であると見てよい。たしかに, 刑罰体系は自然人を予定して構成されている。しかし, 罰金・科料の財産刑は法人に対して科することができるのである。ひるがえって考えてみると,「刑罰が適当でないから犯罪能力をみとめない」というのは「本末顛倒」の議論であるとされる。というのは,

この議論は,「法律効果」の前提である「法律要件」を法律効果によって基礎づけようとしているからである。法人に対する刑罰として解散・資格停止・活動(業務)停止などを立法によって整備することが,法人の犯罪能力の法律効果の問題として検討されなければならない。

　第4の論拠として否定説は,機関たる自然人のほかに法人を罰するのは「二重処罰禁止の原則」に違反する,ということを持ち出す。しかし,これも犯罪能力が肯定された後に,いかなる範囲で処罰されるべきか,という法律効果の問題にほかならない。かりに二重処罰禁止(憲法39条)が問題となるとしても,これは同一自然人・同一法人を二重に処罰してはならないとするものである。したがって,同一事件について自然人と法人を罰することはその禁止にふれないと解されている。また,一般に指摘されているように,機関たる自然人の行為は,個人としての行為の面と機関としての行為の面をもっているから,両者を処罰しても二重処罰とはならないのである。

　ところで,否定説をとる以上,犯罪能力のない法人を処罰する規定は違憲無効であると解すべきはずである。それにもかかわらず,ほとんどすべての否定説論者は,法人処罰規定を無効とは解していない。つまり,法人には犯罪能力はないが受刑能力はあるということをみとめるのである。しかし,このような主張は,犯罪主体と受刑主体は一致しなければならないとする近代刑法の根本原則に違反するので,正当でないとされる。

　そこで,刑法上は法人の犯罪能力を否定しながら,行政刑法においてはその特殊性から犯罪能力を肯定する見解も主張されている。すなわち「倫理的要素が弱く,特定の行政目的を実現するための保障といった合目的的要素が強い」行政刑法のばあい,「行政違反という違法状態の発生についての社会的非難の帰属という観点から」「修正された刑事責任」を法人に対してみとめるべきである,とされるのである。

　しかし,刑事犯と行政犯との区別は相対的なものであり,法人の修正された刑事責任を基礎づける基準としては不明確であろう。また,租税逋脱犯(ほだつ)や公害罪法所定の犯罪などのように,むしろ刑事犯と見られるべきものについ

ても法人を処罰する規定が設けられているばあいを，この見解は合理的に説明できないとされる。

さらに，修正された刑事責任は機関たる自然人に対しては適用されないのか，という疑問が生ずる。もし，機関たる自然人については本来の責任が要求されるとすれば，行政犯の特殊性を強調する趣旨がなかば失われてしまうであろう。また，機関による行政法規違反に対する社会的非難が法人に帰属するのであれば，「法人のみ処罰すればよく，両罰規定のように機関たる自然人を別に処罰する必要はないのではなかろうか」(阿部)。

このように見てくると，一般的に法人の犯罪能力を肯定する説の方が妥当であるといえる (平野)。

3　法人処罰の範囲

法人の犯罪能力を理論的に肯定できるかということと，「現行法の解釈としてどこまで法人の処罰をみとめ得るか」ということとは次元を異にする別個の問題であるとされる。したがって，肯定説のなかにあっても，見解の相違が生じてくる。多数説は，法人を処罰する明文の規定(そのほとんどが両罰規定)があるばあいに限定すべきであるとする。これに対して反対説は，犯罪の性質・法定刑の種類によって法人の行為として観念できるものについては，明文の規定がなくても法人処罰は可能であると解している (藤木など)。

4　判例の立場

従来，判例は基本的に否定説の立場に立ってきている (大判明治36・7・3刑録9輯1202頁，大判昭和10・11・25刑集14巻20号1217頁など)。ところが，昭和40年3月26日の最高裁判決 (刑集19巻2号83頁) は，事業主が法人のばあいに，法人が代表者以外の従業者の選任・監督上の過失を理由として処罰されることを肯定した。これは，少なくてもその範囲において法人の犯罪能力をみとめるものである。一般論として法人の犯罪能力を肯定するものではないにしても，この判決は肯定説への転換のための布石として評価することができる。

●〔択一式問題〕●

【問】 法人の犯罪能力に関する次の記述のうち，正しいものはどれか。
(1) 刑法上の行為として有意性および有体性を要件とするかぎり，法人の犯罪能力をみとめることはできない。
(2) 刑法上の責任を倫理的非難可能性によって基礎づける立場からも，法人の犯罪能力をみとめることができる。
(3) 法人の犯罪能力を肯定する説は，刑法上のすべての犯罪について法人の刑事責任をみとめている。
(4) 法人の犯罪能力を否定する説は，法人を処罰することをすべて否定する点で一致している。
(5) 法人の犯罪能力を肯定する説は，法人のほかに機関たる自然人をも処罰するのは合目的性の原理から憲法上許される二重処罰であると解する。

解答へのプロセス

(1) 法人は自然人のばあいとまったく同じ意味において「行為」をなすわけではない。法人のばあい，機関をとおして集団的な「意思」を形成することができ，執行機関を構成する自然人がその意思を実現する。その際，自然人の「行為」が法人の行為としての意味をあわせもつと解し得る。したがって，有意性・有体性の面で欠けるところはないので，法人の犯罪能力を肯定できる。ゆえにこの選択肢は誤り。
(2) 法人の集団的意思形成に対しても倫理的責任を追及できるとする見解もある（2参照）ので，この選択肢は正しい。
(3) 肯定説のなかでも法人の刑事責任をみとめる範囲については見解の相違がある。しかし，刑法上のすべての犯罪について刑事責任を肯定する見解は存在しない。したがって，この選択肢は誤り（3参照）。
(4) 特別法上，法人処罰の規定があるばあい（そのほとんどが両罰規定）には，否定説の大多数はこれを有効と解している。したがって，この選択肢は誤り（2参照）。
(5) 肯定説は，法人のほかに機関たる自然人をも処罰することを，けっして二重処罰とは解していない。したがって，この選択肢は誤り（2参照）。

以上により，正解は(2)。

● 〔択一式問題〕 ●

【問】 次の文章は法人の犯罪能力に関するある説の要旨である。(1)～(5)の空欄を補充するのに適切な語句を挙げたが，誤っているものはどれか。
「刑法上，(1) はとくに限定されないことが多く，そのばあい，(2) ならば誰でも (1) となりうる。刑法の本質，——とくにその (3) ——および現行刑法の (4) から考えると，法人は犯罪能力を (5) と解すべきである。
(1) 行為の主体
(2) 自然人
(3) 倫理的性格
(4) 刑罰体系
(5) 有する

☞ 解答へのプロセス

　刑法の倫理的性格と現行法の刑罰体系を持ち出してきていることから，この説は，法人の犯罪能力否定説であることが明らかである（②参照）。すなわち，倫理的責任というのは，元来，自然人としての個人人格を問題にするものであり，現行刑法は，自然人を前提とする「自由刑」・「生命刑」を中核とする刑罰体系を構築しているので，当然，行為の主体として自然人を予定しているということになる。したがって，この立場からは，法人の犯罪能力は否定されなければならない。そうすると，(5)は，犯罪能力を「有しない」という語句が正しいことになる。したがって，「有する」というのは誤りである。
　以上により，(5)が正解。

● 〔択一式問題〕 ●

【問】 法人の犯罪能力を肯定する立場の論拠を列挙した。正しくないもの

はどれか。
(1) 機関による意思形成が可能であること
(2) 反社会的活動に対する法的責任としての非難可能性がみとめられるべきこと
(3) 現行法上，財産刑が規定されていること
(4) 法律効果論を先行させるべきこと
(5) 機関たる自然人の行為の二面性が認められるべきこと

解答へのプロセス

(1) 法人の犯罪能力否定説は，自然人のみが意思形成をなし身体的動静としての行為をなし得ると主張する。これに対して法人の犯罪能力肯定説は，法人も機関をとおして意思形成をすることができ，行為することができると解する。したがって，(1)は正しい。

(2) 否定説は，倫理的責任は自然人に対してしか加えられないので，法人に対する刑法的責任は追及できないとする。これに対して肯定説は，法人も事実として「反社会的活動」をおこなっており，これを理由とする法的責任の追及は可能であるとする。すなわち，刑法上の責任は何も個人人格の陶冶（とうや）にかかわる倫理的責任にかぎられないと解しているのである。したがって，(2)は正しい。

(3) 否定説は，現行法上，自然人を前提とする自由刑・生命刑を中核とする刑罰体系がとられているので，法人の犯罪能力を否定すべきであるとする。しかし，その論法をもってするならば，法人にも科することのできる財産刑を現行法が規定している以上，現行法はその限度で法人の犯罪能力をみとめているということにならざるを得ない。したがって，(3)は肯定説の論拠として正しい。

(4) 否定説は，(3)で見たように，現行刑法が自由刑・生命刑を中核とする刑罰体系をとっていることを根拠にして，法人の犯罪能力を否定する。これは，犯罪（法律要件）の法律効果である刑罰を根拠にして，犯罪能力（法律要件）を否定するものであって，通常の法律論からすれば「本末顛倒（てんとう）」の議論ということになる。むしろ，肯定説の立場からは，刑罰論（法律効果論）は法律要件論に先行すべきでないことを主張することになる。財産刑について(3)において述べたことは，あくまでも否定論の論法に仮に従ったとしたばあいにも，肯定説にとっては財産刑の存在は論拠となり得るという趣旨である。しかし，根本に立ち返って考えたばあい，法律効果先行論は肯定説の積極的な論拠ではないので

ある。したがって，(4)は誤り。

(5)　否定説は，もし肯定説の立場をとると，法人と機関たる自然人を処罰することとなり，これは「二重処罰禁止の原則」に反するとして，肯定説を批判する。しかし，肯定説は，機関たる自然人の行為は，法人の機関としておこなった面と自然人としておこなった面という二面性を有しているので，それぞれについて処罰しても，二重処罰にはならないと反論する。したがって，行為の二面性は肯定説の論拠として正しい。

　以上により，正解は(4)。

4 行為論およぴ不作為犯論

◆第1款　行為論の意義・種類・機能

> 刑法において、とりたてて人間の「行為」を問題にするのはなぜだろうか。行為の捉え方に関する「行為論」にはどういうものがあるのだろうか。どの行為論をとるかによって、理論上、違いが生ずるのだろうか。

〔解説〕

「単なる思想は罰せられない」（ウルピァーヌス）。いかなる邪念をもとうとも、それが行為として発現されないかぎり、刑法の世界で問題とされることはない。そのことを近代刑法学は「犯罪は行為である」という形で表現する。この命題は、「行為でないものは犯罪ではない」ということをも意味する。そうすると、行為か否かは、犯罪となり得るものとそうでないものとを限界づける重要な機能を有することになる。そこで、「そもそも行為とは何か」ということを議論する「行為論」が刑法では重要視されるのである。

行為論には、大別すると①有意行為論（因果的行為論）、②目的的行為論、③社会的行為論がある（人格的行為論も有力に主張されている）。有意行為論は、行為を人間の意思に基づく身体の動静であると解する。この説によれば、行為の本質をなすのは「有意性」と「有体性」である。行為論の次元においては、意思が存在するか否か（有意性の有無）だけが重要であり、意思の内容は責任論の次元で検討すべきであるとされる。つまり、有意行為論は、意思の存在と内容を分離する点に特徴があるのである。これに対して目的的行為論は、現実の行為において、意思の存在と内容は渾然一体をなしており、一定の結果

を実現しようとする意思，すなわち目的性こそが，行為を特徴づけるものであるとする。つまり，構成要件的結果を実現するために因果関係を支配・統制する意思としての「目的性」が，行為の本質とされるのである。この見地からは，有意行為論は，意思を単なる因果の系列の一環として把握するものであるから，因果的行為論に堕するものと批判される。目的的行為論は，故意犯には妥当するが，過失犯・不作為犯を合理的に説明できない。そこで，社会的行為論は，行為を社会的に意味のある重要な態度・行態として把握し，両説を止揚しようとした。しかし，社会的意味の内容は不明確であると批判されている。

行為論のいかんによって，故意の位置づけや過失犯・不作為犯の構造の理解に大きな差が出てくることになる。

● 〔択一式問題〕 ●

【問】 行為論に関する次の記述のうち，誤っているものはどれか。
(1) 有意行為論は，行為の本質的要素として「有体性」と「有意性」を要求する。有体性とは身体的動静を意味し，有意性とはその身体的動静が意思に基づいていることを意味する。
(2) 目的的行為論は，行為の本質的要素として目的性を挙げる。行為の目的性というのは，実現意思であり，意思の内容にほかならない。
(3) 社会的行為論は，行為の因果性・目的性に着目するのではなくて，社会的に意味のある態度・行態といえるか否かを重視するものである。
(4) 目的的行為論は，行為論の次元において実現意思を問題にするので，故意を犯罪論体系上，責任論に位置づけることになる。
(5) 有意行為論は，行為の要素として「有意性」を問題にするが，それは結果に対する原因としての意味を有するにすぎないと解するため，因果的行為論ともいわれる。

☞ 解答へのプロセス

(1)・(2)・(3)・(5)の記述はすべて正しい。(2)において説明されているように，

行為論の次元において実現意思・目的性を問題にすることは，意思の内容（故意）をそこで問題にしていることにほかならない。つまり，故意を行為論において議論しており，故意を責任論に位置づけてはいないことになる。したがって，(4)は誤っている。

　以上により，正解は(4)。

〔応用問題1〕　行為には，「基本要素」としての機能，「結合要素」としての機能，「限界要素」としての機能，「統一要素」としての機能があるとされる。これらの機能は，それぞれどういうことを意味し，それは十分にその役割をはたしているのだろうか。
　《ヒント》　犯罪の成立要件としての行為論の存在理由の問題である。
〔応用問題2〕　目的的行為論者は責任説をとるが，責任説は目的的行為論を前提としないかぎりとり得ないか。
　《ヒント》　目的的行為論は，故意を行為の目的性の問題として解するので，故意イコール目的性と把握することになり，故意を事実的故意に限定せざるを得ず，責任説をとる必要が出てくる。しかし，「逆も真なり」といえるかどうかが，問題となる。
〔応用問題3〕　社会的行為論は因果的行為論の一種といえるか。
　《ヒント》　「社会的意味」をどう捉えるか。
〔応用問題4〕　人格的行為論の内容とそれが犯罪論体系に及ぼす影響について論ぜよ。
　《ヒント》　人格的行為論によれば，行為は「人格の主体的現実化」として把握される。行為をこのように捉えることによって，不作為・過失の行為性が容易に論証され得るとされるが，それはどうしてか。従来の行為論とどう違うのか。これに対してはどういう批判があるか。

◆第2款　不作為犯と罪刑法定主義

　母親Aが，その乳児Bに授乳をしないという不作為によりBを死亡させたばあいに，Aを殺人罪（刑法199条）で処罰するのは，作為犯を予定している199条を適用することとなって罪刑法定主義に違反するのだろうか。

〔解説〕

　積極的な動作をおこなうことを作為といい，その作為をおこなわないことを不作為という(通説)。これに対して，作為とは行為であり，不作為とは行為をしないことであると理解する異説(目的的行為論)も存在する。異説によれば，不作為は「行為」ではないから，不作為を処罰するのは「犯罪は行為である」という命題に反することになる。しかし，不作為も行為・過失と並んで「行態」に含まれ，刑法上処罰されるとするから，実際上，その結論は，通説と同じである。

　199条は殺人罪を規定しているが，それは人を殺す「作為」をしてはならないという「禁止」を内容とする。つまり，本条は，「作為犯」を予定しているのである。ところがAは，授乳をしないという「不作為」によってBを殺している。このように不作為によって作為犯の結果を実現するばあいを「不真正不作為犯」という。不真正不作為犯は，直接，「禁止」規範に違反しているわけではない。授乳すべき義務(作為義務)を負っているAが，その「命令」されている授乳という作為をおこなわないことによって，まず「命令」規範に違反し，その結果として，Bの死亡を惹起することによって間接的に「禁止」規範に違反していることになる。そうすると，不真正不作為犯を処罰するのは，直接，禁止規範としての199条が予定していない行為を処罰することになって罪刑法定主義に違反するのではないか，という疑問が生ずる。しかし，不作為のすべてを罰するのではなくて，「価値的に見て」作為と同視できる程度の不作為だけを処罰するのであれば，罪刑法定主義違反とはいえない。母親がその乳児の首を絞めて殺すのも，授乳をしないで餓死させるのも，規範的には，殺人行為として「同価値」とみとめられることになる。社会生活上，一般人も，Aの不作為を作為と同じ程度の犯罪性をもった行為と評価するであろう。このように作為との同価値性(同置性・同視性)を要求することによって罪刑法定主義違反の疑問が解消される。

〔択一式問題〕

【問】 不真正不作為犯の処罰に関する次の記述のうち，正しいものはどれか。

(1) 不真正不作為犯は，不作為それ自体が構成要件として規定されているから，つねに罪刑法定主義に違反しない。
(2) 判例上，すべての作為犯について不真正不作為犯の成立がみとめられている。
(3) 不真正不作為犯の処罰が罪刑法定主義に違反するとの疑いを解消するために，立法論として，総則規定を設ける立場と犯罪類型ごとに各則に規定する立場がある。
(4) 不真正不作為犯の処罰は，禁止規範である作為犯処罰規定を類推して，本来，命令規範違反である不作為に禁止規範を適用するものであるから罪刑法定主義に違反するという点で学説は一致している。
(5) 不真正不作為犯においては，不作為が処罰の対象とされるので，因果関係の問題は生じない。

☞ 解答へのプロセス

(1)不作為が構成要件的行為とされているのは真正不作為犯であるから，(1)は誤り。(2)判例は，不真正不作為犯の成立をみとめるのにはきわめて慎重であり，殺人罪・放火罪・詐欺罪などのかぎられた犯罪類型についてのみ，これをみとめているので，(2)は誤り。(3)正しい。改正刑法草案12条は総則に規定する立場に立つものである。(4)罪刑法定主義に違反しないと解するのが，むしろ圧倒的多数の学説の立場であり，(4)は誤り。(5)不真正不作為犯は結果犯について問題になるので，因果関係の存在が必要である。ただし，作為犯のばあいとは条件関係の内容に違いがある。したがって，(5)は誤り。

以上により，正解は(3)。

〔応用問題1〕 不真正不作為犯における不作為と作為との同価値性は，作為義務の前提なのか，構成要件要素なのか，それとも非難可能性の要素なのか。
《ヒント》 罪刑法定主義違反の批判をかわすために作為との「同価値性」・「等置

性」・「同視性」が持ち出されるが，それは犯罪論の体系上，どこに位置づけられるべきものなのだろうか。

〔応用問題2〕　不真正不作為犯における因果関係について論ぜよ。

《ヒント》　なぜ不真正不作為犯における因果関係がとりたてて問題にされるのか。いいかえると，作為犯における因果関係とどのように異なり，なぜその相違が生ずるのであろうか。

〔応用問題3〕　不作為は行為ではないとする見解を論評せよ。

《ヒント》　社会の一般常識上，不作為は行為として把握されているが，その理解のどこに不都合があるとされるのか。

◆第3款　作為義務の体系的地位

> 不真正不作為犯における「作為義務」とは何なのか。それを構成要件要素とするのか違法要素とするのか，ということが問題になるのはなぜだろうか。保障人的地位と作為義務との関係はどうなっているのだろうか。

〔解説〕

一定の作為，つまり積極的な身体的挙動をおこなうべき義務を作為義務という。たとえば，第2款における母親Aは，乳児Bに対して授乳すべき作為義務を負っている。Aが授乳をしないばあい，授乳をしないという不作為をおこなっているのは，Aだけではない。その親戚(しんせき)も，その隣人も，さらに行為能力を有するすべての人がそうなのである。しかし，Aの不作為だけが不真正不作為犯を構成することは明らかである。なぜ，そのようにいえるのだろうか。

そこで，まず考えられるのは，Aだけが作為義務を負っており，その作為義務に違反する不作為だけが違法なものになると解することである。これは，個々具体的に作為義務を問題にし，その義務違反を違法性の要素として把握することになる（違法性説）。社会生活上，不作為は見逃されることが多いが，それは違法性がないからであるとされる。違法性説をとると，不作為はすべ

て構成要件該当性を有することとなり，不真正不作為犯のばあい構成要件該当性は違法性推定機能をもたないという不都合が生ずる。

このような不都合を解消するものとして提唱されたのが，保障人説である。この説によれば，保障人的地位を有する者の不作為だけが構成要件に該当するとされる（「保証」という語の民事的色彩を避けるため「保障」人的地位と称されるのである）。つまり，この説は，作為義務を違法要素ではなくて，構成要件要素と解するわけである(保障人説)。そうすると，作為義務を負う者が保障人的地位を有する者となる。このように保障人説は，不真正不作為犯の主体を構成要件該当性の段階で限定することに成功した。しかし，個別的・具体的な作為義務を定型的・抽象的判断である構成要件該当性の段階で議論するのは妥当でないといえる。

そこで，保障人的地位を類型化したうえで構成要件要素として把握し，作為義務を違法性の要素と解する見解（区別説）が有力に主張されている。作為義務の位置づけは，作為義務の錯誤の取扱いに関して重要な差異をもたらす。

● 〔択一式問題〕 ●

【問】 不真正不作為犯における作為義務に関する次の記述のうち，誤っているものはどれか。
(1) 作為義務を違法性の要素と解する説によれば，不作為の構成要件該当性は違法性推定機能を有しない。
(2) 作為義務を構成要件要素と解する説によれば，不作為の構成要件該当性は違法性推定機能を有する。
(3) 作為義務を違法性の要素と解する説によれば，構成要件該当性の段階で不真正不作為犯の主体を限定できる。
(4) 作為義務を構成要件の要素と解する説によれば，違法性の段階では作為犯のばあいとまったく同様の違法性阻却事由が問題となる。
(5) 作為義務を構成要件の要素と解する説によれば，構成要件該当性の段階で不真正不作為犯の主体を限定できる。

第4節　行為論および不作為犯論　43

> **解答へのプロセス**
>
> 　(1)作為義務が違法性の要素であるとすると，作為義務に違反する不作為だけが違法であり，その他の不作為は違法でないことになる。これは，結局，すべての不作為が構成要件該当性を有することをみとめるものであり，構成要件該当性は違法性推定機能をもたないことになる。したがって，(1)は正しい。(2)作為義務を構成要件の要素とすると，構成要件該当性は違法性推定機能を有することになり，(2)は正しい。(3)作為義務を違法要素とすると，(1)で述べたように，すべての不作為が構成要件に該当することになり，構成要件該当性の段階では主体を限定できない。したがって，(3)は誤り。(4)この立場では，違法性は作為犯のばあいと同じように扱われるので，(4)は正しい。(5)(3)の反面として(5)は正しい。
> 　以上により，正解は(3)。

〔応用問題1〕　作為義務違反は違法性の問題であるが，構成要件該当性の判断と同時に判断されるべきであるとする見解を論評せよ。
　《ヒント》　①作為義務を違法性の要素と解する積極的な根拠は何か。②保障人説をとるべきでないとする根拠は何か。

〔応用問題2〕　Aは，その子Bと海水浴に出かけた。Aが浜で休んでいた時，溺れかけている子を見たが，他人の子を救助する必要はないと考え，そのまま放置したので，その子は溺死した。ところが，その子はAの子Bであった。Aの罪責を論ぜよ。
　Aが，溺れかけている子をBと知りながら救助する義務はないと考えていたばあいは，Aの罪責はどうなるか。
　《ヒント》　このばあい，作為義務の錯誤が存在するが，これをどのように扱うべきかが問題となる。①違法性説，②保障人説，③区別説によるとどのように解されるか。これらの処理以外に方法はあり得ないのか。

◇第4款　作為義務の根拠

　不真正不作為犯の本質的な要素である作為義務は，どういうばあい

に，何を基礎にして発生するのだろうか。

〔解説〕
　作為義務は構成要件的結果が発生しないように一定の作為をおこなうべき義務である。刑法は，単なる道徳違反を処罰するものではないから，作為義務は法的なものでなければならない。それで，通行人 A が行き倒れの B を見て救助しなかったため，B が死亡したとしても，A は刑法で処罰されることはないことになる。たしかに，A は倫理的・道徳的には行き倒れの B を救助すべきであったといえるが，しかし，法的な作為義務を負っていなかったのであるから，不作為犯としての殺人罪は成立しないのである。では，法的な作為義務は何に基づいて発生するのであろうか。

　判例・通説によれば，作為義務は，①法令，②契約・事務管理，③条理によって生ずる(いわゆる形式的三分説)。①たとえば，親子関係において，民法上，親権者は子に対する監護義務を負っているので(民法 820 条)，法令に基づく作為義務が存在することになる。夫婦間においても，夫婦は，相互に扶助義務を負っているので(民法 752 条)，作為義務が生ずるとされる。②たとえば，ベビーシッターの契約をした者は，預った子に関して作為義務を有し，また，義務がないにもかかわらず事務管理(民法 697 条)を開始した者も，作為義務を負うことになる。③条理という概念はあいまいなので，従来，作為義務のみとめられる範囲の類型化がなされてきた。たとえば，ⓐ先行行為に基づく防止義務，ⓑ管理者の防止義務，ⓒ信義誠実の原則上みとめられる告知義務，ⓓ慣習上みとめられる保護義務などがこれである。

　形式的三分説に対しては，①処罰の実質的根拠を明らかにできない，②条理を義務発生の根拠とするのは無限定にすぎる，との批判が加えられている。そこで，作為義務を実質的にとらえ，①一定の法益を保護すべき保護的保障と，②法益に危険をもたらす事態を監視すべき監視的保障の 2 つに機能的に分類する立場（ドイツにおける多数説）が有力に主張されている。

第4節　行為論および不作為犯論　45

●〔択一式問題〕●

【問】　不真正不作為犯の作為義務の発生根拠に関する次の記述のうち，形式的三分説の見地から妥当であるとされるものはどれか。
(1)　自己の故意または過失による行為に基づいて，他人の法益を侵害する危険を発生させたばあい，作為義務は生じない。
(2)　登山中に道に迷って重傷を負ってうずくまっている人を，他のパーティーの人達が見つけたばあい，その者達に作為義務が生ずる。
(3)　雇用している従業員が身動きすることのできないような病気にかかったばあい，雇主(こしゅ)は契約上これを保護すべき義務を負っていないので，作為義務は生じない。
(4)　身寄りのない行き倒れを自分の家に連れて帰り看護を開始したばあい，作為義務が生ずる。
(5)　他人が乳児をある人の門前に捨てたばあい，その家の者に乳児を保護すべき作為義務が生ずる。

☞　解答へのプロセス

　(1)自己の故意または過失に基づく行為によって法益侵害の危険を生じさせた者は，先行行為に基づく防止義務を「条理上」負うことになるので，(1)は誤り。(2)同行のパーティーの一員については，慣習上，保護義務があるが，別のパーティーの負傷者についてはその関係がないので，「条理上」（つまり，慣習上）作為義務は生じない。したがって，(2)は誤り。(3)雇用(こよう)関係がある者については，慣習上，保護義務があるので，作為義務が発生する。したがって，(3)は誤り。(4)行き倒れの看護を開始したばあい，事務管理となって作為義務が生ずるので，(4)は正しい。(5)捨て子をされた家の者には何ら法律上の義務は生じないので，(5)は誤り。
　以上により，正解は(4)。

〔応用問題1〕　Aは，自動車を運転中，過失によって歩行者Bをはねて重傷を負わせた。そのまま放置すると出血多量でBが死亡することを知りながら，Aは，Bが死んでもかまわないと考えて，Bを放置したまま逃亡した。その後，Bは出血

多量で死亡した。このばあい，Aについて殺人罪が成立するか。
《ヒント》 ①Aは，道路交通法72条1項により，Bを保護する義務を負っているが，これが殺人罪の作為義務の根拠となり得るか。②Aは，先行行為に基づいて作為義務を負うか。

〔応用問題2〕 〔応用問題1〕におけるAは，自動車を運転中，過失により歩行者Bをはねて重傷を負わせた。そこで，Aは，Bを病院に運ぼうと考えて，いったんBを自分の車に乗せて走行したが，むしろ病院に連れて行かない方が発覚せずにすむと考え直し，Bを山中の道路脇に降ろして逃走した。Bは他の車の運転者に発見され一命をとりとめた。Aの罪責はどうなるか。
《ヒント》「排他的引き受け行為」の意義と効果を考えよ。

5 故意論

◆第1款 故意の体系的地位

> なぜ故意の犯罪論体系上の位置づけが問題になるのだろうか。その問題に関する学説にはどういうものがあり，どのように解すべきなのだろうか。

〔解説〕
1 問題の背景

従来，故意・過失は責任形式として理解されてきた。構成要件論の展開により，「構成要件には客観的記述的要素を，違法性には客観的規範的要素を，そして責任には主観的要素をそれぞれ帰属させる」という体系構成がとられてきたのである。これは，「客観的なものは違法性へ，主観的なものは責任へ」というテーゼで表現され，強固な刑法理論として今なお有力に主張されている。その後，心理的責任論が克服されて規範的責任論が確立されても，故意が責任論に属するという考えにはいささかも変化が見られなかった。むしろ規範的責任論によって「故意責任」・「過失責任」を基礎づける傾向が強まったのである。

ところが，新構成要件論の発展の影響をうけて，「規範的構成要件要素」の存在が承認されるようになって，事態に変化が生じてきた。さらに「主観的違法要素の理論」が有力になり，例外的ではあるにせよ，主観的な要素が違法性に属することが広くみとめられるに至る。そして「未遂犯における故意」が主観的違法要素であると解する立場が通説となるに及んで，故意の犯罪論

体系上の地位に動揺が生ずることとなった。

　故意の体系上の地位の変化に決定的影響を与えたのは，目的的行為論である。目的的行為論は，行為論の次元で目的性を行為の本質的要素と解し，その目的性こそ故意の中核をなすものとして把握した。故意の内容をなすのは，目的性，すなわち，犯罪事実の表象・認容としての「事実的故意」だけであるとされ，違法性の認識（ないしその可能性）は故意概念から放逐されたのである（責任説）。従来，因果的行為論（有意行為論）を前提として，意思の「存在」と「内容」が分離され，前者は行為論に，後者は責任論にそれぞれ帰属するとされることによって，故意が責任論に帰属することが基礎づけられていたのである。ところが目的的行為論は，このような思考に痛烈な打撃を加えたことになる。

　たしかに，責任説は，ドイツにおける学説史上，主として目的的行為論の帰結として主張されてきた。しかし，すでに一般に指摘されているように，責任説は目的的行為論とは無関係に主張され得るのである。そこで，わが国においても，責任説が有力になるにつれて，故意の体系上の地位が責任論から違法性へ，そして違法性から構成要件へと移行してきている。

2　故意の体系上の地位に関する学説

　上に見てきたように，種々の理論状況の変化により，故意の体系上の地位に変動が生じている。学説は次のように分類され得る。

(1) 責任要素説

　責任要素説は，従来の通説の立場を維持して，故意を責任要素であると解する説である。これは，道義的責任論を基礎にしており，故意説を前提とするものが多いといえる。責任要素説は，物的不法論の立場をできるだけ厳格に守るために，主観的要素である故意を責任論に位置づけるべきであるとする実践的意図によって裏打ちされていると見ることができる。なお，故意説ではなくて，修正責任説の見地から責任要素説を主張する見解もある。修正責任説は，違法性の認識ないしその可能性を故意ではなくて独立の責任要素

と解する点において責任説の一種であるが、故意を責任要素であるとする点において本来の責任説とは異なる。故意を責任要素として捉える基礎には、前に見た物的不法論の実践的意図が込められている。

(2) **構成要件要素説**

故意の内容をなすのは「事実的故意」（犯罪事実の表象・認容）だけであり、それは行為の違法性を基礎づける要素であるが、構成要件が違法行為の定型化されたものである以上、故意も構成要件要素として把握されるべきことになる。この説は、目的的行為論の見地から主張されることもあるが、現在では、むしろ責任説の帰結として主張されることが多い。構成要件要素説は、伝統的な故意概念を批判し故意の内容として違法性の認識ないしその可能性を排除しているところに特徴がある。

(3) **分属説**

この説は、故意は構成要件にも責任にも帰属することをみとめる。すなわち、故意には「構成要件的故意」と「責任要素としての故意」があり、前者は構成要件に、後者は責任に帰属するとされる。構成要件的故意は事実的故意を意味し、責任要素としての故意は違法性の認識や違法性を基礎づける事実の認識などを包含するとされる。この説は、故意説の立場から主張されることが多いが、厳格責任説や修正責任説の立場からも主張されている。構成要件要素としての故意をみとめざるを得ないのは、構成要件による類別機能によって構成要件該当性・違法性の段階で故意「行為」と過失「行為」を区別しておく必要性に迫られるからである。事実的故意が違法性を基礎づけるかどうかについては、この説の内部で対立がある（大塚説が、故意を構成要件要素でもあり違法性の要素でもあるとされるのは、この点にかかわる）。

(4) **私　見**

わたくしは構成要件要素説を妥当と解している。従来、故意概念の中に違法性の認識ないしその可能性などを包含させたのは、道義的責任を基礎づけるためであったが、刑法上の責任は道義的責任である必要はなく「規範的責任」論の見地から基礎づけられればよいのである。また、事実的故意は、違

法性の有無・程度に影響を及ぼし得るので，違法性を基礎づける機能を有する。したがって，故意は，違法行為が類型化された構成要件の要素として把握されるべきである。

◇第 2 款　構成要件的故意・過失とは何か

> なぜ故意・過失を構成要件要素と責任要素とに分けるのだろうか。構成要件的故意・過失と責任要素としての故意・過失の内容はどのように違うのだろうか。

〔解説〕

　ベーリング (Ernst Beling, 1866-1932) によって創唱された初期の構成要件理論によれば，構成要件は客観的・記述的要素から成るとされた。そして，規範的要素は違法性に，主観的要素は責任にそれぞれ属するものとされたのであった。そうすると，故意・過失は，主観的なものであるから，責任の要素であるということになる。このような考え方は，「客観的なものは違法性へ，主観的なものは責任へ」というテーゼのもとに，客観的違法性説 (物的不法論) に受け継がれて行った。ところが，その後，構成要件論・違法性論が新たな発展をとげ，規範的構成要件要素・主観的違法要素の承認，構成要件を違法行為の定型化されたものと解する見解の定着により，上記のテーゼに動揺が生じ，これが故意および過失の位置づけにも影響を及ぼすに至った。

　従来の見解のように，故意および過失を責任の要素と解すると，構成要件該当性の次元では故意犯と過失犯の区別はまったくできないことになる。たとえば，殺人罪・傷害致死罪・過失致死罪は，構成要件該当性・違法性の段階では区別され得ず，責任論ではじめて意思の内容によって類別されるのである。したがって，少なくても違法行為の次元で，それが故意行為なのか過失行為なのかが明らかになっていなければ，違法性の程度の判断は不可能である。かりにこれが不当でないとしても，構成要件の有する類別機能をまっ

たく無視するのは妥当でない。すなわち，殺人・傷害致死・過失致死を包括する構成要件は，きわめて抽象的なものとならざるを得ず，構成要件の有する類別機能はまったく働かないことになる。そこで，この類別機能をはたさせる限度で，故意・過失を構成要件要素と解するという修正がほどこされる。これが構成要件的故意であり，その内容は構成要件的結果の表象・認容である。それがないばあいに，構成要件的過失がみとめられる。責任要素としての故意は，違法性の認識や期待可能性などを内容とし，故意責任を基礎づけるとされる。それが欠如するばあいに，責任要素としての過失がみとめられる。

● 〔択一式問題〕●

【問】 構成要件的故意・過失および責任要素としての故意・過失に関する次の記述のうち，誤っているものはどれか。
(1) 目的的行為論・責任説の立場に立つと，故意を構成要件的故意と責任要素としての故意とに分ける必要性に乏しい。
(2) 構成要件的故意と責任要素としての故意とをみとめる立場によれば，いわゆる事実的故意は責任要素としての故意を意味する。
(3) 構成要件的故意と責任要素としての故意とをみとめる立場によれば，方法の錯誤によって阻却されるのは構成要件的故意である。
(4) 構成要件的故意と責任要素としての故意をみとめる立場によれば，法律の錯誤（禁止の錯誤・違法性の錯誤）によって阻却されるのは責任要素としての故意である。
(5) 構成要件要素としての故意と責任要素としての故意とをみとめず，故意を責任要素と解する立場によれば，殺人罪と過失致死罪は構成要件該当性の次元では区別できない。

☞ 解答へのプロセス

(1)正しい。目的的行為論は故意（目的性）を行為の本質的要素と解し，責任説は違法性の認識ないしその可能性を故意とは別個の責任要素と解するので，責任要素としての故意をみとめる必要はない。(2)誤り。事実的故意は，構成要

件的結果の表象・認容を内容とするので，構成要件的故意を意味するのである。(3)正しい。方法の錯誤は事実の錯誤（構成要件的錯誤）の一種であるから，構成要件的故意を阻却し得る。(4)正しい。法律の錯誤（違法性の錯誤）があると行為の違法性の認識が欠如することになるので，責任要素としての故意が阻却されることがあり得るのである。(5)正しい。故意と過失が責任の要素であるとすると，故意犯としての殺人罪と過失犯としての過失致死罪とは責任論においてはじめて区別されることになり，構成要件該当性・違法性の次元では区別され得ない。

以上により，正解は(2)。

〔応用問題 1〕 構成要件的故意と責任要素としての故意をみとめる理論的根拠と実益は何か。
《ヒント》 故意をすべて構成要件要素と解したばあいに，いかなる不都合が生ずるのであろうか。
〔応用問題 2〕 「責任要素としての故意という観念をみとめるのは，道義的責任論を前提とするからである」という見解を論評せよ。
《ヒント》 道義的責任論とは何か。道義的責任論によらずに責任要素としての故意の必要性を論証するにはどうすればよいか。

◇第3款　結果発生の認識に関する判例
—大判大 11・5・6 刑集 1 巻 255 頁，大 10 (れ) 第 2073 号—

故意は，罪となるべき事実を認識・予見していれば足りるのだろうか，それとも事実の発生を意欲する必要があるのだろうか。

〔事実の概要〕
被告人 X は，中国において現地人に狙撃され重傷を受けた事件につき，損害賠償請求の希望条件を提出したが，外務省の取扱いが懇切でなかったのに憤慨し，責任者 Y に誠意がなく同情を欠いているからであると推断して，凶行手段に訴え，社会の注意を喚起して外務省の反省を促し，その取扱いの改

善を図ろうと決意し，実弾を込めた拳銃を携帯して外務省に行き，Yの執務室でYを目撃するや，「Y君」と呼び，左肱を曲げ，銃口をその上にのせて狙いを定め，殺害の結果を生ずることを予見しながら，Yが立上がり椅子を離れる瞬間に1弾発射し，弾丸はYの胸廓内を貫通したが，Y殺害の結果は生じなかった。

原判決が殺人未遂罪の成立をみとめたのに対して，弁護人は，Xの凶行の目的決意は外務省の事務取扱いの改善を図ることにあって，Yを殺害する目的決意はなく，凶行の手段の決意も単なる狙撃にありYを殺害する手段的決意ではないのであるから，殺意はないとして上告した。

【関連条文】　刑法38条1項，刑法199条，刑法203条。

> 犯意ある行為は，自己の意思活動により罪となるべき事実の発生するに至るべきこと，またはその虞のあることを予見してその意思活動を敢えてする決意の実行があることを必要とする。

〔判旨〕

「凡ソ犯意ハ罪ト為ルヘキ事実ノ認識予見アルヲ以テ足ルモノニシテ其ノ事実ノ発生ヲ希望スルコトヲ必要トセサルノミナラス上叙ノ認識予見ハ必シモ確定的ノモノタルヲ要スルコトナク不確定ノモノタルヲ以テ足ルモノナルコトハ夙ニ本院判例ノ認ムル所ナリ然レトモ法律ハ犯意ノミヲ罰スルニ非スシテ犯意アル行為ノ存在ヲ以テ故意犯成立ノ要件ト為スコト勿論ナリトス而シテ犯意アル行為トハ自己ノ意思活動ニ因リ罪トナルヘキ事実ノ発生スルニ至ルヘキコト又ハ其ノ虞アルコトヲ予見シテ其ノ意思活動ヲ敢テスル決意ノ実行アルコトヲ必要トスルハ明白ナリト雖　此ノ決意ハ特ニ或結果ヲ目的トシ其ノ発生ヲ希望スルニ非サル場合ニ於テモ存シ得ルモノナルカ故ニ之ヲ希望ト混同スヘカラサルハ言ヲ須ヒサル所ナリトス之ヲ殺人罪ニ付テ観察スルニ本罪ハ殺人ノ犯意アリ而シテ殺人ノ行為アルニ因リテ成立スルモノニシテ即チ殺人罪ノ成立スルニハ犯人カ自己ノ意思活動ニ因リテ被害者ノ死亡ヲ惹起スルニ至ルヘキコト又ハ其ノ虞アルコトヲ予見シナカラ其ノ意思活動ヲ敢

テスルノ決意ヲ為シ之ヲ実行スルヲ要スルモノトス従テ彼ノ結果ノ予見アリト雖(いえど)モ此ノ決意ノ実行ナキ場合ニ於テハ本罪ノ成立ヲ認ムルコト能(あた)ハサルヤ疑ヲ容レス原判旨ニ依レハ被告ハ殺害ノ結果ヲ予見シナカラ拳銃ノ1弾ヲ発射シテ被害者ニ負傷セシメタルモノナレハ原判決ハ被告カ拳銃ノ発射ニ因リ被害者ノ死亡ヲ惹起スルコトヲ予見シ乍(なが)ラ其ノ発射ヲ敢テスルノ決意ヲ為シ之ヲ実行シタル事実ヲ認メタルモノナルコト自ラ明ニシテ所論ノ如ク犯意ノ認定ヲ為サスシテ刑罰ヲ科シタルノ不法アルモノニ非ス」

〔解説〕
　本件判決は，故意の定義を判示したリーディング・ケースであるとされている。判例は，従来，「罪ヲ犯ス意アル行為トハ犯罪事実ヲ認識シテ為シタル行為ヲ汎(はん)称(しょう)シ必スシモ犯罪事実ヲ発生セシムル意欲ニ出テタル行為ナルコトヲ要セ」ずと判示し，故意が成立するためには，犯罪事実の認識があれば足り，結果発生の意欲を必要としないとする立場であると解されてきた。つまり，学説上，故意の成立には，結果発生の認識で足りるとする認識説と，認識のほかに意欲・認容を必要とする意思説とがあるが，判例は前者をとっているとされたのである。しかし，本判決は，「罪ト為ルヘキ事実ノ発生スルニ至ルヘキコト又ハ其ノ虞(おそれ)アルコトヲ予見シテ其ノ意思活動ヲ敢ステル決意ノ実行」が必要であると判示しているので，後者の立場を明示したと解され得る。もっとも，反対の理解もある。

◇第4款　意味の認識に関する判例［チャタレイ事件判決］
—最大判昭32・3・13刑集11巻3号997頁，昭28㈱第1713号—

　わいせつ文書販売罪の故意の成立には，問題となる記載の存在の認識とこれを販売することの認識があれば足りるのだろうか。それともその文書がわいせつ性を具備することの認識まで必要なのだろうか。

第5節　故意論

〔事実の概要〕

出版業A書店社長Xは，D・H・ロレンス著『チャタレイ夫人の恋人』の翻訳出版を企図して，被告人Yの翻訳を得たうえ，その内容に性的描写記述があることを知りながら出版し，約15万冊を販売した。

この事実につき，第1審判決は，本訳書はわいせつ文書とはみとめられないが，Xが煽情的・刺激的広告をして多量に販売したことによってわいせつ性を帯びた文書になるとして，Xを有罪，Yを無罪とした。

検察，弁護側双方から控訴がなされ，第2審判決は，販売方法や広告方法いかんがわいせつ文書か否かの判断に影響するとの原判決は誤りであるとして，原判決を破棄し，XおよびYを共同正犯として有罪にした。

これに対し，弁護人は上告して，本件訳書の出版は「警世的意図」に出たもので，被告人等に犯意はないと主張した。

【関連条文】　刑法38条1項，刑法38条3項，刑法175条。

> わいせつ文書販売罪の故意の成立には，問題となる記載の存在とこれを販売することの認識があれば足り，その文書がわいせつ性を具備することの認識を必要としないから，わいせつ性についての誤認は法律の錯誤であって故意を阻却しない。

〔判旨〕

「刑法175条の罪における犯意の成立については問題となる記載の存在の認識とこれを頒布販売することの認識があれば足り，かかる記載のある文書が同条所定の猥褻性を具備するかどうかの認識まで必要としているものではない。かりに主観的には刑法175条の猥褻文書にあたらないものと信じてある文書を販売しても，それが客観的に猥褻性を有するならば，法律の錯誤として犯意を阻却しないものといわなければならない。猥褻性に関し完全な認識があったか，未必の認識があったのにとどまっていたか，または全く認識がなかったかは刑法38条3項但書の情状の問題にすぎず，犯意の成立には関係がない。従ってこの趣旨を認める原判決は正当であり，論旨はこれを採る

ことを得ない。」

〔解説〕
　わいせつ文書販売罪における「わいせつ性」のように，価値判断を必要とする構成要件要素を「規範的構成要件要素」といい，規範的構成要件要素の認識を「意味の認識」という。すなわち，本罪のばあい，文書に活字が印刷されていることの認識だけでなく，それが性的描写の記述であり，わいせつ性を有しているということの認識があってはじめて，「意味の認識」があったことになる。

　わいせつ性の認識の程度については，見解が分かれている。通説は，行為者が属する「素人領域における並行的評価」で足りると解している。つまり，一般人が理解できる程度の社会的意味が把握されていればよいとされる。かりに，「わいせつ」の意味を厳密に法律専門家たる裁判官によって理解されたものと把握すべきであると解すると，規範的構成要件要素を包含する犯罪は，法律専門家だけが犯し得ることになって，きわめて不当な結果とならざるを得ない。そこで，規範的構成要件要素の認識は，刑法規範の名宛人である一般人の見地において理解される意味内容として把握されるわけである。

　本件判決は，わいせつ文書販売罪の故意の成立につき，「問題となる記載の存在の認識とこれを頒布販売することの認識があれば足り，かかる記載のある文書が同条所定の猥褻性を具備するかどうかの認識まで必要としているものではな」く，わいせつ性の錯誤は故意を阻却しない法律の錯誤であると解しているので，意味の認識を不要とするものにほかならない。

　このような立場は妥当でないとして，学説上，厳しく批判されている。

◆第5款　概括的故意の意義

　故意には確定的故意および不確定的故意があるが，不確定的故意の1

つである概括的故意とは，どういうものなのだろうか。

〔解説〕

故意犯がおこなわれるばあい，普通，行為者は結果が発生するのは確実であると考えて行動するものである。たとえば，AがBを殺そうとしてピストルで撃つばあい，弾がBに当たってBが死亡するということをAは確定的に認識・意欲している。このように確定的な結果に対する認識・意欲があるばあいを「確定的故意」という。これに対して，認識された結果発生について不確定な要素がふくまれているばあいを「不確定的故意」という。不確定的故意には，①概括的故意，②択一的故意，③未必的故意の三種がある。

①「概括的故意」というのは，特定の者ではなくて，要するに誰かを殺す意思で群集に向けて銃を発砲するばあいのような実現意思を意味する。このばあい，群集の中の誰とは「特定」されていない点で，結果発生の対象については不確定の要素が存在する。しかし，その中の誰とは特定できなくても，結局，「人を殺」す意思がある以上，そこに実現意思としての故意（殺人の故意）が存在することは明らかである。群集に向けて爆弾を投げつけるばあい，そこにいる人達全員を爆死させることが確実であるという状況があれば，そこには概括的故意ではなくて確定的故意がみとめられることになる。

②「択一的故意」とは，AがB・Cのいずれかを殺す意思でB・Cに向けて発砲したばあいの実現意思をいう。このばあい，B・Cのいずれに結果を発生させるか，という点において不確定要素が存在するが，そのいずれか一方に対して結果を実現しようとする意思がある以上，故意の成立がみとめられる。

③「未必的故意」とは，結果発生の可能性の認識はあるが，結果発生についての確定的故意がないばあいをいう。未必的故意と認識ある過失との限界がとくに問題になるが，この点については第7款および第8款を参照してください。

さらに「ウェーバー（ヴェーバー）的概括的故意」といわれるものがあるが，

これは，ここにいう概括的故意とは性質を異にし，因果関係の錯誤と関連するので，第6章において説明する。

●〔択一式問題〕●

【問】 確定的故意・不確定的故意に関する次の記述のうち，正しいものはどれか。
(1) 刑法上，確定的故意の存在を必要とし，不確定的故意では足りないとされる犯罪類型は存在しない。
(2) 結果発生の可能性の認識があるばあいには，つねに故意が存在するとされる点で見解の対立はない。
(3) 刑法の明文の規定がないかぎり，不確定的故意で足りると解してもよいとするのが通説である。
(4) ある集団の者に対する概括的故意がみとめられるばあい，その集団の全員に対して確定的故意があるとするのが通説である。
(5) AがB・Cに対して択一的故意を有しているばあい，そのいずれか一方に結果が発生すると，その者に対する既遂犯と他の者に対する未遂犯がみとめられることになる。

☞ 解答へのプロセス

(1)死者に対する名誉毀損罪（刑法230条Ⅱ項）は，虚偽であることの確定的認識があるばあいだけを処罰するので，その限度で確定的故意を必要とする犯罪類型であるとされる。したがって，(1)は誤っている。(2)結果発生の可能性の認識があっても，過失犯とされるばあいがある。「認識ある過失」がこれに当たる。したがって，(2)は誤っている。(3)正しい。通説は，原則として故意は不確定的故意で足りると解しているのである。(4)概括的故意がみとめられるばあいには，現実に結果が発生した客体に対して故意が成立するのであって，群集の全員に対してではない。したがって，(4)は誤っている。(5)B・Cに対して択一的故意がみとめられるということは，B・Cのいずれかに結果が発生したばあいには，その者に対する故意犯の既遂だけを肯定することを意味し，他の者に対する未遂犯を問題にすべきではないから，(5)は誤っていることになる。

以上により，正解は(3)。

〔応用問題 1〕　A は，B を殺害することは本意ではないが，本来のねらいとしている B の倉庫を爆破する意思を遂げるためには，その倉庫内にいる B が巻き添えになって生命を害されることを十分に承知しながら，これを爆破して，結局，B を死亡させた。A について殺人罪の故意を肯定することができるか。
《ヒント》　殺人の動機と殺人の故意の区別と関係はどうなるか。

〔応用問題 2〕　「虚偽告訴罪（刑法 172 条）の故意内容としての『虚偽』であることの認識は確定的であることを要し，その限度で未必の故意は排除される」とする見解を論評せよ。
《ヒント》　告訴・告発の適法化との関係を考えよ。

◆第 6 款　概括的故意に関する判例
―大判大 6・11・9 刑録 23 輯 1261 頁，大 6 (れ) 第 2575 号―

> 故意における犯罪事実の認識は，特定の 1 個の客体に向けられたものである必要があるのだろうか。それとも概括的なものであってもよいのだろうか。

〔事実の概要〕

被告人 X は，かねて怨みに思っていた A を殺そうと企て，A が常住していた B 方に赴き A の留守中に，写真用の毒薬昇汞（しょうこう）を同家の長火鉢（ながひばち）にかけてあった鉄瓶（びん）の中に投入した。昼食の際，A，B，A の娘 C および同居人 D は，その鉄瓶の湯を飲んだが，味が変であることに気づいて少量の飲用で止めて治療を受けたため，1 日から 10 日間の傷害の結果にとどまった。

上記のような事実関係の下で，原判決は，A，B，C および D に対する殺人未遂罪の観念的競合を肯定した。これに対して弁護人は，X が A を殺害する決意をしたことは明白であるが，B，C および D が A と同時に当日の昼食をとるか否かについて X は確知しておらず，家人が何名で何びとであるかが

まったく不明かつ不特定であったので，原判決が，実際に飲用した人の数に応じて4個の殺人未遂罪の成立をみとめたのは「擬律錯誤の不法」である，と主張した。しかし，大審院はこの主張を斥け，原判決と同じ結論に到達した。

【関連条文】　刑法 38 条 1 項，刑法 54 条 1 項前段，刑法 199 条。

> 殺意をもって昇汞を鉄瓶に投入したばあい，その行為客体たる者，および，その家人の数・名前が不明かつ不特定であっても，致死の結果を予想すべきであったといえるので，飲用者の数に応ずるだけの殺人罪が成立し，これらは観念的競合となる。

〔判旨〕
「昇汞ヲ投入シタル鉄瓶沸湯ハ被告カ之レヲ A 及ヒ其ノ家人ノ必然飲用スヘキ状態ニ提供セルモノニシテ A 及其家人ノ之ヲ飲用スルニ因リ始メテ致死ノ結果ヲ発生スルモノナレハ其ノ家人ノ何人カ之ヲ飲用スルヤ未定ニ属スルヲ以テ原判示ニ於テハ単ニ家人等ノ生命ニ危害アル可キコトヲ予見シナカラ云云ト説示シタルモノトス故ニ右家人ノ数及其名ノ不明且不特定ナルモ妨ケス而シテ右ノ場合ニ被告カ致死ノ結果ヲ予想ス可キモノト論スルヲ得ヘク随テ右飲用者ノ数ニ応スル殺人罪存ス可キモノナレハ即チ一行為ニシテ数箇ノ殺人罪名ニ触ルルモノトス」

〔解説〕
故意には，結果の発生を確定的に認識ないし認容する「確定的故意」と結果の発生の可能性を不確定的に認識する「不確定的故意」とがある。不確定的故意には，さらに，「未必的故意」，「択一的故意」および「概括的故意」がある。

未必的故意は，結果の発生を単に認容しているにとどまる点で不確定的であり，択一的故意は，二者択一の関係にある客体についての結果発生が不確定的であるばあいである。択一的故意と概括的故意とは理論的には同質であ

るとされる。

　ここで問題となっている概括的故意というのは，たとえば，群集に向かって発砲するばあいのように，一定の範囲内の客体につき結果発生の予見はあるが，具体的には，それがどの客体について結果を発生させるのか，あるいはその客体の個数は幾(いく)つかが不確定なばあいを意味する。

　概括的故意には，ウェーバーの概括的故意といわれるものもあるので，混同しないように注意しなければならない。ウェーバーの概括的故意とは，行為者が，最初の行為によって意図した結果が発生したものと誤信して第2の行為に出たところ，第2の行為によって当初の故意の内容が実現されたばあいをいう。このばあい，ウェーバーは，行為の全系列から見て第1の故意が結果につき概括的にみとめられると解したのである。

　本件判決は，典型的な概括的故意に関するリーディング・ケースであり，Xが沸湯(ふっとう)を，Aおよびその家人が必然的に飲用すべき状態においた点を捉えて，飲用した者すべてに関する殺人の概括的故意をみとめている。そして罪数については，被害客体の数だけの犯罪の成立を肯定して，これらを観念的競合と解した。これは，生命が一身専属的な重大法益であることを重視して犯罪の成立をみとめるものであると解され，通説の支持を得ている。

◆第7款　未必的故意と認識ある過失の区別

> Aは，歩行者が飛び出して来ても自分の腕なら事故を起こさないと考えて高速度で自動車を運転中に，露地(ろじ)から急に飛び出して来たBをはねて死亡させた。Aについて殺人罪が成立することになるのだろうか。

〔解説〕

　故意犯が構成要件的結果の発生を認識・予見してこれを実現するものであるのに対して，典型的な過失犯は，構成要件的結果の発生を認識せずに，こ

れを惹き起こしてしまう形態である(認識なき過失)。他人を死亡させたばあい，その死亡を認識していれば故意犯としての殺人罪となり，認識していなければ過失犯としての過失致死罪となる。そうすると，結果発生の認識の有無によって故意犯と過失犯を区別することができるといえそうである。

ところが，認識ある過失というものがあって，そのばあいには認識の有無は故意犯と過失犯を区別する決め手にはならない。認識ある過失との限界をなす故意を未必の故意（未必的故意）という。上記のAは，歩行者が急に飛び出して来て事故が起こる可能性は認識しているが，自分の運転技術を信じて事故を起こさないと考えて高速度で車を運転して，Bをはねて死亡させている。このばあいに，Aの行為は，殺人罪・過失致死罪のいずれを構成するのだろうか。これは，Aに殺人罪の未必の故意がみとめられるか否かの問題にほかならない。

未必の故意の内容をどのように捉えるかについて，大別すると，認容説と蓋然性説とがある。認容説は，行為者が構成要件的結果の発生を認識し，さらにそれを認容したばあいに，未必の故意がみとめられるとする。すなわち，結果が発生することがあり得るけれども，それもやむを得ないと受け容れて，あえて行為に出る心理状態を，未必の故意として捉えるわけである。認容説は，今日では判例・通説となっている。

これに対して蓋然性説は，結果発生の蓋然性を認識したばあいは故意であるとする。両説の対立は，故意における意思説と認識説の対立に由来する。

認容説によれば，AはBの死亡についての認容がないので，殺人罪は成立しない。蓋然性説によれば，道路状況・時間帯・速度などから見て事故発生の蓋然性の有無により，殺人罪が成立するばあいとそうでないばあいとがある。

● 〔択一式問題〕●

【問】 未必の故意に関する次の記述のうち，誤っているものはどれか。

(1) 故意に関する意思説をとると、未必の故意について必然的に蓋然性説をとらざるを得ない。
(2) 未必の故意は不確定的故意の一種である。
(3) 未必の故意における蓋然性説は、故意の認定における自白偏重を避けることを実質的根拠として挙げる。
(4) 未必の故意における認容説は、行為者が結果発生を否定して行為に出たばあいには未必の故意の存在をみとめない。
(5) 未必の故意は、認識ある過失との限界づけをなすものである。

解答へのプロセス

(1)故意に関する意思説は、結果の発生を「意欲」することに故意の本質を求める見解である。つまり、意思説によれば、結果を実現しようとする意思が重要なのであり、結果発生の可能性ないし蓋然性の認識はその前提にすぎないことになる。したがって、意思説をとると、必然的に蓋然性説をとるべきであるとはいえないので、(1)は誤り。(2)正しい。未必の故意は、結果発生を確定的に意欲するものではないので、不確定的故意の一種である。(3)正しい。蓋然性説は、認容というきわめて内心的な要素の存在は、自白によらなければ証明できないとして認容説を批判する。(4)正しい。結果発生を否定することは、結果発生の認容がないことを意味する。(5)正しい。ともに結果発生の可能性の認識があるので、未必の故意の存否と認識なき過失の存否は表裏の関係にある。

以上により、正解は(1)。

〔応用問題 1〕 未必の故意に関する「動機説」と「実現意思説」を論評せよ。
《ヒント》 ①それぞれの説の主張内容はどうなっているか。②その実質的根拠は何か、③認識説および意思説との相互関係はどうなっているのか。

〔応用問題 2〕 「不真正不作為犯における故意は、未必の故意では足りない」とする見解を論評せよ。
《ヒント》 ①不真正不作為犯の構造との関係をどのように考えるか、②不真正不作為犯の当罰性と限界づけを故意論で合理的に説明できるか。

〔応用問題 3〕 Aは、トラックを運転中、スピード違反取締中の警察官Bに停車を命じられたので、いったん停車したが、運転免許証の提示を要求された際、逃走しようとして車を発進させた。Bが、とっさにドアをつかんでトラックのステッ

プに足をかけたのを見ながら，Aはさらに速度を上げたため，Bは車から振り落とされて死亡した。Aについて殺人罪が成立するか。
《ヒント》 Aに未必の故意があるといえるか。

◇第8款　未必的故意に関する学説の検討

なぜ未必的故意（未必の故意）が問題となるのだろうか。未必的故意に関する学説である「認識説（表象説）」，「意思説（希望説）」および「動機説」とはどういう見解なのだろうか。

〔解説〕
1　問題の所在
故意の内容として「事実的故意」が包含されることについては争いはない。現在，争われているのは，それだけで十分か否か，である。すなわち，「事実的故意」のほかに違法性の認識ないしその可能性も故意の内容にふくめる「故意説」と，故意は事実的故意だけで足り，違法性の認識ないしその可能性は独立の責任要素であると解する責任説とが対立している。わたくしは，責任説が妥当であると考え，「二元的厳格責任説」を提唱している。

また，認識ある過失の存在についても争いはない。典型的な故意犯は，確定的故意に基づくものであり，典型的な過失犯は，結果発生についてまったく認識が欠如する「認識なき過失」に基づくものである。両者は，結果発生についての認識の有無によって画然と区別され得る。ところが，認識ある過失のばあいには，結果発生の「認識」が存在するのであるから，認識の有無だけでは故意と区別することができない。そこで，両者を限界づけるために，事実的故意の内容・要件をあらためて確定する必要が生ずる。このような観点から事実的故意の内容を検討するのが，未必的故意（未必の故意）の問題にほかならない。

従来，この点について認識説（認識主義）と意思説（意思主義）とが対立して

きた。認識および意思の「内容」については，種々の見解が主張されてきており，学説は錯綜しているように見えるが，しかし，根本においては，今なお「認識」説と「意思」説の基本的対立が続いているのである。

さらに，反対動機の形成の可能性という別個の観点から「動機」説が主張されている。

このような基本的視座から未必的故意の理論状況を詳しく見ることにしよう。

2 認識説（表象説）

認識説は，故意が成立するためには構成要件的結果の発生の可能性を認識していれば十分であるとする。認識説をとる泉二博士は「犯意は罪と為る可き事実を以て結果に対する希望を要素と為すものにあらず。固より結果の発生を図り若くは之を希望するときは常に犯意を存するものなりと雖も，斯の如き希望の存するに非ざれば犯意なしとするを得ざるなり。例へば保険金額を得るの目的にて家屋を焼燬し他人の死亡を惹起したるときは，縦令，其行為者が其死亡を希望せざりし場合と雖も，苟くも他人の死亡を予見したるに於ては，其結果に付て故意の責任を免るることを得ず」とされた（引用にあたって旧漢字・片仮名を新漢字・平仮名にそれぞれあらため，濁点・句読点を付した）。しかし，結果発生の単なる可能性の認識で足りるとすると，認識ある過失もすべて故意に取り込まれることとなって不当である。

上記の不都合を回避するために提唱されたのが蓋然性説である。この説は，故意が成立するためには結果発生の単なる可能性の認識では不十分であり，その蓋然性の認識が必要であるとする。たとえば牧野博士は，「わたくしは，認識主義からこれを解し，結果の発生が抽象的には，自己の行為の性質上，可能なものと認識していたとしても，自己の行為の具体的な場合においては，例外たるべきもので，結果の発生はないものと認識していたときは，犯意の成立はないものと解するのである」とされ，荘子博士は，「蓋然的に犯罪を実現する認識をもって足りるとしなければならない。ここでいう蓋然性とは，

ただ単なる可能性を越える。しかし，圧倒的な蓋然性である必要はなく，相当高度の蓋然性であれば足りる」とされる。

蓋然性説は，結果発生の可能性の「程度」の高低によって未必的故意と認識ある過失とを理論的に区別することには成功した。しかも上記の区別の基準に「内心的・感情的要素」を混入させていない点で，肯定的に評価されている。しかし，「結果発生の可能性のいかなる程度をもって蓋然的としもしくは単に可能であるにすぎぬとするかの判定は往々にして流動的であり確実な判定基準とはなしえない。あまつさえ，かかる不確実な量的判断をもって故意・過失を分つ質的判断に転化せしめることは，ひっきょう恣意をもって両者を区別することにほかならない」(中博士)と批判された。より根本的には，蓋然性説は故意の意思的側面を無視する点において妥当でない，と批判されている。

3 意思説（希望説・認容説）

意思説（希望説）は，故意が成立するためには構成要件的結果の発生を意欲または希望することが必要であるとする。しかし，構成要件的結果の発生を望ましいものと考え，それを積極的に意欲または希望したばあいだけを故意に包括させると，不確定的故意としての未必的故意はみとめられなくなってしまう。未必的な認識があるばあいは，ほとんどすべて「認識ある過失」とされることになって不当である。

そこで，意思説（希望説）を修正するものとして主張されたのが認容説であり，それは通説となっている。認容説は，故意が成立するためには構成要件的結果の発生の可能性を認識しその発生を認容すれば足りるとする。ただし，認容の意義については争いがある。これを「是認」・「認容」といった積極的な態度で希望・意欲の程度に達していないものと解する立場と発生可能と認識された結果を「意に介しないこと」，ないし，それに「全く無関心であること」という消極的認容で足りると解する立場とがある。たとえば，団藤博士は「結果が発生するかも知れないということを知っており，しかも発生すれ

ばしてもよいという認容があるときは，故意が成立する」とされる。小野博士は「行為者がその結果の発生を已むを得ないものとし，又は之を意に介しないで行為した場合，即ち結果の発生を積極的又は消極的に認識したときは故意あるものである」とされた。

認容説は，故意における知的(認識的)・意思的要素を正当に取り扱い，故意・過失の質的相違を明確にしたものと評価されている。しかし，この説に対しても，批判が加えられている。その要点は，①認容という微妙な心理状態を立証することは，実際上，不可能である，②認容といわれるものは，実は「情緒的な附随物」であって意思的なものではない，③結果発生の可能性の程度いかんを問わず認容があるとするのでは，結果的には，認識説と同様に故意の成立範囲が広きに失する，④思慮深い者が重い責任を負わされ，無思慮な者ほど責任をまぬかれる不都合があるということにある。

このような批判を考慮に入れたうえで，故意をもっぱら構成要件的結果の「実現意思」と解する見地から，構成要件的結果の実現にとって重要でない「情緒的要素」と責任を基礎づける「反対動機の形成過程」を未必的故意の内容から排除しようとする見解が主張される。たとえば，ヴェルツェルは，構成要件的結果の発生を「計算に入れた」ばあいが未必的故意であり，単に結果の不発生を「信頼した」にとどまるばあいは認識ある過失であるとしている。認識した結果に「実現意思」が及ぶか否か，によって未必的故意と認識ある過失とを区別しようとする見解は，わが国でも有力である。

さらに，認容説を修正する独自の見解として藤木博士の客観的認容説がある（なお，藤木説は表象説を修正したものと分類されることもあるが，認容説の１つと見るべきであろう）。この説は，「自己の行為から犯罪事実が発生する可能性があり，かつ一般通常人ならば，そのような法益に対する加害の可能性を無視してそのまま行動することが許されないと判断する程度のものである場合に，あえてその行為を行なう」ときに未必的故意がみとめられるとする。しかし，これは，本来，主観的たるべき故意を客観化するものであって妥当でないと批判されている。

4　動機説

構成要件的結果発生の可能性の表象が「反対動機の形成」に及ぼす影響によって未必的故意と認識ある過失とを区別しようとする見解として，動機説がある。瀧川博士は，これを認識説および意思説の代りに現れたとされた。認識説の立場から平野博士は，「自己の行為の結果として人が死ぬであろうことを予見したときは，これを，行為を思いとどまる動機にしなければならない。それにもかかわらず，思いとどまる動機とせず，その行為をしたことを非難するのである。認識説は動機説だといわれるのもそのためである」とされ，認容説の立場から井上(正治)博士は，「一応結果発生の可能性を表象しつつも，結局それを否定することなく，それ故その表象が行為動機を抑止しえなかったばあい，未必の故意の成立を認めるべく，しからざるばあい認識ある過失が存する」とされた。つまり，結局において結果発生の認識が否定されなかったのか否かによって，未必的故意と認識ある過失は区別されることになる。

動機説に対しては，動機形成過程を問題にすることによって，かなり内心的な部分に立ち入ることになり，また，事実的故意の中に責任非難の要素を持ち込むので，構成要件的故意の概念と相容れない，との批判がある。

5　判　例

判例は，外見上は表象説の立場に立っていると見られるが（大判大正4・1・26刑録21輯21頁，大判大正11・5・6刑集1巻255頁など），しかし，犯罪事実を認識予見して「敢て」その行為をおこなうばあいに故意があるとするものも存在するので（最判昭和23・3・16刑集2巻227頁など），実質上は，認容説の立場に立っていると解されている。

6　私　見

わたくしは，前述のとおり二元的厳格責任説をとっているので，故意は事実的故意(構成要件的故意)に尽きると解する。この見地から，ヴェルツェルの

主張する「実現意思」説を支持している。

●〔択一式問題〕●

【問】 故意の本質に関して，従前から認識主義と意思主義が対立してきたが，前者からA説が，後者からB説が主張されるに至った。A説によれば，⌊a⌋を認識した場合は⌊b⌋であるとされ，B説によれば⌊c⌋を認識していなくても⌊a⌋があれば，未必的故意があるとされる。A説に対しては，⌊e⌋と⌊f⌋の区別は流動的であるし，また，故意と過失の質的相違を無視している，との批判がある。B説に対しては，⌊g⌋は⌊h⌋を包含しているので不当である，との批判がある。そこでB説の内部で修正が試みられている。さらに，表象がもたらす反対動機の形成に着目して，反対動機の形成の可能性の程度の差によって故意と過失を区別しようとするC説も主張されている。

上の文章の空欄a〜hを埋めるのに適切な語句を挙げた。誤っているのはどれか。ただし，同じ語句を何度使用しても差し支えないものとする。

(1) 認識ある過失
(2) 知的要素
(3) 結果発生の蓋然性
(4) 結果発生の可能性
(5) 認容

☞ 解答へのプロセス

語句群を一見すれば，問題文が未必的故意と認識ある過失の区別に関するものであることがすぐに分かるはずである。認識主義から蓋然性説が導き出され，意思主義から認容説が出現することも容易に理解できるであろう。そうすると，A説・B説・C説がそれぞれ蓋然性説・認容説・動機説を意味することも明らかとなる。空欄にそれぞれ a―(4), b―(1), c―(3), d―(5), e―(4), f―(3), g―(5), h―「情緒的要素」を補充すれば文章は完結する（cfについては順序は何れでもよい）。したがって，(2)が誤っていることになる。

以上により，正解は(2)。

● 〔択一式問題〕 ●

【問】 未必的故意と認識ある過失の区別に関する次の記述のうち妥当でないのはどれか。
(1) 認識説(表象説)を徹底すると，認識ある過失もすべて故意に包含されることになる。
(2) 認容説をとると，結果発生の可能性の程度がいかに低くても，認容があれば故意がみとめられることになる。
(3) 動機説は，表象が反対動機の形成に及ぼす影響の程度によって故意と過失を区別するのであるから，認識説（表象説）だけから主張されることになる。
(4) いわゆる客観的認容説は，行為者の認識した結果発生の可能性が行為をやめるべきだとする程度のものであるか否かを，一般通常人の見地において判断する。
(5) 蓋然性説は，故意と過失とをもっぱら結果発生の可能性の程度の認識という知的要素によって区別する。

☞ 解答へのプロセス

(1) 正しい（2参照）。
(2) 正しい（3参照）。
(3) 動機説は認容説の見地からも主張されているので，この記述は誤っている（4参照）。
(4) 正しい（3参照）。
(5) 正しい（2参照）。
　以上により，正解は(3)。

● 〔択一式問題〕 ●

【問】 Xは，自家用の乗用車を運転して繁華街の道路をかなりのスピードで走行中，人通りが多いので，あるいは自車の前に急に人が飛び出して来るかもしれないが，自分の運転技術は高度であるからこれを避けることができ

ると確信して，所用のため先を急ぎ，スピードを落とさずにそのまま走行を続けた。ところがXは，現実に歩行者Yが急に飛び出して来たのを避けることができず，Yをはねて死亡させてしまった。

未必の故意に関する認容説に従ったばあい，Xの罪責はどうなるか。
(1)　殺人罪
(2)　業務上過失致死罪
(3)　業務上過失傷害罪
(4)　傷害致死罪
(5)　傷害罪

解答へのプロセス

Xは，急に人が飛び出して来るかもしれないことについては認識がある。しかし，自分の運転技術が高度であるから人身事故の発生を回避できると確信していたのであるから，Aについて故意犯が成立することはない。したがって，(1)・(4)・(5)は誤っている（(4)の傷害致死罪は，傷害罪を基本犯とする結果的加重犯であるので，少なくても故意犯としての傷害行為はあり得ないので，本罪は成立しないことになる。本罪を暴行の結果的加重犯でもあると解したばあいでも，暴行の故意はみとめられないので，本罪は成立しない）。Xの行為は，Yの死亡の点について認識はあるが，これを認容していないので，「認識ある過失」として，業務上過失致死罪を構成する。したがって，(3)は誤りで(2)が正解となる（なお，業務性については，Xは自家用車を運転しており，判例・通説の見解によれば，社会生活上の地位に基づいて反覆継続して他人の生命・身体に危険を及ぼす事務に従事していると解されるので，業務性が肯定されることになる）。

以上により，正解は(2)。

◇第9款　未必の故意に関する判例
— 最判昭23・12・7刑集2巻13号1702頁，昭23(れ)第786号 —

> 　一定量のメタノールを含有するアルコールを飲料として販売した者が，他人から専門家の鑑定があると告げられたにしても，みずから試飲して味が悪いなどの理由から，一般にいわれているメチールが入っているのではないかと疑いつつ，確実な検査をしないでこれを販売したばあい，故意がみとめられるのだろうか。

〔事実の概要〕

　被告人Xは，Aから購入したアルコールがメタノールを含有するいわゆるメチルアルコールという飲物であるかもしれないと疑いながら，Yに対して，1立方センチメートル中約300ミリグラムのメタノールを含有するアルコール1升を販売したほか，Zら3名に対して，これと同様のアルコール合計3升を販売した。

　原判決は，被告人に有毒飲食物等取締令1条違反の故意をみとめたが，Xから，Xには故意も過失もないとして上告がなされた。

　なお，有毒飲食物等取締令1条は，メタノールまたはエチル鉛を含有する飲食物（ただし，1立方センチメートル中1ミリグラム以下のメタノールを含有するものを除く）の販売，譲渡，製造または所持を禁止している。

【関連条文】　刑法38条1項，有毒飲食物等取締令1条，有毒飲食物等取締令4条。

> 　一定量のメタノールを含有するアルコールにつき，他人から専門家が鑑定し販売しても差支えない物だと告げられたとしても，みずから試飲して味が悪いので，一般にいうメチールを含有しているかもしれないと疑いながら，何ら確実な検査をしないでこれを販売したばあいには，未必の故意がみとめられる。

第5節　故意論

〔判旨〕

「被告人に対する予審第1回訊問(じんもん)調書によれば被告人は『私がこのアルコールをA方で試飲した時味が悪いし又それがドラム罐(かん)に入つてゐて変だなと思ひAに味がよくないねと言ったところ味が悪くても変なものではないと答へたので滅多なこともあるまいと思って売ったが全然不安がなかった訳ではない，アルコールが変だと言うのは一般に言はれているメチールが入ってゐるのではなかろうかと言ふ疑問の意味である』旨の記載があるが，すでにメチールが含有しているかも知れぬという疑いをもったならば，確実な方法によって其(その)成分を検査し飲用に供しても差支ないものであることを確かめ飲用者に不測の障害を与えない様細心の注意をしなければならないことは言うをまたないことであって，所論Aから専門家が鑑定して販売しても差支ない物だと告げられたとしても，自ら試飲した時味が悪いし又ドラム罐(かん)に入っているので変だと思い，一般に言はれているメチールが入っているのでなからうかと疑いを起しながら，何等確実な検査をしないで其まま販売したのであるから注意を怠った者でないとは言い得ない。そして原判決の認定によれば被告人は俗に言うメチールが入っているかも知れないと疑いながら販売する意思(いわゆる所謂未必の故意)を以て販売したのであるから，原判決において被告人に犯罪の意思ありと認定したことは相当であって，右認定は何等法則に違背するものではない。論旨は犯意も過失もない者を罰するのは憲法に反すると主張するが，原判決は被告人に犯意があると認定したのであり，しかも原審挙示の證拠(しょうこ)によれば，右の認定をなし得べきものであることは前説示の通りである。」

〔解説〕

メタノールを含有するアルコールを飲料として販売する罪において，故意があるといえるためには，いったいどの程度の表象ないし認容が必要なのであろうか。本判決は，「俗に言うメチールが入っているかも知れないと疑いながら販売する意思(いわゆる所謂未必の故意)を以て販売した」ものであると判示したの

で、いわゆる表象説の立場に立つものであると解されている。一般にいわれているメチールが、厳密にはメタノールであることを知らなくても、法令上販売が禁止されている危険な含有物であることは知っていると解されるので、メタノールが含有されているかもしれないという未必的認識があることになる。何らの措置もとらずにそのまま販売した点に、「認容」があったとされ得る。

◆第10款　結果回避義務と未必の故意に関する判例
—福岡高判昭 45・5・16 判時 62 号 106 頁、昭 44(う)第 672 号—

> 死傷の結果を認識し、その結果発生を防止すべき特別の措置を確実に講じないままに放火したばあいには、殺人および傷害の未必の故意がみとめられるのだろうか。

〔事実の概要〕

診療所の自動車運転手兼雑役夫のXは、同診療所長Aに昇給を再三申し入れて昇給の口約束を得たが、実際の昇給額が低かったことに憤慨し、そのうっ憤を晴らすため、Aおよび入院中の患者 30 数名が現に住居に使用している同診療所に放火することを決意した。診療所2階の病室に手足の不自由な入院患者数名がおり、とくにBおよびCは老齢で歩行困難であり、Bは視力もほとんどない状態であったので、このまま放火すれば入院患者の中から死傷者が出ることが予想されたため、Xは、患者に外に出るようにいったが、患者のほとんどは外に出ようとはせず、看護婦を戸外に追い出したにとどまり、患者らが外に出たかは確認しないまま、ガソリン2罐(かん)を診療所1階にまいて点火し、同診療所を全焼させ、患者2人を死亡させ、患者8名に傷害を負わせた。

上記の事実につき、原審は、Xには殺人・傷害の故意はみとめられないとした。

【関連条文】 刑法38条1項，刑法108条，刑法199条，刑法204条。

> 放火によって死傷の結果が不可避的に発生することが予見され，その結果の発生を防止すべき特別の措置を確実に講じないままに放火したばあいには，死傷の結果につき，未必の故意があるから責任を負うべきである。

〔判旨〕

「被告人にはその意図するような方法で放火すれば，身体の不自由な患者らの間に死傷者が出るかも知れないことの認識のあったことは明らかであり，とくに重症患者で放火地点の真上の病室にいたBおよびCについてはそのおそれが強いことの認識もあったものと認められる。しかして被告人は犯行前患者らを戸外に避難させようという努力を試みてはいるものの，患者らが被告人の意図を察知せず戸外に出ようとしなかったにもかかわらず，多量のガソリンをまいて点火するという危険性の高い方法で放火しているのであるから，被告人は死傷の結果の発生を認容したものであって，被告人には殺人および傷害の未必の故意があったものといわざるを得ない。被告人が患者らに死傷の結果の発生することを避けたいという気持のあったことは……明らかであるが，放火によって死傷の結果が不可避的に発生することが予見され，右結果の発生を防止すべき特別の措置を確実に講じないままに放火したとすれば，右死傷の結果につき責任を負うべきは当然である。原判決が被告人に殺人，傷害の犯意がないとして同罪の成立を否定したのは事実を誤認するものであ」る。

〔解説〕

未必の故意の内容をめぐって，認識説（ないし蓋然性説）と意思説（ないし認容説）との対立があり，通説は後者の立場に立っている。判例の基本的立場は，形式的には認識説であるといえるが，実質的には認容説と解されるものもあり，下級審判例では，むしろ認容説の方が優勢である。

本判決は,「死傷の結果の発生を認容したものであって, 被告人には殺人および傷害の未必の犯意があった」と判示しているので, 明らかに認容説をとっているといえる。認容説の見地からは, 判示にいう「認容」だけで未必の故意の存在は確定され得るはずである。しかし, 本判決は, さらに「結果の発生を防止すべき特別の措置」に言及し, これを「確実に講」ずべきことを要求している。この点をいかに解するかについて, 学説上, 見解が分かれる。

結果回避措置を認容の判定基準とすると, それがあれば足り, 「確実」性まで要求する必要はないであろうし, 「確実」性を要求するのであれば, ほとんどのばあいに認容が肯定されることとなり, 認識説との差がなくなってしまうであろう。両者の関係を改めて検討する必要があるといわなければならない。

◇第 11 款　条件つき故意に関する判例
―最判昭 59・3・6 刑集 38 巻 5 号 1961 頁, 昭 58 ㈪第 531 号―

　謀議の内容において被害者の殺害を一定の事態発生にかからせていたばあい, 共謀共同正犯者としての殺人の故意は成立するのだろうか。

〔事実の概要〕

暴力団 M 組の舎弟頭である被告人 X は, 同組員 A, B および C らとともに, N 組幹部 Y の貸金問題に決着をつけるため Y を連行しようと企て, Y の抵抗如何によっては殺害という事態も生じかねないが, それもまたやむを得ないと A, B および C らと意思を相通じ, Y が暴れたりしたため, B および C が殺意をもって, 所携の刺身包丁で Y の左側胸部などをめった突きにするなどして Y を失血死させた。

第 1 審は, 殺人罪の訴因に対して傷害致死罪の共謀共同正犯を認定したため, 検察官は殺人罪を認定すべきであるとし, 被告人は暴行の共謀はあった

が殺害は他の組員による別個の共謀によるとして，それぞれ事実誤認の主張をしたが，控訴審は，検察官の控訴趣意を容れて原判決を破棄し，殺人罪の共謀共同正犯として自判した。

これに対してさらに被告人から上告がなされ，最高裁はこれを棄却した。
【関連条文】　刑法 38 条 1 項，刑法 60 条，刑法 199 条，刑法 205 条。

> 謀議の内容において被害者の殺害を一定の事態の発生にかからせており，犯意自体が未必的なものであったとしても，実行行為の意思が確定的であったときは，共謀共同正犯者としての殺人の故意の成立に欠けるところはない。

〔判旨〕

「所論引用の判例（……＊最決昭 56・12・21 刑集 35―9―911）は，殺害行為に関与しないいわゆる共謀共同正犯者としての殺意の成否につき，謀議の内容においては被害者の殺害を一定の事態の発生にかからせたとしても，殺害計画を遂行しようとする意思が確定的であったときは，殺人の故意の成立に欠けるところはない旨判示しているにとどまり，犯意自体が未必的なものであるときに故意の成立を否定する趣旨のものではない。換言すれば，右判示は，共謀共同正犯者につき，謀議の内容においては被害者の殺害を一定の事態の発生にかからせており，犯意自体が未必的なものであったとしても，実行行為の意思が確定的なものであったときは，殺人の故意の成立に欠けるところはないものとする趣旨と解すべきである。……原判決は，指揮者の地位にあった被告人が，犯行現場において事態の進展を B らの行動に委ねた時点までには，謀議の内容においては B らによる殺害が被害者の抵抗という事態の発生にかかっていたにせよ，B らによって実行行為を遂行させようという被告人の意思そのものは確定していたとして，被告人につき殺人の未必の故意を肯定したものであると理解することができる。したがって被告人につき殺意の成立を肯定した原判決の判断はなんら所論の引用の判例と相反するものではない。」

〔解説〕

　犯罪の実行を一定の条件にかからせるばあいの故意を「条件づき故意」という。行為者が，必ずしも死の結果を確定的に希望または認識したのではなくて，たとえば，相手方の応酬が意に満たないときはこれを殺害しようと決意していたばあいに，殺人罪の条件づき故意がみとめられる（大判大14・12・1刑集4巻688頁，前掲最決昭56・12・21）。最高裁の昭和56年決定は，「謀議された計画の内容においては被害者の殺害を一定の事態の発生にかからせていたとしても，そのような殺害計画を遂行しようとする被告人の意思そのものは確定的であった」として故意をみとめている。

　共謀共同正犯の観念をみとめる判例の立場からは，被害者の殺害が一定の事態の発生にかからしめられていたとしても，殺害計画を遂行しようとする被告人の意思が確定的であったばあいには，故意の成立が肯定される本件においても，被告人は，被害者が抵抗すれば殺害も辞さない決意でAおよびBらが凶器を準備しているのを知りながらそれを認容して取立ての交渉に加わりともに連行しようとしており，「殺害計画を遂行しようとする意思が確定的であった」以上，故意が認定される。

6 構成要件的事実の錯誤

◆第1款 故意と錯誤論

「錯誤は故意の消極面である」といわれるが、それはどういう意味なのだろうか。構成要件的事実の錯誤と違法性の錯誤（法律の錯誤・禁止の錯誤）とは、どのようにして区別されるのだろうか。

〔解説〕

行為者が考えていた事実（認識）と現実に発生した事実（構成要件的結果）とが食い違っているばあいを錯誤という。わたくし達が行動するとき、多かれ少なかれ錯誤がともなう。「刑法上、重要な錯誤か否か」を問題にするのが、「錯誤論」である。刑法上、重要か否か、ということは、錯誤が犯罪の成否・軽重に影響を及ぼすかどうかを意味する。

「錯誤は故意の消極面である」というのは、一定の錯誤が存在するばあいには、発生した構成要件的結果について故意の既遂犯としての罪責を問わないことを表現している。つまり、発生した結果については故意が「否定」されるのであり、その「否定」の側面を「消極的」（ネガティブ＝否定的）と称するわけである。さらに刑法学上は、これを「故意が阻却される」と表現する。故意「阻却」というと、存在した故意が消滅することを意味すると解されやすいが、要するに、発生した結果については故意は存在しないものとして扱うという趣旨である。故意が阻却されると、発生した結果について過失の有無を問題にしなければならない。

たとえば、Aが山中で動いているものを猪だと思って銃で撃ち殺したとこ

ろ，それはハイカーのBであったとする。Aは，人間Bを殺す意図はまったく有しておらず，あくまでも猪(いのしし)を殺そうとしたのであるが，結果としてはBを殺してしまっている。このばあい，殺人罪の故意はみとめられない。これは錯誤によって故意が阻却されたからではなく，もともと故意がなかったからであり，Bの死亡については過失致死罪の成否が問題になる。構成要件的事実を認識して別の構成要件的事実を発生させたばあいが，錯誤論における錯誤なのである。

錯誤が構成要件的事実にかかわるばあいを構成要件的事実の錯誤(事実の錯誤)，行為が違法であるか否か，つまり禁止されているか否か，にかかわるばあいを禁止の錯誤(違法性の錯誤・法律の錯誤)という。両者の区別の基準については，見解が分かれている。

● 〔択一式問題〕 ●

【問】 錯誤論に関する次の記述のうち，誤っているものはどれか。
(1) 錯誤論は，錯誤があったばあいに発生した結果について故意があるといえるか否かを問題にするものである。
(2) 錯誤論は，錯誤があったばあいに，結果発生に対する危険が存在するか否かを問題にするものである。
(3) 錯誤論は，錯誤があるにもかかわらず，なお故意の存在が肯定され得るかを問題にするものであるから，裏から見た故意論ともいえる。
(4) 錯誤論は，錯誤によって発生した結果について故意が阻却されたばあい，さらに過失の存否を検討すべきことを要求する。
(5) 錯誤論は，一般にその対象により，構成要件的錯誤(事実の錯誤)の問題と違法性の錯誤(法律の錯誤・禁止の錯誤)の問題とに大別される。

☞ 解答へのプロセス

(1)正しい。錯誤論は，本来，発生した結果について故意の既遂犯をみとめるべきか否かを扱う議論である。(2)誤り。錯誤論は，故意の存否を検討するのであって，危険の有無を問題にするものではない。(3)正しい。錯誤があってもな

お故意があるといえるかという問題は，別の側面から見た故意論である。(4)正しい。錯誤によって故意が阻却されたばあい，発生した結果については別に過失犯の成否が問題になってくる。(5)正しい。認識の対象の違いにより錯誤の取り扱いにも相違が生じてくるので，異質の錯誤の区別がなされる。故意の内容として違法性の認識（自分の行為が違法であることの認識）ないしその可能性を必要とするか否かによって，違法性の錯誤（法律の錯誤・禁止の錯誤）に関して故意説と責任説が対立することになる。

　以上により，正解は(2)。

〔応用問題1〕　錯誤の分類は，構成要件的錯誤―禁止の錯誤・違法性の錯誤，事実の錯誤―法律の錯誤，という対概念のいずれによるのが合理的か。
《ヒント》　①それぞれの対概念をみとめる根拠は何か，②それぞれの立場の長短・実益は何か。

〔応用問題2〕　Aは，狩猟法によって一定の期間，捕獲することを禁止されているタヌキ（狸）を，その地方では通俗的に十文字ムジナ（狢）と呼ばれている獣であってタヌキではないと誤信して捕獲して殺した。Aの罪責はどうなるか。
《ヒント》　Aの錯誤は構成要件的錯誤（事実の錯誤）か違法性の錯誤（法律の錯誤・禁止の錯誤）か。有名なタヌキ・ムジナ事件判決（大判大14・6・9刑集4巻378頁）参照。

〔応用問題3〕　Bは，わいせつ（猥褻）でないと考えてハードコアポルノ小説を出版し販売した。Bの錯誤は構成要件的錯誤（事実の錯誤）か違法性の錯誤（法律の錯誤・禁止の錯誤）か。
《ヒント》　「わいせつ文書」販売罪において当該文書が「わいせつ」であることは同罪の規範的構成要件要素なのか。わいせつ性の認識の程度はどの程度のものであることを要するか。

◆第2款　構成要件的事実の錯誤の意義と種類

　構成要件的事実の錯誤には，具体的事実の錯誤・抽象的事実の錯誤と，方法の錯誤・客体の錯誤・因果関係の錯誤とがあるが，これらの相互関係はどうなっているのだろうか。

〔解説〕

　構成要件の外部的・客観的要素について行為者の認識と現実に発生した事実との間に不一致があるばあいが,「構成要件的事実の錯誤」である。これは, 関連する構成要件との関係で2つに分けられる。

　1つは, 錯誤が「同一構成要件の範囲内」にあるか否かによって区別されるものである。行為者の認識と結果とが同一の構成要件の枠内にあるばあいを「具体的事実の錯誤」といい, 異なる2つの構成要件にまたがるばあいを「抽象的事実の錯誤」という。たとえば, AがBを射殺しようとしてピストルを撃ったが, 弾がそれて側にいたCに当たってCが死亡したばあい, その錯誤は殺人罪の構成要件の範囲内にあるので具体的事実の錯誤である。これに対して, たとえば, AがBを殺そうとして投石しBの物を壊したばあい, その錯誤は殺人罪と器物損壊罪の構成要件に関わるので抽象的事実の錯誤である。

　もう1つは,「錯誤の対象」による区別であり, ①方法の錯誤, ②客体の錯誤, ③因果関係の錯誤がある。①は, 攻撃手段に食い違いが生じて別の客体に結果が発生するばあいで, 上記の第1の例がこれに当たる。②は, 行為者が認識した客体と現実の客体との同一性に食い違いがあるばあいで, AがBだとおもってCを殺害したような人違いなどがこれに当たる。③は, 認識事実と発生事実は一致するが予想外の因果的経路をたどって結果が発生するばあいで, その例として, AがBを溺殺する目的で川へ落下させたところ, Bは橋げたに頭を強くぶつけて死亡したケースがあげられる。

　具体的事実の錯誤・抽象的事実の錯誤と, 方法の錯誤・客体の錯誤・因果関係の錯誤とは, 異なった観点からの区別であるから, 交錯する関係にある。つまり, 具体的事実の錯誤と抽象的事実の錯誤において, 方法・客体・因果関係の錯誤がそれぞれ生じ得ることになる。ただし, 抽象的事実の錯誤のばあい, 構成要件上, 異なる2個の客体が存在するので, 因果関係の錯誤はほとんど問題となることはない。

〔択一式問題〕

【問】 構成要件的事実の錯誤に関する次の記述のうち，正しいものはどれか。
(1) 方法の錯誤は，具体的事実の錯誤のばあいにのみ生ずる。
(2) 客体の錯誤は，抽象的事実の錯誤のばあいにのみ生ずる。
(3) 因果関係の錯誤は，通常，具体的事実の錯誤のばあいに生ずる。
(4) 方法の錯誤は，具体的事実の錯誤のばあい，同一の客体に対して生ずる。
(5) 客体の錯誤は，抽象的事実の錯誤のばあい，構成要件上同一の客体について生ずる。

☞ 解答へのプロセス

(1)抽象的事実の錯誤においても方法の錯誤は存在するので，(1)は誤り。(2)具体的事実の錯誤においても客体の錯誤は存在するので，(2)は誤り。(3)因果関係の錯誤は，同一の客体について結果発生に至る因果の系列を問題にするものであるから，客体を異にする抽象的事実の錯誤のばあいには生ずることは少ないので，(3)は正しい。(4)具体的事実の錯誤において方法の錯誤は異なる客体に対して生ずるので，(4)は誤り。(5)抽象的事実の錯誤において客体の錯誤は，構成要件上異なる客体との間に生ずるので，(5)は誤り。

以上により，正解は(3)。

〔応用問題 1〕 Aは，Bを殺す目的で毒入りの菓子をB宅に郵送したところ，Bの子供Cがそれを食べて死亡してしまった。このばあいのAの罪責はどうなるか。
《ヒント》 ①具体的事実の錯誤なのか抽象的事実の錯誤なのか。②この錯誤は，方法の錯誤・客体の錯誤・因果関係の錯誤のいずれか。③錯誤学説によってどのように解決されるか。

〔応用問題 2〕 Aは，Bの犬を傷つける意図でその犬に石を投げつけたところ，石がBに当たってBに傷を負わせた。このばあい，Aの罪責はどうなるか。
《ヒント》 ①これは具体的事実の錯誤か抽象的事実の錯誤か。②この錯誤は方法・客体・因果関係の錯誤のいずれか。③錯誤学説によってどのように処理されるか。

◆第3款　具体的符合説と法定的符合説

> Aが殺意をもってBをねらってピストルを撃ったところ，弾がそれてBの傍らにいたCにあたってCは死亡した。このばあいに成立するのは，Cに対する殺人罪なのだろうか，Bに対する殺人未遂罪・Cに対する過失致死罪なのだろうか。

〔解説〕

　Aは，あくまでもBを殺すつもりでピストルを撃ったのであって，Cを殺そうとしたのではない。そうすると，Aの認識はBの殺害であり，発生した結果はCの殺害であるから，ここに錯誤が存在し，それは方法の錯誤である。このばあい，どういう犯罪が成立することになるのかは，錯誤論に関する具体的符合説と法定的符合説とで結論が異なる。

　具体的符合説によれば，故意犯が成立するためには，行為者の認識した事実と発生した事実とが具体的に符合・一致する必要があるとされる。すなわち，Bという人を殺す意図でBを殺したばあいにBに対する殺人罪が成立するのであるから，Bを殺す意図で別人のCを死亡させたばあいには，Cに対する殺人罪は成立しないとされるのである。このばあいには，故意が阻却されるため，Cについては過失があれば過失致死罪が成立することになる。Bについては，殺害しようとして殺人行為に出たが殺害できなかったのであるから，殺人未遂罪が成立する。両罪は1個の行為によるものであるので，観念的競合（刑法54条）となる。

　これに対して，判例・通説である法定的符合説によれば，故意犯が成立するためには，行為者の認識と発生した結果とが法律で定められている構成要件の概念の範囲内で符合・一致していれば足り，必ずしも具体的に符合する必要はないとされる。すなわち，Aは，Bという「人」を殺そうとしてCという「人」を殺したのであるから，殺「人」罪の罪責を負うことになる。つまり，199条が禁止しているのは人を殺す行為なのであり，その人がBなの

かCなのか，ということは法律上は重要ではないとされるのである。要するに，「法定」されている構成要件の「人」という概念の範囲内にあるかぎり，具体的な人の個性は問題とされない。法定的符合説によれば，Aについて殺人罪の一罪が成立することになる。

●〔択一式問題〕●

【問】 具体的符合説と法定的符合説に関する次の記述のうち，正しいものはどれか。
(1) 具体的符合説は，具体的事実の錯誤における客体の錯誤について故意阻却を肯定する。
(2) 法定的符合説は，具体的事実の錯誤における客体の錯誤について故意阻却を肯定する。
(3) 具体的符合説は，具体的事実の錯誤における方法の錯誤についてつねに故意阻却を肯定する。
(4) 法定的符合説は，具体的事実の錯誤における方法の錯誤についてつねに故意阻却を否定する。
(5) 法定的符合説は，具体的事実の錯誤における因果関係の錯誤についてつねに故意阻却を否定する。

解答へのプロセス

(1)誤り。具体的符合説は，客体の錯誤については故意阻却をみとめない。(2)誤り。たとえば，殺人罪における客体の錯誤（人違い）のばあい，法定的符合説によれば「人」の認識があるので，故意は阻却されない。(3)正しい。具体的符合説によれば，このばあいには具体的符合が欠けるので，故意阻却がみとめられる。(4)誤り。法定的符合説は，方法の錯誤のばあい，構成要件の概念の範囲内で認識と事実が符合・一致しないときには故意阻却をみとめる。(5)誤り。法定的符合説は，因果関係の錯誤のばあい，相当因果関係説における相当性の範囲を超えて認識と事実が符合しないときには，故意阻却をみとめる。

以上により，正解は(3)。

〔応用問題 1〕 「法定的符合説は結果責任をみとめるものであって責任主義に反する」という主張を論評せよ。
《ヒント》 不法な行為を行った者はその行為から生じたすべての結果について責任を負わなければならないとする原則をヴェルサリ・イン・レ・イリキタ（versari in re illicita）の法理という。法定的符合説はこれをみとめるものなのか。

〔応用問題 2〕 Aは，道路脇に立っていた人をBだと思い込んで殺意をもってピストルで射殺した。しかし，殺されたその人はBではなくて，Bの弟Cであった。Aは，日頃からCとは仲がよく，もしその人がCであることを知っていたならば，けっして殺害することはなかった。具体的符合説によると，Aの罪責はどうなるか。
《ヒント》 具体的符合説が，具体的事実の錯誤における客体の錯誤について故意阻却を否定する論拠は何か。それは妥当か。

〔応用問題 3〕 Aは，Bを殺害しようとしてピストルを撃ったが，手違いにより傍らにいたCに弾が当たりCを死亡させた。このばあい，法定的符合説は誰に対する殺人罪の成立をみとめるのか。
《ヒント》 故意の転用とは何か。「Cに対する」殺人罪という概念は法定的符合説と矛盾するか。

◇第4款　法定的符合説の正当性

> 判例・通説の立場である法定的符合説に対してどのような批判が加えられているのだろうか。その批判に対して，決定的符合説はどのように反論しているのだろうか。
> 法定的符合説における故意概念の内容はどういうものなのだろうか。
> 過剰結果の併発事例とは何なのだろうか。法定的符合説はそれをどのように処理するのだろうか。

〔解説〕
1　錯誤論の意義
「錯誤論は，刑法上もっとも難解で複雑かつ概観しにくい理論に属する」（ハフト）とされる。刑法において「認識」が要件とされる対象については，錯誤の問題がつきまとう。そして，誤った認識という「現象」が前面に出て，そ

の背後にある「対象の特性」とその特性に基づく「法的処理のあり方」という観点がなおざりにされがちである。そのため錯誤論が錯綜することとなる。しかし，錯誤「論」の出発点に立ち返って考察していくと，それ程むずかしくはないはずである。構成要件的事実の錯誤の１つである同一構成要件内の「方法の錯誤」の問題を検討することにしよう。

　錯誤とは，行為者の「認識」(表象)した事実と行為に基づいて発生した「現実の事実」との間に存在する不一致をいう。わたくし達の行動は多かれ少なかれ錯誤をともなう。しかし，刑法は，その錯誤をすべて問題にするわけではない。刑法上取り上げるべき錯誤を選び出す基準を提示するのが，まさに錯誤「論」(錯誤学説)なのである。

2　法定的符合説に対する批判の要点

　錯誤論としてわが国の判例・通説が主張しているのは，周知のとおり，法定的符合説(構成要件的符合説)である。この説に対する批判が強いが，批判の要点は，①故意の不当な抽象化，②過剰結果を併発したばあいに生ずる罪数面での不都合，にあるといえる。①は故意「概念」の問題であり，②は法定的符合説の「適用」の問題である。この問題をめぐって論争が展開中であり，法定的符合説を支持する立場から上の２つの問題を整理・検討することにしよう。

3　故意「概念」と法定的符合説

　構成要件的結果を「意図的に」実現したばあいに，構成要件的故意がみとめられる。錯誤が存在するばあい，ただちに構成要件的故意の存在が否定(阻却)されるべきなのかどうか，が錯誤論の課題として生ずる。したがって，錯誤論は，故意の認定の問題にほかならない。ここで注意しなければならないのは，故意が法律上の「概念」であって，物理的な経験的実在ではないということである。したがって，故意の「存在」の問題は，じつは概念的「認識」の問題ということになる。いいかえると，故意の存在問題は，経験的記述そ

のものではなくて故意概念への包摂(あてはめ)にかかわるのである。「あてはめ」は広義の評価である。これは観点を変えていえば，故意の「転用」ということになる。

法定的符合説は，故意があるといえる(「故意概念への事実のあてはめ」)ためには，指導形相としての構成要件によって枠づけられた事実(意味)の認識があれば足りると解する。つまり，具体的事実の認識ではなくて，構成要件という抽象化された観念に対応する事実(意味)の認識があれば十分である，とされるのである。たとえば，殺人罪においては，「人」であることの認識があればよいことになる。

故意を構成要件的評価と解する点について，平野博士は「故意は『あるかないか』の問題であって，故意がない場合に，故意があると評価することはできない」と批判された。これに対しては大塚博士が次のように反論しておられる。すなわち，「錯誤が重要なものであるかどうかの判断」は「法的評価」であり，それを「含みつつ行われる故意の認定も，まさしく法的評価にほかなら」ず，「具体的符合説が，客体の錯誤は故意を阻却しないとしているのは，実は，みずから故意を評価と解している」のである。そして「法定的符合説は，『故意がない場合に，故意があると評価する』ものでは決してなく，故意を認定しうる実態が備わっている場合に，その事実を踏まえつつ，故意があるという評価をする」のである，と。

故意の抽象化をみとめても，構成要件による枠づけ機能が果たされるので故意の範囲が無制限に拡張されすぎることにはならないとされる。

4 過剰結果の併発と法定的符合説

たとえば，Xが，殺意をもってAに向けて発砲したが，手元に狂いが生じたため，意外にも(つまり，未必的故意なしに)Aの傍らに立っていたBを死亡させてしまったばあい(方法の錯誤の典型例)，法定的符合説は，次のように解する。すなわち，Xは，Aという「人」を殺す意図で「人」であるBを殺したのであるから，殺「人」罪の故意の既遂の罪責を負うとされるのである。と

ころが，この説をとると，次のように過剰結果が併発したばあいを合理的に説明できない，との批判がある。過剰結果の併発事例の典型として，(I)冒頭にかかげた事例のようにA・Bとも死亡したばあい，(II)上と同じ状況でXがAに傷害を負わせBを死亡させたばあいがあげられる。たしかに，法定的符合説の論者の間に統一見解はまだ存在しない。しかし，法定的符合説の見地からは合理的に説明することは本当にできないのであろうか。諸説を逐一，検討しながらこの問題を考えていくことにしよう。

(I)のばあい，大別すると，これを錯誤の問題と解する立場(1)と錯誤は存在せず単なる予定外の事実が併発したにすぎないと解する立場(2)とに分かれる。

(1) 錯誤の問題と解する立場

(i) AおよびBに対する1個の故意の殺人既遂（本来的一罪）が成立すると解する説

この説に対しては，人の生命という重大な法益が2個侵害されているのに，1個の殺人罪だけをみとめるのは妥当でないとの批判がある。さらに，この説は故意の個数を問題にせず，故意と発生した結果との対応関係をまったく考慮に入れていないので不当であるとの批判もあり得るであろう。

(ii) AおよびBのそれぞれに対する殺人の故意の既遂を認め両者を観念的競合（科刑上一罪）と解する説（団藤。大判昭和8・8・30刑集12巻144頁など）

この説に対して平野博士は，Xには「一人の人を殺す意思しかなかったのであるから，二個の殺人既遂……を認めるのは不当」である，と批判された。このような批判に対して団藤博士は，「一罪の意思をもってしたのに数罪の成立をみとめるのは不当だという批判があるが，観念的競合を科刑上一罪としているのは，このような趣旨をも含むものと考えるべきである」と反論される。

この反論は，さらに次のように批判されている。観念的競合は，「1個の行為」で数個の罪名に触れるばあいであるから，「1個の故意」で数個の罪名に触れるばあいもこれに含まれる観を呈する。しかし「1個の故意」というのは，

一個の意思活動としての「1個の行為」とは異なり,「1罪の故意」を意味する。そして1罪の故意しか存在しないばあいには,故意犯は1個しか成立しない。もともと観念的競合は,それぞれの罪が何罪を構成するのか,故意犯であるのか過失犯であるのかが決まった後に「科刑上」一罪として取り扱うにすぎず,観念的競合であることによって,故意のなかった罪まで故意犯になることはない,とされるのである。

要するに,1個の行為(意思活動)が数個の故意を含むばあいが観念的競合なのであり,1個の故意から数罪が成立することはない,と批判されているわけである。香川博士が指摘されるとおり,錯誤論の前提として「故意は1つとする発想」があり,この単一な故意と発生した結果との対応関係を考察することが,錯誤論の本質的課題であると解しなければならない。

(iii) Bに対する関係では「一種の錯誤」が存在するので,Aに対する殺人罪の既遂と(Bの死亡につき過失があれば)Bに対する過失致死罪との観念的競合をみとめる説

この説に対しては,Bだけを死亡させたばあいにも,Aに対する殺人の未遂とBに対する過失致死をみとめる方が理論的に一貫するのではないのか,という批判が加えられている。もっと根本的には,これを錯誤の問題として取り扱かう点に問題がある,と批判されている。この点は,(2)の立場の論拠の裏返しであるから,項を改めて見ることにする。

(2) 意図された事実のほかに予定外の事実が併発したにすぎないから錯誤理論とは関係なく,Aに対する殺人既遂罪とBに対する過失致死罪(Bの死亡につき過失があるかぎりにおいて)との観念的競合をみとめる説

このばあい,Aを死亡させたことによって故意は完全に実現されているから,Bの死亡について故意の成否を問題とする錯誤論が登場する余地はない。Xの意図を超えて発生した結果(「併発結果」)であるBの死亡については,過失の有無を論ずれば足りるのである。

錯誤論の問題ではないとする点について,平野博士は次のように批判された。すなわち,XがCの右脚を傷つける意図で発砲して右脚とともに左脚を

も傷つけたばあい，この説の論理からは，右脚を傷つける意図は実現されているから錯誤の問題は起こらず，右脚についての傷害罪と左脚についての過失傷害罪とが成立することになるはずである。ところが，この説の論者も左右両脚について傷害罪の1罪をみとめるであろう。「これは錯誤論の適用の結果なのである。そうだとすると，A・Bともに死んだ場合にも，錯誤論の問題でないとはいえない。錯誤論を適用した結果として，Aに対する殺人とBに対する過失を認めるような錯誤論が望ましいというだけのことである」と批判された。

しかし，これに対しては，次のような反論がなされている。A・Bともに死亡させたばあいと異なり，Cの右脚と左脚を傷つけたばあいは，「被害法益の主体は同一人である。前者の錯誤は構成要件的故意の成否にかかる錯誤であるに反し，後者の錯誤は構成要件的故意の成立に影響しない」程度の錯誤の問題であるから，「後者の問題を前者の問題になぞらえて論ずるのは，いささか筋違いであろう」とされる。また，この説によると右脚に対する傷害罪と左脚に対する過失傷害とが成立することになるという「推論は，Cを傷害する故意で，Cの左脚をねらってピストルを射ったところ，左脚と右脚とを傷つけたばあいと，Aを傷害する故意でAに向けてピストルを射ったところ，Aと傍にいたBの両者を傷害したばあい（このばあいは，Aを傷害するという故意の範囲をこえたBの傷害という結果が発生したばあいである）とを同じ面でとらえるという前提に立つものであろうが，こうした前提が誤りであることは，はじめからCの右脚と左脚の両方を傷つけよう〔と〕思ってピストルを射って両脚を傷つけたばあいには，Cに対する傷害罪の一罪が成立するが，はじめからAとBとを傷つけようと思ってピストルを射ってAとBとを傷つけたばあいには，Aに対する傷害罪とBに対する傷害罪の二罪が成立するものであることを考えれば，明らかであろう」とされるのである。これらの反論は妥当であるといえる。

(II)のばあい，大別すると錯誤論によりBについて殺人既遂罪をみとめる立場(1)と錯誤論の適用の余地はなく過失致死罪をみとめるべきとする立場(2)と

に分かれる。Aに対する罪責をどのように考えるかによって(1)の立場は3説に分岐する。

(1) 錯誤論によりBについて殺人既遂をみとめる立場

(i) Aに対する殺人未遂とBに対する殺人既遂とをみとめ両者を観念的競合と解する説

　団藤博士は「殺意をもって殺人の結果を生じた以上は，発生した事実——既遂および未遂——について殺人罪の故意の成立をみとめてよいはずである」とされる。この説に対しては，Xは「1人」の人を殺そうとしたのに，Aに対する殺人未遂とBに対する殺人既遂という「2つ」の殺人罪をみとめるのは，「2つ」の殺意（故意）を肯定することとなって妥当でない，との批判がある。

(ii) Bに対する殺人既遂だけをみとめ，Aに対する殺人未遂はこれに吸収されると解する説（福田）。

(iii) Aに対する殺人未遂の事実が法律上殺人罪一罪と評価されると解する説

　(ii)説も(iii)説も殺人既遂1罪をみとめる点で一致しているが，Aに対する殺人未遂の事実がこれに吸収されるのかどうか，について相違がある。両説に対して大塚博士は，Aに対する殺人未遂を独立に考慮しないのは，重要な法益は別個独立に評価されるべきであるとする一般原則に反する，と批判されている。

　さらに平野博士は，次のように批判された。Aは現に傷ついており，しかも瀕死の重傷のばあいもあり得るから，Aについて何らの犯罪も成立しないというわけにはいかない。この説の論者も，Aが死亡しBが傷ついたばあい，Aに対する殺人罪のほかにBに対する過失致傷罪をみとめるのであるから，「Aが傷つきBが死んだ場合，Aについて何らの罪も成立しないとすると，両場合の間の均衡が失われることになる」とされたのである。この批判に対しては次のような反論がなされている。すなわち，Aに対する殺害行為によって実現されたBの死亡という結果が，意図された結果と「法益の種類・性質」

において同じであるからこそ，上記の行為は，Bをねらってbを死亡させたのと「刑法的評価のうえで同視」されることになる。そして「行為および結果の全体」が「1個の故意既遂犯と評価される」ので，Aに対する殺人未遂という評価はあり得ず，過失の問題も生じないとされる。

たしかに，「構成要件的評価」の観点を強調すると，上記の批判のように解することにも相当の理由があるといえる。しかし，構成要件的評価という観点の下でも，発生した結果と表象との対応関係という視点から「故意の転用」を考える余地はあり得るであろう。故意の「内包」と「外延」の問題として転用を考慮するのは，まさしく構成要件的評価にかかわっているのである。Aに対する関係とBに対する関係とを分析的に検討する必要は依然として残っていると解すべきである。

(iv) Aに対する過失致傷罪とBに対する殺人既遂罪とをみとめ両者を観念的競合と解する説（大塚）

この説は，Xが「1人」を殺そうとしているばあいに，「1人」について殺人罪をみとめ，過剰部分としての傷害の点に対しては過失致傷罪をもって論ずるものである。わたくしは，この説を支持する。Bの死について故意がみとめられた以上，Aに対して殺人の故意をみとめることはできない。つまり，故意は二重に評価され得ないのである。したがって，Aについては，予定外の併発結果についての過失の有無を問題にしなければならないことになる。

この説に対しては，XはAをねらって発砲し弾丸がAに当たっているのにAに対する過失犯をみとめるのは，「いかにも常識に反」し，「あまりにも技巧的」であり，「その技巧的不自然さはやはり払拭しきれない」との批判が加えられている。さらに平野博士は，次のように批判された。すなわち，Aが傷つきBが死亡したため，Aに対する過失傷害罪，Bに対する殺人罪で起訴し，または有罪判決を下した後にAが死亡したばあい，この説によると，その時点で，Aに対する殺人罪とBに対する過失致死罪に変わることになる。また，Aが傷ついたまま逃げて生死が不明のばあい，Aに対して何罪が成立するかは判断できないことにもなる。「このように後になって故意ができたり

消滅したりするのは，犯罪理論としておかしい。故意の有無は，行為のときに判定できるものであるはずのものだからである」とされたのであった。

　第1の点については，次のような反論がある。すなわち，「本来の攻撃目標たる客体について過失責任しか生じないとする点が奇異に感ぜられるかもしれないが，それは具体的事実にこだわるからそう感ずるのであ」り，法定的符合説は「具体的事実にこだわることなく抽象的に考えるのを特質としているのであるから」，この「説によるかぎり，人を一人殺す意志で人を一人殺したという事実をとらえて殺人罪の成立を認め，さらにもう一つ意外な事実が余分に発生した点について過失犯の成立を問題にすれば足りる」(植松)とされたのである。

　第2の点については，大塚博士が次のように反論しておられる。すなわち，「故意をみとめるかどうか」は「裁判所の認定の問題」であるから，故意は「裁判の時点において」すでに発生している事態に基づいて判定されるべきである。したがって，Aが死亡しているばあいにはAに対する殺人罪をみとめればよく，Aが生きているばあいにはBに対する殺人罪をみとめるというだけのことである。Aが傷ついたまま逃げたため生死不明のばあいは，「疑わしきは被告人の利益にの原則にしたがって，その際わかっている侵害の事態についてしか判断できないということであり」，「それゆえ，実際の適用上も，平野教授の懸念されるような不都合はないといってよい」とされる。いいかえると，公訴提起後または確定裁判後の事実関係の変動は「刑事事件の処理につきまとう不可避な一般事情であって，時の推移によって生ずる事実関係の変動に応じた実体刑法的評価が訴訟手続の面から制限をうけるのは，やむをえないこと」であるとされる。

　錯誤の「問題は，行為者をいかに適正に処罰すべきかという観点から論ぜられるべきであ」り，この説の結論は「常識をそなえた社会の一般人の法感覚に照らして当然是認される」といえる。

　(2)　錯誤の存在する余地はなくAに対する殺人未遂とBに対する過失致死とをみとめ両者を観念的競合と解する説

この説は、「Aに対し傷害の結果を発生せしめてしまった以上、たとえ既遂に達しなかったとはいえ、もはやそこには錯誤の存在する余地はないのであって、そこには殺人未遂が成立してしまっており、それと同時に故意は完全に燃焼し切ってしまっていて、のこるかけらはないと解すべきではあるまいか。従って、のこるのは過失犯成立の可能性のみである」と主張する。すなわち、「予想外の客体との関連で結果の発生——既遂・未遂をとわないにしても——がなければ、およそ錯誤の問題が生ずる余地がない」ので、本来の対象であるA「との関連で殺人未遂の結果がすでに発生している以上、故意に対応する結果の発生はある——もとより、未遂・既遂の差はあるが——」から、Aとの関係では「すでに故意は使用ずみであり、使用ずみの故意を」対Bにも「転用しようとするのは許されない」とするのである。

　この説の特徴は、「未遂」の事実について故意の実現があったことをみとめ、錯誤の問題は生じないとする点にある。しかし、この点については、Aが傷ついたとしても、Aを殺すという目的は達成していないのであるから、殺人の故意が「燃焼」しきっているとはいえないとか、発生した結果がまだ既遂に達していないのに、なぜ「『認識に対応する結果』があった」といえるのかとかの批判が加えられている。

　また、この説は、Aがぜんぜん傷つかないばあいにはBに対する殺人既遂をみとめる。この点についても、次のような批判がある。すなわち、Aが傷つこうが傷つくまいが、Aに対する未遂罪が成立することに変わりはないから、「Aが傷つけば未遂、傷つかなければ何の罪にもならないというのは、論理的には無理である」。さらに「Aが傷ついたときは、Aに対する殺人未遂とBに対する過失致死で、殺人罪の刑が減軽される可能性があるが、Aが傷つかなかったときはBに対する殺人既遂となり、未遂減軽の余地がなくなり、かえって重くなるというのも不合理である」とされるのである。

　このように、予定外の事実を併発したばあいの処理について、法定的符合説は多岐に分かれ帰一するところを知らない。しかし、このことは、統一化に向けての新地平が開けたことを示すものでこそあれ、けっして否定される

べきカオス状態ではない。法定的符合説の基本的立場はなお維持され得るものであるとおもう。

● 〔択一式問題〕 ●

【問】 Xは，Aを殺す意思で発砲してAを死亡させたが，Aを貫通した弾丸がAの背後に立っていたBに当たりBも死亡させてしまった。その際，Bの死亡の点についてXに過失があったものとする。このばあいのXの罪責に関する次の記述のうち，正しいものはどれか。

(1) 法定的符合説をとるかぎり，AおよびBに対する殺人既遂罪の成立をみとめなければならない。
(2) 法定的符合説をとるかぎり，Aに対する殺人既遂罪，Bに対する過失致死罪の成立をみとめることはできない。
(3) 法定的符合説をとるかぎり，AおよびBに対する過失致死罪の成立をみとめることはできない。
(4) 法定的符合説をとるかぎり，Aに対する殺人未遂罪，Bに対する殺人既遂罪の成立をみとめなければならない。
(5) 法定的符合説をとるかぎり，Aに対する殺人既遂罪，Bに対する過失致死罪の成立をみとめなければならない。

☞ 解答へのプロセス ○

本問は，4(I)のばあいについての諸学説の知識を問うものである。したがって，先の叙述を読めば正解が得られるはずであるが，簡単に解説を加えておくことにしよう。

(1) 法定的符合説をとったとしても，Bに対する過失致死罪の成立をみとめることも可能であるから，この選択肢は誤り（本問においてはすべての肢が法定的符合説の一律的な判断――全称肯定・全称否定――を示していることに注意する必要がある）。
(2) 上記の(1)の解説の裏返しであり，このように解する法定的符合説もあるから，この選択肢は誤り。
(3) 「人」であるAおよびBが死亡しているのであるから，法定的符合説が殺

「人」罪の成立を否定し、AおよびBに対する過失致死罪の成立をみとめることはあり得ない。したがって、この選択肢は正しい。
(4) 法定的符合説をとったとしても、これと異なって解することはできるのである。しかしながら、現在、このような主張は見受けられない。したがって、この選択肢は誤り。
(5) 具体的符合説ならば、このように解しなければならないが、法定的符合説をとったからといって、このように解しなければならないわけではない。このように解する立場ももちろんあるが、これだけが正当であるかどうか、がまさに争われているのである。したがって、この選択肢は誤り。

以上により、正解は(3)。

● 〔択一式問題〕 ●

【問】 甲は、乙を殺害する意思で乙をねらってピストルを撃ったが、弾丸がそれて乙の傍らにいた丙に当たって丙が死亡した。なお、丙の死亡の点につき、甲に過失があったものとする。
甲の罪責として正しいものはどれか。
(1) 具体的符合説によれば、丙に対する殺人罪だけが成立する。
(2) 具体的符合説によれば、丙に対する過失致死罪だけが成立する。
(3) 具体的符合説によれば、乙に対する殺人未遂罪と丙に対する過失致死罪が成立する。
(4) 法定的符合説によれば、丙に対する過失致死罪だけが成立する。
(5) 法定的符合説によれば、乙に対する殺人未遂罪と丙に対する過失致死罪が成立する。

☞ 解答へのプロセス

甲が殺意をもって乙をねらってピストルを撃ったところ、乙の傍らにいた丙に弾丸が当たって丙が死んだという状況は、同一構成要件(殺人罪)の範囲内の錯誤、つまり、具体的事実の錯誤のうち、方法の錯誤の典型例である。具体的事実の錯誤において方法の錯誤があるばあい、法定的符合説は、発生した結果について故意の既遂をみとめる。つまり、丙に対する殺人罪の既遂の成立を肯

定するのである。したがって，これと結論を異にする(4)・(5)は誤っている。これに対して，具体的符合説は，行為者が当初，意図していた事実については未遂罪の成立を，発生した結果については過失犯の成立をそれぞれ肯定する。つまり，甲の行為は，乙に対する殺人未遂と丙に対する過失致死罪を構成することになる。したがって，(3)は正しく，これと結論を異にする(1)・(2)は誤っている。

以上により，正解は(3)。

● 〔択一式問題〕 ●

【問】 Xは，Aを殺す意思でAをねらってピストルを撃ったところ，弾丸がAに当たってAに傷を負わせ，Aの身体を貫通して，さらにAの背後にいたBに当たってBを死亡させた。Bの死亡の点についてXに過失があったものとする。

このばあい，錯誤論の適用をみとめたうえで法定的符合説の立場に立ち，かつ，過剰結果について過失犯の成立をみとめる見地から，Xの罪責として正しいものはどれか。
(1) Aに対する過失致死罪とBに対する殺人罪既遂の観念的競合
(2) Aに対する過失致死罪とBに対する殺人罪未遂の観念的競合
(3) Aに対する殺人罪未遂とBに対する殺人罪既遂の観念的競合
(4) Aに対する殺人罪未遂とBに対する過失致死罪の観念的競合
(5) Bに対する殺人罪既遂のみ

解答へのプロセス

Xの行為につき，錯誤論の適用をみとめる見解によれば，Bの死亡が錯誤に基づく「結果」であり，Aの致傷の点が「過剰結果」であるということになる。このばあいに，法定的符合説をとると，Bの死亡の結果について故意の既遂をみとめなければならない。つまり，Bに対する殺人罪の既遂が成立するのである。さらに，過剰結果について過失犯の成立を肯定するということになると，Aに対する致傷の点について過失犯の成立をみとめなければならない。すなわち，Aに対する過失致傷罪が成立するのである。したがって，Xの行為は，1個

の行為でAに対する過失致傷罪とBに対する殺人罪既遂を構成することになる（④参照）。それゆえ，(1)が正しく，それ以外はすべてこれと結論を異にしているので，誤っている。

以上により，正解は(1)。

◆第5款　方法の錯誤と過剰結果の併発

Aが殺意をもってBをねらってピストルを撃ったところ，弾はBの身体を貫通し，Bの背後にいたCにも当たり，B・Cともに死亡した。このばあい，Aの罪責はどうなるのだろうか。

〔解説〕
Aは，Bを殺す意思でピストルを撃ってBおよびCを死亡させている。Aとしては，Bだけを殺すつもりであったのに，結果としてはBのほかにCも殺してしまっているので，Aの認識と結果との間に食い違い・不一致があるといえるであろう。つまり，これは方法の錯誤であると解することができそうである。しかし，これは方法の錯誤の典型例である本章第2款・第3款におけるケースとは異なっている。典型的な方法の錯誤のケースでは，Aが当初ねらっていた客体Bについてはまったく結果が発生せずに，別の客体Cについてのみ結果が発生しているのである。しかし，本問では，Aは，もともと殺害を意図していた客体Bについても，まったくそれを意図していなかった別の客体Cについても，死亡の結果を発生させている。つまり，Bに対して結果が発生した点を重視するならば，Aとしては，意図した客体について意図したとおりの結果を実現したのであるから，そこには錯誤は存在しないとされるべきはずである。そうすると，死の結果発生を意図しなかった客体Cの死亡は，Aの意図した範囲を超えた「過剰結果の併発」として把握されるべきことになる。したがって，この見解によれば，Aについて，Bに対す

る殺人罪とCに対する過失致死罪(もちろん,過失があるばあい)が成立し,両罪は観念的競合（刑法54条）であるという結論に到達する。

これに対して,殺意の対象ではなかったCの死亡を重視するならば,そこには方法の錯誤が存在すると解するのが素直であるといえるであろう。このばあいを具体的事実の錯誤・方法の錯誤と解すると,具体的符合説の立場に立てば,Cに対する故意が阻却され,Bに対する殺人罪とCに対する過失致死罪が成立することになろう(観念的競合)。法定的符合説の立場に立ったばあい,BおよびCに対する殺人罪が成立すると解するのが,素直であるということになると考えられる(観念的競合)。しかし,法定的符合説のこのような処理には,故意を二重に評価するものであるとの批判がある。

●〔択一式問題〕●

【問】 Aが殺意をもってBをねらってピストルを撃ったところ,Bに当たった弾がさらにCに当たり,BおよびCが死亡してしまったばあいの罪責に関して,正しいものはどれか。ただし,Cの死亡の点について過失があったものとする。

(1) このばあいに錯誤は存在しないと解するならば,BおよびCに対する殺人罪が成立し,両罪は観念的競合となる。
(2) このばあいに錯誤は存在しないと解するならば,Bに対する殺人罪とCに対する過失致死罪が成立し両罪は観念的競合となる。
(3) このばあいに錯誤は存在しないと解するならば,Bに対する過失致死罪とCに対する殺人罪が成立し,両罪は観念的競合となる。
(4) このばあいに錯誤が存在すると解するならば,Bに対する過失致死罪とCに対する過失致死罪が成立し,両罪は観念的競合となる。
(5) このばあいに錯誤が存在すると解するならば,Bに対する殺人未遂罪とCに対する殺人未遂罪が成立し,両罪は観念的競合となる。

☞ 解答へのプロセス

(1)このばあいに錯誤論を問題にしないとすれば,Cに対する故意をみとめる

余地はないことになるから，Cについて殺人罪の成立を肯定する点で(1)は誤っている。(2)通常の故意論により，Bに対する殺人既遂罪とCに対する過失致死罪が成立することになるので，(2)は正しい。(3)錯誤がないとされる以上，Bに対する故意が阻却される理由はないので，Bに対する過失致死罪の成立をみとめる点で(3)は誤っている。(4)錯誤が存在するとして，かりに故意阻却がみとめられたばあい，その事実については未遂犯がみとめられるべきであるから，(4)は誤っている。(5)錯誤が存在するとして，かりに故意阻却がみとめられて未遂罪が成立するとしても，もう一方の結果については過失犯が成立すべきであるから，(5)は誤っている。

以上により，正解は(2)。

〔応用問題1〕 Aが，Bを殺す意思でBにピストルを撃ったところ，弾がBの腕を貫通して，傍らにいたCの胸部に当たった。Bは傷を負っただけにとどまったが，Cは死亡してしまった。Aの罪責を論ぜよ。ただし，Cに対して過失があったものとする。
《ヒント》 ①方法の錯誤は存在するのか，②方法の錯誤が存在するとしたばあい，何罪が成立し，罪数はどうなるのか。

〔応用問題2〕 Aは，Bの急迫不正の侵害に対して正当防衛としてBに石を投げつけたところ，その石がBに当たった後，さらにCの眼に当たって，Cを失明させてしまった。Aの罪責を論ぜよ。
《ヒント》 ①方法の錯誤はあるのか，②誤想防衛として扱うのか。

◇第6款 因果関係の錯誤

> Aは，殺意をもってBの首を絞めたところ，Bが仮死状態になったのを見ててっきり死亡したものと考え，犯跡を隠すためBを川の中に投げ入れたので，Bは溺死した。Aの罪責はどうなるのだろうか。

〔解説〕
Aは，首を絞めて仮死状態になったBが死亡してしまったと誤認して，犯跡隠滅のためにBを川の中に投げ入れた結果，Bを溺死するに至らせてい

る。このように，結果を実現しようとしてなされた第1の行為と，その結果がすでに実現されたものと誤信してなされた第2の行為の取扱いに関しては，学説上，見解が分かれている。

これらの2つの行為をまったく別個のものとして把握して，第1の行為については未遂罪，第2の行為については過失犯の成立をみとめる説がある。つまり，Aは殺人未遂罪と過失致死罪の罪責を負うとされる。その罪責については，さらに観念的競合説と併合罪説とに分かれるが，2つの行為を別個独立のものと解する以上，観念的競合とはなり得ないので，併合罪説だけが理論的に成立し得ることになる。他の説は，概括的に全過程を把握して第1の行為について故意犯の成立をみとめるべきであるとする。つまり，Aは，結局，当初の故意を実現しているのであるから，Bに対する殺人罪が成立するとされるのである。このような捉え方をウェーバー（ヴェーバー）の概括的故意という。すなわち，ウェーバーの概括的故意というのは，第1の行為と第2の行為について概括的に1個の故意をみとめ，その既遂を肯定するものである。

通説は上のような考え方を否定し，Aについて因果関係の錯誤の存在をみとめるべきであるとする。そして，法定的符合説の見地から，因果関係の錯誤が相当因果関係説にいう「相当性」の範囲内にあれば故意が肯定され，その範囲外にあれば故意が阻却されるとする。Aが，Bを殺すために首を絞める行為をして，Bが死亡したものと誤信し犯跡を隠滅するために川の中に投げ込む第2の行為に出ることは，経験上，通常あり得ることであるから，Aの因果関係の錯誤は「相当性」の範囲内にあるので，故意は阻却されず，殺人罪が成立することになる。

● 〔択一式問題〕 ●

【問】 因果関係の錯誤に関する次の記述のうち，正しいものはどれか。
(1) 因果関係の錯誤について，法定的符合説は，錯誤と結果との間に条件関係があれば故意阻却をみとめる。
(2) 因果関係の錯誤について，法定的符合説は，ウェーバーの概括的故意の

第6節　構成要件的事実の錯誤

理論により故意の既遂犯をみとめる。
(3)　因果関係の錯誤について，法定的符合説は，錯誤が相当因果関係の範囲外にあれば故意阻却をみとめる。
(4)　ウェーバー的故意というのは，第1の行為を実現したばあいに，それぞれの行為について故意の存在を肯定するものである。
(5)　ウェーバー的故意，いわゆる概括的故意をみとめる見解によれば，第1の行為については故意犯の成立を，第2の行為については過失の成立をそれぞれみとめることになる。

☞　解答へのプロセス

(1)法定的符合説は，錯誤が相当性の範囲を超えたばあいに故意阻却をみとめるので，(1)は誤っている。(2)法定的符合説は，ウェーバー的故意の理論による解決をみとめないので，(2)は誤っている。(3)法定的符合説は，錯誤が相当性の範囲内にあれば故意をみとめ，その範囲外にあれば故意が阻却されると解するので，(3)は正しい。(4)・(5)ウェーバー的故意，すなわちいわゆる「概括的故意」の理論によれば，第1の故意と第2の故意を概括して1個の故意の存在をみとめるので，(4)および(5)は誤っている。

以上により，正解は(3)。

〔応用問題1〕　Aは，熟睡中のBの首を殺意をもって絞めたところ，Bが，身動きしなくなったので死亡したものと誤信して，犯行の発覚を防ぐためにBを海岸砂上に運んで放置したが，じつはBは砂末を吸引して死亡したのであった。Aの罪責を論ぜよ。
《ヒント》　いわゆる概括的故意の理論によるのか，因果関係の錯誤によるのか。なお，このような事案に関する判例（大判大12・4・30刑集2巻384頁）の立場を論評せよ。

〔応用問題2〕　「行為者の手をはなれて因果の流れに移行した過程で錯誤が生じたばあい」を因果関係の錯誤と解して，ウェーバーの概括的故意の存在をみとめる立場を論評せよ。
《ヒント》　①因果関係の錯誤の範囲，②ウェーバーの概括的故意のケースにおいて，いかなる意味で因果関係の錯誤があるといえるのか。

◆第7款　抽象的符合説

　　AがBの壺を壊すつもりで石を投げつけたところ、その石がBの頭に当たってBは死亡した。法定的符合説をとると、Aは過失致死罪として処罰されるにとどまるので、刑が不当に軽すぎることにはならないのだろうか。

〔解説〕
　Aは、Bの壺を壊すつもりで、つまり、器物損壊罪(刑法261条)の故意をもって石を投げつけている。ところが、その石がBに当たってBを死亡させており、これは、結果的に殺人罪(刑法199条)と同じ事態を生じさせていることになる。このばあい、抽象的事実の錯誤があり、それは方法の錯誤である。Aの錯誤について法定的符合説を適用すると、次のようになる。すなわち、Aが意図した器物損壊という構成要件的故意と現実に生じた殺人という構成要件的故意とは、その構成要件の概念内容がまったく符合・一致していないので、Aの故意は阻却される。つまり、Bの死亡の結果については、故意の既遂犯はみとめられず、過失致死罪が成立し得るにとどまるのである。器物損壊の点は、その結果が実現されていないので、理論的には器物損壊罪の未遂犯となるべきはずであるが、刑法上、その未遂を処罰する規定は存在しない。したがって、Aについては、実際上、過失致死罪だけが成立することになる。
　ところが、過失致死罪の法定刑は「50万円以下の罰金」であり、器物損壊罪の法定刑(3年以下の懲役または30万円以下の罰金もしくは科料)より著しく低い。そうすると、法定的符合説をとれば、器物損壊の意思で人を死亡させたばあいの方が、器物を損壊したにとどまるばあいよりも刑が軽くなってしまう。つまり、物を壊したばあいの方が人を死亡させたばあいよりも重く処罰され、刑に不均衡が生ずるとされる。この不都合を解消するために主張されたのが抽象的符合説であり、この説は、Aについて器物損壊罪の成立を肯定する。
　法定的符合説は、上記の批判に対しては、過失致死罪の法定刑が著しく低

いのは，立法上の問題であって錯誤論によって解決されるべきではないし，抽象的符合説をとると故意概念を不当に抽象化して無内容のものとしてしまうので妥当でない，と反論している。

●〔択一式問題〕●

【問】 抽象的符合説に関する次の記述のうち，誤っているものはどれか。
(1) 抽象的符合説は，およそ罪となるべき事実を認識して行為に出て，何らかの犯罪的事実を惹起したかぎり，刑法38条2項の制限内で故意の既遂犯をみとめる立場である。
(2) 抽象的符合説は，故意を抽象化する方法については，見解が一致している。
(3) 抽象的符合説は，主観主義刑法学および客観主義刑法学の双方から主張されている。
(4) 抽象的符合説は，法定的符合説をとったばあいに生ずる刑の不均衡を是正することをその実質的根拠としている。
(5) 抽象的符合説は，故意概念を無内容のものにしてしまうと批判されている。

☞ 解答へのプロセス

(1)正しい。抽象的符合説は，故意を抽象的に「何らかの罪を犯す意思」として把握するものである。(2)誤り。故意をどのように抽象化するか，という点をめぐって，学説は分かれ，牧野英一説・宮本英脩説（可罰的符合説）・草野豹一郎説・植松正説が主張されている。(3)正しい。主観主義刑法学の立場に立つ牧野博士・宮本博士も，客観主義刑法学の立場に立つ草野判事・植松博士らも，ともに抽象的符合説を主張された。主観主義は，行為者の犯罪的意思の有する「危険性」を重視するという観点から故意の抽象化をみとめ，客観主義は，現実に発生した「客観的事実」を重視するという観点から故意の抽象化をみとめるのである。(4)正しい。抽象的符合説は，法定的符合説の適用の結果生ずる刑の不均衡を錯誤論によって是正すべきであるとする。(5)正しい。抽象的符合説をとると，故意は何らかの犯罪をおこなう意思という，きわめて抽象的なものと

なり，ほとんど内容のないものとなる。
　　以上により，正解は(2)。

〔応用問題1〕　Aは，自分の子BがCと喧嘩をしてCをナイフで刺したのを目撃し，Bが立ち去った後，Cのもとに駆け寄りCを見ると，すでにCは絶命しているようであったので，Bの犯跡を隠すため，死体遺棄の意思で車でCを山中に運んでそこに捨てた。しかし，Cは仮死状態であったところをAに山中に遺棄されたのであった。Aの罪責はどうなるか。
《ヒント》　①法定的符合説の適用の結果はどうなるか。②その結論は妥当か。③抽象的符合説によって解決すべきか。

〔応用問題2〕　Aは，公園のベンチにあったカバンを遺失物だとおもって持ち去ったが，それはベンチ脇の芝生で昼寝をしていたBが置いていたものであった。Aの罪責はどうなるか。
《ヒント》　法定的符合説の結論は妥当か。

7 過失犯をめぐって

◆第1款　新旧過失犯論争

> 新旧過失犯論争とは何だろうか。旧過失犯論と新過失犯論はどのようなことを主張しているのだろうか。
> それぞれの立場において注意義務の内容や予見可能性の程度はどうなっているのだろうか。
> どの立場が妥当なのだろうか。

〔解説〕
1　旧過失犯論

　過失犯の構造に関して，「新旧過失犯論争」が展開されてきている。伝統的過失犯論は，旧過失犯論と称され，行為者としては犯罪事実を認識・予見できたにもかかわらず，注意をしなかったためにこれを認識・予見せず，認識・予見に基づく結果回避措置をとることなく漫然と行為に出て結果を発生させたことに，刑法上の非難の根拠を求める。いいかえると，旧過失犯論は，予見可能性を過失の前提として重視して，それに基づく「予見義務」の違反を注意義務の中核をなすものと解していることになる。

　旧過失犯論においては，行為者の予見可能性を前提とする過失は責任要素とされ，過失犯の客観面については，故意犯と本質的に異ならないので違法論においてとくに議論する必要はないとされる。すなわち，行為の客観面に関連する構成要件該当性および違法性の段階においては，故意犯と異なる点はなく，たんに行為と法益侵害との間に因果関係が存在すれば足り，主観面

に関連する責任の段階において，故意と本質的に異なる過失の内容を予見可能性を基礎にして解明しようと試みたのである。

　従前の旧過失犯論は，「構成要件的過失」の存在を否定し，過失「行為」の違法性の実体を解明する途を閉ざしてしまった。すなわち，構成要件は違法行為を定型化・類型化したものであるとする通説の見地から，旧過失犯論は，構成要件的過失をみとめると，主観的違法要素としての過失をみとめざるを得なくなることを根拠にして，構成要件的過失の観念を否定したのであった。しかし，現在では構成要件的過失をみとめる見解が増えているが，責任論において主張されている旧過失犯論の内容は今なお維持されている。

　次に，旧過失犯論は，発生した法益侵害の結果と相当因果関係のある不注意な心理状態の存在がみとめられれば過失犯が成立すると解している。いいかえると，結果はたんに行為者の内心的要素である「過失」を原因として生じたものと把握されるのであり，このような把握は，過失「行為」の側面をまったく考慮しないものである。

2　新過失犯論の登場

　過失犯における「行為」の側面を重視すると，不注意な心理状態ではなくて，不注意な「態度」にこそ過失犯の無価値性の中核をみとめることとなり，過失を「責任」でなく「違法性」に関係するものとして捉える新過失犯論が主張されることとなる。

　新過失犯論それ自体が多義的であるので，まず，新過失犯論の概念を明らかにしておく必要がある。「新過失犯論」の理解については，次の二つの捉え方がある。

　1つは，過失犯も故意犯と同じ犯罪論体系を有し，構成要件該当性，違法性，有責性の段階において犯罪の成否を検討し，構成要件的過失や違法要素としての過失をみとめる見解を新過失犯論として捉える立場である。これは，旧過失犯論が有責性の段階で過失を捉えるのに対して，違法性や構成要件該当性の段階においても過失を検討する点において「新たな」意味を有するとさ

れる。

　もう1つは、客観的注意義務の内容として「結果回避義務」を重視し、過失の本質を結果回避措置をとらなかったことに求める見解を新過失犯論として捉える立場である。これは、一定の「基準行為」からの逸脱に過失の実体をみとめるものである。旧過失犯論は、結果の発生を予見するように精神を緊張させなかったことに過失の実体をみとめ、「結果予見義務」を注意義務の内容として捉え、その予見義務の前提として主観的予見可能性を必要とすると解している。これに対してこの新過失犯論は、一定の基準行為からの逸脱に過失の実体をみとめ、注意義務の内容として「結果回避義務」を重視し、その前提として客観的予見可能性を要求する。この見地においては、注意義務の重点は結果予見義務から結果回避義務へ移行するので、この点に、旧過失犯論と異なる「新」過失犯論の特徴があることになる。

3　旧過失犯論と新過失犯論の決定的相違点

　新過失犯論は、少なくても上記の2つの点では旧過失犯論と決定的に異なる。第1の点は、「過失の犯罪論体系上の位置づけの問題」であり、第2の点は、「客観的注意義務の内容の問題」である。しかし、犯罪論体系上の相違は、注意義務の内容についての考え方の影響をうけるので、注意義務の内容、予見可能性の内容、程度などをどのように把握するかが重要な問題なのである。

　新過失犯論の中には、注意義務の内容として結果回避義務を中心にすえて、注意義務違反を違法性の問題とし、客観的予見可能性を結果回避義務違反を認定する際の論理的前提として把握したうえで、客観的予見可能性の程度について結果がひょっとしたら発生するかもしれないという危惧感・不安感の程度で可能性は足りるとする危惧感説や交通事故のように個人の行為者が刑事責任を問われるばあいには具体的な予見可能性を要求し、企業災害などのばあいには危惧感で足りるとする生活関係別過失論が主張されている。

4 新過失犯論の基礎づけ

　新過失犯論が妥当であると解する。新過失犯論の立場は，次のように積極的に基礎づけられ得る。客観的注意義務の内容として「結果回避義務」を中心にすえ，予見可能性をその論理的前提として解する見地からは，結果回避義務違反を認定する前提として，結果発生が「一般的に予見可能」であることを必要とする。なぜならば，一般的に予見可能である「結果」の発生を「回避」することを一般的に義務づけることができるにすぎないからである。この予見可能性は，予見義務を基礎づけるのではなく，「結果回避義務の前提」となるものなのである。このような客観的注意義務は，ほんらい違法要素として把握され得るのであり，客観的な注意義務に違反する行為は違法と評価されることになる。客観的な注意義務に違反する「違法な過失行為」を類型化したものが構成要件であるから，故意犯のばあいと同様，過失犯についてもこれを構成要件要素と解することができるのである。これが構成要件的過失の中核となる。

　新過失犯論に対しては，①過失を「基準行為からの逸脱」として捉えると，行為無価値のみを考慮に入れて結果無価値を無視することになり，基準行為からの逸脱は行為を危険にする要因であるにすぎず，危険行為それ自体ではないとの批判がある。また，②「基準行為からの逸脱」は「不作為」を問題にし，過失犯をすべて不作為犯と解することになるという批判もある。

　しかし，新過失犯論は，結果無価値を無視して行為無価値のみを考慮するものではない。実定法上，過失犯は「結果犯」であるから，現実に法益侵害の結果が発生しているばあいにのみ過失犯は成立するのであり，結果無価値のない過失行為を処罰することはないのである。新過失犯論は「結果発生」に至るまでの「行為態様」をも問題にし，客観的な落度がないかぎりその過失行為は違法ではないと解し結果無価値も考慮に入れているので，①の批判は妥当でない。

　次に基準行為からの逸脱を問題にするばあい，その逸脱それ自体は過失の実行行為ではなく，結果回避措置をとらずに不適切な行為をおこなって法益

侵害をもたらすことが実行行為となる。結果発生の直接の原因となった行為が客観的注意義務に違反した行為であるか否かを判断するにあたっては、結果を回避するためにどのような行為がなされるべきであったかを問題にして、その基準行為と原因行為とを比較検討することによって、原因行為が客観的注意義務に違反する行為であると判定される。基準行為からの逸脱は、結果惹起行為が結果回避義務を尽くしていたか否かを判断するための基準であり、法益侵害をもたらした客観的注意義務違反の行為それ自体が過失行為とされるのであるから、②の批判も妥当でないことになる。

5 予見可能性の問題

新過失犯論においては、「客観的予見可能性の程度」について、結果発生の一般的な予見可能性を要求し、たんなる危惧感では足りないと解する立場が妥当である。危惧感だけで結果回避義務をみとめるのは行き過ぎであり、一般的に予見可能な事態についてのみ結果発生の回避を期待できるのであるから、その限度で「義務」が生ずるのである。

「主観的予見可能性」は、従来、責任の次元において、主観的予見義務違反を認定する前提として検討されてきたが、わたくしは、主観的予見可能性は有責性の段階においても考慮する必要はないとする見解を支持したい。過失犯における規範的責任は、責任説の立場に立つと、違法性の認識の可能性によって基礎づけられるのである。過失犯のばあい、構成要件的結果を実現しようとする意思は存在しないので、違法性の「現実的」認識があるという事態はまったく生じないことになる。つねに違法性の「認識の可能性」があるにすぎない。そうすると、基準行為から逸脱することによって違法な法益侵害を惹き起こす可能性を認識しなかった点において、有責性が基礎づけられるのである。結果回避行為をしなかったことそれ自体は、客観的な注意義務違反の問題として、違法性、ひいては構成要件該当性の次元で検討すべきであり、その客観的注意義務違反が違法であることの認識可能性が過失行為者の責任を根拠づけると解するのが妥当であるとおもう。

◆第2款　構成要件的過失

> 構成要件的過失という観念は，なぜみとめられるのだろうか。
> その内容はどうなっているのだろうか。

〔解説〕

1　主観的違法要素としての過失と構成要件的過失

　犯罪は，故意犯が原則である(38条1項本文)。過失犯を罰するのは例外である(38条1項ただし書き)。従前の通説(旧過失犯論)によれば，過失は故意とならぶ責任条件ないし責任形式であり，過失の本質は，犯罪事実の表象の欠如が行為者の「不注意」に基づくこと，すなわち，行為者が注意を払ったならば，構成要件的結果の発生を予見することができ，かつ，これを避けることができたはずであったのに，不注意によってその予見を欠き，構成要件的結果を生じさせた点に求められる。この見解によれば，過失は責任論においてはじめて議論されるべきであるから，過失犯については「違法性」を問題とするまでもないことになる。つまり，過失犯にあっては，行為と法益侵害との間に因果関係が存在すれば，違法性があると解されるわけである。

　しかし，現在の通説は，「構成要件的過失」をみとめ，過失犯における違法性を問題にする。その際，まず，行為者が，法によって客観的に命じられた注意を尽くさないという事態が重視される。そして，法律上，客観的に要求される注意を払っても構成要件的結果の発生が避けられないばあいには，過失行為の違法性は阻却され，さらに責任非難としての過失の存否は問題とするまでもないことになる。

　通説は，「主観的違法要素としての過失」を肯定する。主観的違法要素としての過失は，さらに定型化・類型化されて「主観的構成要件要素」として把握されることになる。ところが，過失を違法性の要素と解する立場においても，これを構成要件の要素と解することには，当初，異論があった。なぜな

らば，過失犯の構成要件がいわゆる「補充を必要とする構成要件」であって，法規上示されているところはきわめて抽象的であること，過失犯における注意義務には規範性が強く，その具体的内容は，きわめて多様であって類型的に理解するのが容易でないことなどが，その障害と解されたからである。しかし，犯罪の成立要件としての構成要件該当性と違法性とが異なる概念である以上，「違法性の要素としての過失」と「構成要件要素としての過失」とは区別されるべきであるから，構成要件的過失の観念をみとめないかぎり，過失犯の構成要件該当性を論ずることはできない。したがって，過失も，故意とならんで構成要件の要素とされなければならないことになる。これが構成要件的過失にほかならない。

　なお，過失をいかなる観点から把握するかについては，過失を構成要件，責任の両面から捉える見解，構成要件，違法性の面のみで理解する見解，主として責任論で捉える見解，構成要件，違法性および責任の面で捉える見解が主張されている。

2　構成要件的過失の内容

　構成要件的過失の内容に関して見解の対立がある。構成要件的過失の内容は，①構成要件に該当する事実の表象・認容を欠くこと，②客観的注意義務に違反することから成ると解されている。そして，客観的注意義務の内容として結果予見義務および結果回避義務をみとめる立場においては，客観的結果予見義務違反および客観的結果回避義務違反も構成要件的過失の要素とされる。構成要件的過失の内容は，構成要件に該当する事実の不認識・不認容だけであり，客観的注意義務違反は含まれないとする見解もある。しかし，客観的注意義務の内容は「結果回避義務」であると解したうえで，結果回避義務違反を「構成要件的過失」の内容を成すものとして把握することができる。「違法な過失行為」の類型化・定型化として客観的な注意義務違反を構成要件要素として取り込むことは可能なのである。

　「構成要件的過失は，構成要件的故意と同質の問題としてパラレルに考え

られるべきである」という思考を前提にしたばあい，たしかに，構成要件的故意は，構成要件的結果の表象・認容として把握されるから「主観的要素」であるといえることになる。しかし，過失犯のばあい，単なる構成要件的結果の不認識・不認容という消極的な形の主観的要素だけによって構成要件的特徴を基礎づけることはできない。客観的な注意義務違反があってはじめて，構成要件の側面が基礎づけられ得るのである。すなわち，故意行為と過失行為とは，構成要件該当性の次元においても，質的に決定的に異なるものであり，その違いをもたらすのは客観的な注意義務違反にほかならない。両者は質的に異なるから，それぞれ異なる内容を包含することになる。したがって，「客観的注意義務違反の内容を結果回避義務と解するかどうかという問題」と，「構成要件的過失を構成要件的故意とパラレルに考えるべきかどうかという問題」とは，直接，関係がないのである。このようにして構成要件的過失は，①構成要件的結果の不認識・不認容，および，②客観的注意義務違反をその本質的な内容とすると解すべきことになる。

◆第3款　信頼の原則

> いったい「信頼の原則」とは何であり，どのような背景で確立されてきたのだろうか。信頼の原則は，犯罪論の体系上，どこに位置づけられるのだろうか。そして信頼の原則は，「過失概念」にとってどういう意味をもち，その「適用範囲」はどうなるのだろうか。

〔解説〕
1　信頼の原則の意義と問題の所在

　信頼の原則とは，「行為者がある行為をなすにあたって，被害者あるいは第三者が適切な行動をすることを信頼するのが相当な場合には，たといその被害者あるいは第三者の不適切な行動によって結果が発生したとしても，それに対しては責任を負わない」とする原則をいう(西原)。つまり，信頼の原則と

は、「行為者が, 被害者その他の第三者が危険を回避するべく適切に行動するであろうことを信頼して一定の行為をなした場合, その信頼が社会的に相当とみとめられるかぎり, 第三者がその信頼に反して不適切な行動をなし, その結果何らかの加害が惹き起こされたとしても, その加害について行為者に過失責任を問わない」原則を意味するのである(沼野)。この原則は, ドイツの学説・判例において, 主として交通事犯の領域で生成・確立されたものとされるが, スイス・オーストリアにおいても時を同じくして生成・確立されたのである。わが国においては, とくに西原博士がこれを発展させられ, 判例にも多大な影響を及ぼした。

たしかに, 信頼の原則が, 当初, ナチス刑法思想によって推進されたことは歴史的事実であるといってよいであろう。しかし, このことから, すぐに信頼の原則を否認するのは早計であるといえるのではないだろうか。ナチス法思想と信頼の原則との関係について, 次のようにいわれる。すなわち,「信頼の原則は, ナチスの交通政策とナチス法思想の一端を担って登場した……。道路という比較的自由な空間を, 経験や能力を異にする雑多な法主体が, また, 私的な経済関係におかれた利害相対立する法主体が, 自由に利用するのが現にある交通秩序である筈である。しかし, 信頼の原則の背景をなしている交通秩序は, 極めて技術化され単色化された秩序として絵がかれていることに気づく。法主体も権利を主張して相対立する個人ではなく, 民族共同体の構成員という均一等質のものに入れ替えられている。道路交通に『本来的に』つきまとわざるをえないルールの存在とその遵守というようにこの原則を抽象化してしまって, 時と処をこえて妥当する純粋な法命題, 非社会的な技術命題のように考えることは, 資本主義社会を前提とした交通秩序の現実からことさらに目をそらすことになろう。信頼の原則の出生のこの秘密は, この原則の内容を規定している。自動車交通全体の能率化にそのねらいがあるという。この『全体』(民族共同体, 運命共同体)によって一体誰の利益が保証され, 誰の利益が無視されるのかは自明のことに属する」(井上〔祐〕)とされる。

全体の利益を強調することによって犠牲を強いられる者が生じ得ることについての上記の警告には傾聴すべきものがある。すなわち，このような信頼の原則に対する「イデオロギー的批判」は，「歴史的因果の確定というよりむしろ，思想的近似性の指摘によって，実務と学説における無条件の支持と安直な適用に対して警鐘を打ち鳴らそうとした点に意義があると考えるべきであろう。信頼の原則には，交通の円滑化という『全体的利益』の優位という思想は否めないからである」(山中)。しかし，自動車の普及・産業資本主義の発展とナチスの台頭・隆盛は，歴史上，同じ時期に重なったと見るのが妥当ではないだろうか。その時期の政権担当者がナチス・ヒットラーであったので，ナチスが産業資本主義の申し子である自動車交通の発展に寄与する信頼の原則の推進役を演ずることになったと解すべきであろう。つまり，信頼の原則は，思想的にはナチズムのコロラリイ(論理必然的結論)としてみとめられたのではなくて，むしろ産業資本主義の高度化によってもたらされたものと把握されるべきなのである。

　自動車産業の発展と自動車の大量的普及により，道路交通は，現代社会における生活空間として大きな地位をしめるに至っている。いいかえると，ドライバーの大衆化により，道路交通関与者の均質化が急速に進んだのである。そこにおいては，日常の生活を営なむ一般人としての大衆が，同一の条件の下で，つねに交通事犯者となり得る地位に置かれている。そのばあい，信頼の原則の適用により過失責任の追及が緩和されると，実に明瞭に刑法の「謙抑化」がみとめられることになる。現時点においては，この側面が強調されるべきであろう (大谷)。

　わが国においても，学説・判例上，信頼の原則は定着したと見てよい。しかし，刑法解釈論プロパーの問題としては，なお争われている論点がある。まず第1に，信頼の原則は犯罪論体系上，どこに位置づけられるのか，第2に，信頼の原則は過失概念との関係においていかなる機能を有するのか，第3に，信頼の原則の適用範囲はどうなるのか，という点が，すなわちこれである。以下，これらの問題を見ていくことにする。

2 信頼の原則の犯罪論体系上の位置づけ

信頼の原則を承認する立場にあっても，細かい点ではなお見解は一致していないが，少なくても次の点では争いはないと見てよいであろう(大谷)。すなわち，①信頼の原則は「許された危険の法理」ないし「危険の適切な分配」と表裏をなすもの，または，これらの一応用場面であること，②信頼の原則が適用されるためには，(a)自動車の高速度かつ円滑な交通の必要性の存在，(b)道路の整備・信号の設置などの交通環境の整備，(c)交通教育・交通道徳の普及により，一般の交通関与者の交通秩序違反行動がきわめて少なくなっていることという要件を具備していること，③信頼の原則には適用上の限界があること，が共通の前提とされているわけである。

それでは，信頼の原則は「過失犯の構造」といかなる関係を有するのであろうか。現在，信頼の原則が，「客観的注意義務」の限界を画する実質的・具体的基準を定めるための一つの原則であるとされる点で，学説は一致している(大谷)。そうすると，「客観的注意義務」の犯罪論体系上の位置づけが，そのまま「信頼の原則の位置づけ」に投影されることになる。この点につき，客観的注意義務を構成要件要素と解する見解は，信頼の原則を構成要件該当性阻却事由とし，許された危険の法理は実質的な利益衡量の問題であるから違法性論に属すると解する見解は，信頼の原則を違法性阻却の一場面として把握することになる。しかし，いずれの見解をとったとしても，実質的に判断基準が異なるわけではないので，この対立はあくまでも「体系上の対立」にとどまるが(大谷)，構成要件該当性阻却説の方が妥当とされるべきであろう。なぜならば，「構成要件の問題だとした方が，過失行為はかなり高度の危険性(客観的予見可能性)をもつときにかぎって処罰するという理論により忠実であり，逆に，すでにこの程度の危険性を有するときは，他にとるべき利益があっても客観的過失は否定されない(許された危険の限定)という点でよりすぐれた理論構成である」(曽根)といえるからである。

3 過失概念に対する信頼の原則の機能
——「予見可能性」の限定か「注意義務」の限定か

信頼の原則が適用されると,行為者の過失が否定され過失犯は成立しない。この点については争いはない。問題は,過失犯の成立要件のいずれに影響を及ぼすのか,という点にある。学説は,大別すると2つに分かれる。1つは,「予見可能性」を否定するものと解する立場であり,もう1つは,「注意義務」を否定するものと解する立場である。

(1) 予見可能性を否定する立場

この立場は,さらに2つに分かれる。すなわち,①信頼の原則は「客観的予見可能性」を具体化するための「思考上の基準」であるとする説と,②「刑法上の予見可能性」を抽出する原理であるとする説に分かれるのである。①説は,次のように主張する。すなわち,「過失行為は,単に結果に対して因果関係があるというだけの行為ではなく,結果発生の『実質的で許されない危険』を持った行為であり,その危険の現実化として結果が発生したとき処罰するもの」であり,「不注意により自己の行為にこのような性質があることを認識しなかったところに,過失の責任としての実質がある」(平野)とされるのである。「この過失行為のもつ危険性は,結果の客観的予見可能性といってもよい。危険性がある場合には,一般の人であれば,結果の発生を予見できたはずだからである。……右の場合の予見可能とは,『ある程度高度の』予見可能性をいうのであ」り,信頼の原則についていえば,「被害者がそのような行動をとる蓋然性が低く,したがって被告人の行為は実質的な危険性があるとはいえないから,過失犯は成立しないのである。このように,信頼の原則は,過失犯の一般的な成立要件を,明示的に言い現わしたにすぎず,特別の原則ないし要件をなすわけではない」(平野)とされるのである。

この説は,「行為者にとって,他人の注意深い行動が認識されるために,結果発生の客観的予見可能性が極めて低いものとなり,したがって,過失犯の構成要件該当行為としての『危険な行為』と『不注意』が存在しない場合にほかならなくなる,と考える」ものであり,「このように考えるならば,『信

頼の原則』とは，単なる標語・スローガンであって，独立した理論的実体をもったものではない」(内田〔文〕)ことになる。

②説は,「過失概念の中における信頼の原則の地位については，……事実的自然的予見可能性の中から刑法的な予見可能性を選び出すための原理と解する。……刑事過失の認定の際における予見可能性は，あくまでも刑法的な概念でなければならない。なぜなら，自然的予見可能性は，認定しようと思えばつねに認定できるほど不明瞭であるばかりでなく，刑法的に予見可能な場合には，やはり刑法的に，その予見にしたがった結果回避措置をとるべき義務が発生するとみるべきだからである」(西原)と主張する。

(2) 注意義務それ自体を否定する立場

この立場は，さらに3つに分かれる。③「予見義務」そのものの範囲を制限する規範的な標準と解する説，④「結果回避義務」の認定の基準要素であると解する説，⑤「予見義務」および「結果回避義務」を内容とする「客観的注意義務」の内容を具体化するための方法的原則であると解する説が，主張されているのである。

③説によれば,「今日でも交通違反はひんぱんに犯されているので，信頼の原則の適用が認められるすべての場合が予見不可能な場合だとは，とうてい言えないであろう。他人の交通法規遵守を信頼して運転することはやはり一種の危険行為なのである。しかし，この信頼関係を認める以外には安全・円滑な交通は確保できないという理由から，通常の場合には(すなわち，適度の危険の場合には)他人の違反行為を予見しなくてもよいという基準を与えたものと解される。そうすると，信頼の原則をもって一定の条件の下に直接予見義務を制限する基準と考える」のが「実体に即した素直な理解のように思う」(金澤)とされる。

④説によれば,「信頼の原則の体系的位置づけについては……予見可能性のある事態のもとで，注意義務(結果回避義務)の負担に軽減されるものであって，体系上は，注意義務(結果回避義務)の認定のひとつの基準要素であると解すべきもの」(藤木)であるとされる。さらに,「侵害惹起の危険を内包している社

会的に有用な行為は、その有用性のゆえにこれを行なうことが許されているが、それには常に必要な(社会で要求される)予想される危険、危険防止措置を講ずることが前提とされる。この防止措置を講ずべきことがこの場合の客観的(注意)義務である。いかなる義務をつくすべきかは個々の場合に特別の規則などによって定められているが、あらゆる情況に応じた必要措置を規定しきれるものではないから、価値的利益保護の理念を基礎として具体的場合に必要な措置を引き出すことが必要となる。信頼の原則はまさにそうした具体化の際に役立つ一つの前提原理」(木村〔静〕)とされるのである。

⑤説を主張される福田博士は、「客観的予見可能性と客観的結果回避可能性が肯定されると、ここではじめて、社会生活上必要な注意の義務づけが可能となる。もっとも、結果の予見およびその回避の可能性があるときには、つねにその結果を予見すべきであり、したがって、その結果を回避するのに適切な措置をとるべきであるという注意義務が課せられるものではない」のであり、「信頼の原則は、交通事犯に関して、社会生活上必要な注意の内容を具体化するための方法的原則として、その具体化のための思考上の基準を提供するものである」とされる。また、大塚博士も、客観的注意義務(すなわち、構成要件的過失の要素)の内容を「結果の予見義務と、その予見にもとづいて、結果の発生を回避するために相当な、一定の作為または不作為に動機づけをあたえるべき義務」として把握したうえで、信頼の原則は「危険の分配の一面の問題であり、いいかえると、具体的事案についての適切な注意義務を認定するにあたって当然に考慮されるべきものにほかならない」とされる。

このように、信頼の原則を体系上、過失犯論のどこに位置づけるかをめぐって見解が多岐に分かれているが、わたくしは、客観的注意義務の認定に影響を及ぼす思考原理としてこの原則を捉え、客観的注意義務は予見義務および結果回避義務からなるので、⑤説のように解するのが妥当であるとおもう。しかし、このような学説の対立は、「単なる説明の仕方の相違をこえた実質的な帰結の相違をもたらしうるのかどうかという点を具体的事例に則して検証しなければならないであろう」(中山)。

4 信頼の原則の適用範囲

　信頼の原則は，主として交通事犯に関して，形成・適用されてきたものである。しかし，この原則の適用は，これにかぎられない。信頼の原則は「過失一般，とくに被害者または第三者の行動が結果惹起に関係するような態様における過失の認定一般について広く用いること」のできるものなのである（西原）。すなわち，「信頼の原則は，交通事故特有の法理ではなく，危険防止について協力分担関係にあるすべての分野において問題となる法理である」（藤木）。現在，この点について争いはないといってよい。複数の人間が相互に相手方の行動を信頼しつつ分業で事をおこなうばあいの例についていえば，たとえば外科手術を担当する医師は，特別の事情がないかぎり，用意された器具が消毒済みであることを信頼してよいし，局方品を注文した食品製造業者は，局方品のレッテルの貼られた薬品の中味が真実局方品であることを信頼してよいことになる（西原）。

5 判　例

　最高裁が，はじめて明示的に信頼の原則を採用したのは，昭和41年6月14日第三小法廷判決である（刑集20巻5号449頁）。同判決は，「乗客係が酔客を下車させる場合においても，その者の酩酊の程度や歩行の姿勢，態度その他外部からたやすく観察できる徴表に照らし電車との接触，線路敷への転落などの危険を惹起するものと認められるような特段の状況があるときは格別，さもないときは，一応その者が安全維持のために必要な行動をとるものと信頼して客扱いをすれば足りるものと解するのが相当である」として，私鉄駅の乗客係の過失を否定した。

　自動車事故に関して信頼の原則をはじめて適用した最高裁判決は，昭和41年12月20日第三小法廷判決（刑集20巻10号1212頁）である。同判決は，「本件のように，交通整理の行れていない交差点において，右折途中車道中央付近で一時エンジンの停止を起こした自動車が，再び始動して時速約五粁の低速（歩行者の速度）で発車進行しようとする際には，自動車運転者としては，特

別な事情のないかぎり、右側方からくる他の車両が交通法規を守り自車との衝突を回避するため適切な行動に出ることを信頼して運転すれば足りるのであって、本件被害者の車両のように、あえて交通法規に違反し、自車の前面を突破しようとする車両のありうることまでも予想して右側方に対する安全を確認し、もって事故の発生を未然に防止すべき業務上の注意義務はないものと解するのが相当」であるとして、被告人の過失を否定したのである。

その後、最高裁は交通事故に関して信頼の原則を適用して被告人の過失を否定する判決を次々と下している。たとえば、右折車両と後続車両との関係について（最判昭和42・10・13刑集21巻8号1097頁）、一時停止の標識のある道路との交差点に進入する車両とその交差道路から進入する車両との関係について（最判昭和43・12・17刑集22巻13号1525頁）、広路から交通整理のおこなわれていない交差点に進入する車両と狭路からの進入車両との関係について（最判昭和45・11・17刑集24巻12号1622頁）、交差点で左折する車両と後続車両との関係について（最判昭和46・6・25刑集25巻4号655頁）、黄信号で交差点に進入する車両と赤信号の交差道路から進入する車両との関係について（最判昭和48・5・22刑集27巻5号1077頁）、それぞれ信頼の原則を適用して被告人の過失が否定されたのである。このようにして、交通事犯に関して信頼の原則は、判例上、完全に確立され、学説の支持を得ている。

交通事犯に関して、ややもすれば絶対責任あるいは結果責任に近い形で車両運転者に対して過失責任の追及がなされがちであったが、自動車交通の発展・普及・整備とともに自動車運転の大衆化が進み、最高裁によって信頼の原則が採用され、多くの者が刑事罰から解放されたことの意義はきわめて大きい。最近では、むしろ信頼の原則の機械的な適用による不都合が懸念されるに至っている。しかし、この原則の適用の限界については慎重な検討が必要であるとおもわれる。

道路交通以外の生活関係（医療事故）において信頼の原則の適用をみとめた判例を見ておこう。外科医Aは、動脈管開存手術の際、介助看護師Bが電気メス器のケーブルを誤接続させたのに気付かずに、その電気メスを使用して

患者に火傷を負わせたという事案において，札幌高裁は，次のように判示して執刀医の過失を否定した(いわゆる北大電気メス誤接続事件)。すなわち，「執刀医である被告人 A にとって，前叙のとおりケーブルの誤接続のありうることについて具体的認識を欠いたことなどのため，右誤接続に起因する傷害事故発生の予見可能性が必ずしも高度のものではなく，手術開始前に，ベテランの看護婦である被告人 B を信頼し接続の正否を点検しなかったことが当時の具体的状況のもとで無理からぬものであったことにかんがみれば，被告人 A がケーブルの誤接続による傷害事故発生を予見してこれを回避すべくケーブル接続の点検をする措置をとらなかったことをとらえ，執刀医として通常用いるべき注意義務の違反があったものということはできない」と判示したのである（札幌高判昭和 51・3・18 高刑集 29 巻 1 号 78 頁）。これは，共同医療行為に関する先例として重要な意義を有する判例である。

●〔択一式問題〕●

【問】 次の文章は信頼の原則の適用をみとめた判決文の一部である。これを読んで後の設問に答えよ。
「交通整理の行なわれていない交差点において，右折途中車道中央付近で一時エンジンの停止を起こした自動車が，再び始動して時速約五粁の低速（歩行者の速度）で発車進行しようとする際には，自動車運転者としては，特別な事情の A ，右側方からくる他の車両が B を守り自車との衝突を回避するため C に出ることを D 運転すれば足りるのであって，本件被害者の車両のように，あえて E に違反し，自車の前面を突破しようとする車両のありうることまでも F 右側方に対する安全を確認し，もって事故の発生を未然に防止すべき業務上の注意義務はない」。
上の空欄 A〜F に補充すべき語句を挙げたが，そのうち 2 回使用されるものはどれか。
(1) 信頼して
(2) 予想して
(3) 交通法規

(4) ないかぎり
(5) 適切な行動

> ☞ 解答へのプロセス

　問題文の判決は，最判昭和41年12月20日刑集20巻10号1212頁である（⑤参照）。これは信頼の原則をみとめたものであるから，これを前提に適切な語句を空欄に当てはめていけば，自ずと正解に到達することになる。空欄には，それぞれ，A―「ないかぎり」，B―「交通法規」，C―「適切な行動」，D―「信頼して」，E―「交通法規」，F―「予想して」，を補充すれば文章は完結する。したがって，(3)の「交通法規」が2回使用されているので，(3)が正解。

● 〔択一式問題〕 ●

【問】　信頼の原則に関する次の記述のうち，正しいものはどれか。
(1) 信頼の原則は，交通事故に関してのみ適用される原理である。
(2) わが国の最高裁判所の判例においては，信頼の原則はまだ適用されていない。
(3) 信頼の原則が過失犯における予見義務を限界づける原理であるという点については，学説上，見解の対立はない。
(4) 信頼の原則は，過失犯だけでなく，故意犯についても適用される原理である。
(5) 信頼の原則が過失犯の成立範囲を狭める働きをもっているという点については，学説上，見解の対立はない。

> ☞ 解答へのプロセス

(1) 信頼の原則は交通事故以外の生活関係についても適用される原理である（④参照）ので，(1)は誤っている。
(2) わが国の最高裁判所の判例において，信頼の原則は確立されている（⑤参照）ので，(2)は誤っている。
(3) 信頼の原則の過失犯論の体系上の位置づけについては，学説上，大いに争

われており,「予見義務」を限界づけるものと解する立場は,その一説にとどまる(③参照)ので,(3)は誤っている。
(4) 信頼の原則は,もっぱら過失の成否を問題にする原理である(①,②,③,④参照)ので,(4)は誤っている。
(5) 信頼の原則が適用されると過失が否定され,過失犯は成立しないという点に学説上,争いはない(③参照)。したがって,信頼の原則は過失犯の成立範囲を狭める働きをもっていることを,すべての学説がみとめていることになるので,(5)は正しい。

以上により,正解は(5)。

●〔択一式問題〕●

【問】「信頼の原則の過失犯論における体系上の位置づけについて,学説は,A を制限するものと解する立場と,これとは無関係に B を制限するものと解する立場とに分かれている。C を制限すると解する立場はさらに,信頼の原則は過失行為の危険性,すなわち客観的 D を認定するための思考基準にすぎないとする説と,自然的 E から刑法的 F を選別する原理と解する説とに分かれる。また,G を制限するとする説は,信頼の原則は H とは別に I の内容となっている J もしくは K の何れか,またはその双方を制限する原理ないしその認定のための基準と解する説に分かれる。」

上の文章の空欄A~Kに補充されるべき語句は次のとおりである。

a―注意義務,b―予見可能性,c―予見義務,d―結果回避義務

上の語句のうち,b―予見可能性は何回使用されるか。

(1) 3回
(2) 4回
(3) 5回
(4) 6回
(5) 7回

126　第1章　構成要件該当性

> ☞　解答へのプロセス
>
> 　空欄には，それぞれ，A―予見可能性，B―注意義務，C―予見可能性，D―予見可能性，E―予見可能性，F―予見可能性，G―注意義務，H―予見可能性，I―注意義務，J―予見義務，K―結果回避義務，を補充すればよい（③参照）。したがって，b―予見可能性は，6回使用されていることになる。
> 　以上により，正解は(4)。

◇第4款　結果的加重犯の基本問題

> 　結果的加重犯というのはどういう犯罪類型なのだろうか。いったい重い結果について過失（予測可能性）は必要なのだろうか。はたして結果的加重犯について未遂はみとめられるのだろうか。結果的加重犯についても共犯は成立するのだろうか。

〔解説〕
1　問題の所在

　結果的加重犯とは，基本的行為に故意を必要とするが，発生した結果を重視して刑が加重される犯罪類型をいう（ドイツ刑法には過失を基本行為とする規定もあるが，わが刑法は故意行為にかぎっていると解するのが通説の立場である）。その典型例として傷害致死罪（205条）があげられる。「により」・「よって」，「に致した」という形式で基本的行為と結果が結合されているのが通常である。しかし，結果的加重犯がどうかは文言だけではなく，条文の内容によって定まる。
　基本的行為と結果に関して次のことが問題となる。①基本的な犯罪行為と結果との間に，因果関係を必要とすれば足りるのか，それとも，さらに過失を必要とするのか。これは近代刑法の基本原則である責任主義にかかわる。②重い結果について予見のあるばあいを結果的加重犯に包含させることができるか。この問題は結果的加重犯の未遂をみとめ得るかどうかにかかわる。

とくに強盗致死罪について議論されるが、ここでは一般論として検討する。③結果的加重犯と共犯の関係如何（いかん）。以下、これらの問題点を検討することにしよう。

2　重い結果についての過失の要否

①について判例は、条件関係があれば足りるとする。すなわち、大審院判例は「凡（およ）そ結果的加重犯たるや一定の犯罪行為より一定の重き結果を生ぜしめたるとき、其の重き結果を基本たる犯罪行為に結合せしめて重き責任を負はしむる場合なれば、苟（いやしく）も基本たる犯罪行為と重き結果との間に若し前者なかりしならむには後者なかりしなるべしとの関係存するに於（おい）ては、基本たる犯罪行為が其の重き結果に対し直接の原因を成すと否とを問はず絶対に結果的加重犯の成立を来（きた）すものと解すべきものとす」（大判昭和3・4・6刑集7巻291頁。片仮名を平仮名に直し濁点・読点を付した）と判示した。この立場は最高裁によって踏襲されている（最判昭和25・3・31刑集4巻3号469頁など）。最判昭和32年2月26日（刑集11巻2号906頁）は、「因果関係の存する以上被告人において致死の結果を予め認識することの可能性ある場合でなくても」、傷害致死罪は成立するとして、重い結果について予見可能性が不要であることを明言する。

判例の立場を支持する見解（岡野）もあるが、条件関係だけでは不当に成立範囲が広がるので、相当因果関係を必要とする学説が多い。このように解する根拠は、次の点に求められている。①基本犯罪については故意があり、かつその行為のもつ危険の射程範囲内（相当因果関係の範囲内）で生じた結果について、行為者に責任を追及しても、「社会生活観念上不合理」ではない。②折衷的相当因果関係説においては、すでに結果発生の予見可能性が顧慮されているので、さらに過失を必要とするまでもない。

しかし、因果関係の存在だけで重い結果について責任を追及するのは、責任主義の見地から疑問がある。そこで通説は、重い結果について予見可能性ないし過失を必要と解する。わたくしは、通説と同じ立場に立っている。

3　結果的加重犯の未遂

結果的加重犯の未遂の問題には，次の2つの異なった論点が含まれている（平野）。すなわち，①基本犯は既遂に達しなかったが重い結果が発生したばあい，結果的加重犯の未遂として刑法43条により未遂減軽ができるか，②重い結果の発生を認識して基本犯の実行に着手したが認識した重い結果は生じなかったばあい，結果的加重犯の未遂として処罰できるか，という問題があるわけである。

そして①②について，それぞれ1つずつのヴァリエイションが付くとされる。すなわち，①に関しては，重い結果について故意があったばあいでも結論は同じかどうか，②については，基本犯が未遂に終わったばあいでも結論は同じか，が問題とされる。しかし，故意ある結果的加重犯の存在をみとめない通説の立場からは，①だけが問題となる。すなわち，①のヴァリエイションと，②およびそのヴァリエイションは重要ではないとされることとなるのである。

基本犯は未遂にとどまり重い結果が発生したばあいに結果的加重犯の未遂をみとめる見解は，きわめて少ない。たとえば，強盗致死罪について，強取の点が未遂に終わったばあい，強盗致死罪の未遂犯の成立をみとめる説（小野）もないではないが，判例・通説は強盗致死罪の既遂が成立すると解しているのである。また，強姦致死傷罪について，強姦の目的を達することはできなかったが死傷の結果が発生したばあい，強姦致死傷罪の既遂が成立すると解されている。

このように，判例・通説が結果的加重犯の未遂をみとめないのは，結果的加重犯のばあい，重い結果が構成要件的結果であるから，構成要件的結果が発生した以上，未遂ということはあり得ない，と解されているからであるといえる（平野）。

4　結果的加重犯と共犯

結果的加重犯と共犯については，①結果的加重犯の教唆はみとめられるか，

②結果的加重犯の共同正犯はあり得るか，が問題となる。①結果的加重犯の基本犯を教唆したところ，正犯が基本犯を実行して重い結果を発生させたばあい，判例・通説は結果的加重犯の教唆の成立をみとめる。たとえば，傷害を教唆された正犯者が致死の結果を発生させたばあいに，傷害致死罪の教唆犯が成立すると解されているわけである。基本犯を教唆された正犯者に重い結果について新たに故意が生じ，その故意に基づく行為によって重い結果が発生したばあいにも，結果的加重犯の教唆が成立すると解している。たとえば，AがBにCを傷害するように教唆したところ，Bは，Cに対する殺意をもつに至り殺人の故意でCを殺害してしまったばあい，Bについて傷害致死罪の教唆が成立するとされている。

結果的加重犯の教唆をみとめない説は，正犯が重い結果を発生させたばあい，基本犯の教唆犯だけが成立すると解する。傷害致死の例でいえば，死亡の結果が発生しても教唆者は傷害の教唆の限度で処罰されることになる。その論拠は，過失犯に対する教唆が存在し得ないことに求められているのである。

②判例は，結果的加重犯の共同正犯を肯定している（最決昭和54・4・13刑集33巻3号179頁）。問題は，その論拠づけにある。ここでは，大塚博士の所説を見ておくことにしよう。大塚博士は次のように説明される。結果的加重犯は，基本的犯罪がおこなわれると，通常，重い結果が発生しやすい高度の危険性が存在するので，その基本的犯罪と重い結果とを結合して1つの犯罪類型とされたものである。したがって，2人以上の者が共同して基本的犯罪を実行するばあいには，重い結果を発生させやすい高度の危険を含んだ事態が行為者全員に共通して存在するのであるから，行為者中の一部の者の過失によって重い結果が発生させられたばあい，他の共同者のすべてにも，少なくても重い結果を発生させたことについての客観的な注意義務の違反がみとめられ，構成要件的過失があるといえることになる。なぜならば，結果的加重犯の重い結果を発生させやすい高度の危険を含んだ基本的犯罪を共同して犯している以上，一般人を標準とした客観的な注意義務の違反は，共同者のそれぞれ

に共通して存在し得るからである。したがって，構成要件該当性の段階で，基本的犯罪の共同実行者全員に結果的加重犯の共同正犯がみとめられる。

次に，共同正犯のばあい，とくに各行為者それぞれの主観的な注意義務の違反が存在しなければならない。ただ，通常，構成要件的過失があるのに責任要素としての過失がみとめられない事態は稀(まれ)であり，共同行為者の全員に責任要素としての過失がみとめられる以上，窮極的にも結果的加重犯の共同正犯が成立し得るものと解されるわけである。

● 〔択一式問題〕 ●

【問】 結果的加重犯に関する次の記述のうち，正しいものはどれか。
(1) 結果的加重犯が成立するためには基本行為と重い結果との間に折衷説による相当因果関係を必要とする立場に立つと，重い結果について過失を要求することはできなくなる。
(2) 結果的加重犯について教唆犯の成立をみとめない立場に立つと，基本行為を教唆した者に対して，正犯者が基本行為によって重い結果を生じさせても，その重い結果の責任を追及することはできなくなる。
(3) 重い結果について故意があるばあいも結果的加重に含まれるとする立場に立つと，基本行為は未遂に終わったが重い結果が発生したばあいには，結果的加重犯の未遂の成立を肯定しなければならなくなる。
(4) 重い結果について故意のないばあいだけを結果的加重犯と解する立場に立つと，重い結果について故意がないばあいに基本行為は未遂に終わったが重い結果が発生したときには，結果的加重犯の未遂を肯定しなければならなくなる。
(5) 2人以上の者が共同加功の意思で基本行為を実行したばあい，過失の共同正犯をみとめる立場に立たないかぎり，結果的加重犯の共同正犯の成立を肯定できなくなる。

☞ 解答へのプロセス

(1) 結果的加重犯の重い結果について，責任主義の見地から過失を要求する立

場は，構成要件該当性の段階で相当因果関係の存在を必要とするしたうえで，さらに過失を要求するものであるから（②参照），この選択肢は誤っている。
(2) 結果的加重犯に対する教唆をみとめない立場に立つと，基本行為に対する教唆しか成立しなくなるので（④参照），重い結果について教唆の罪責を追及できない。したがって，この選択肢は正しい。
(3) いわゆる「故意ある結果的加重犯」をみとめる見地からは，認識（故意）のある重い結果について未遂を考えればよいのであるから（③参照），重い結果が発生したばあいに結果的加重犯の成立をみとめることに何ら支障は生じない。結果的加重犯の未遂を肯定しなければならない必然性はまったく存在しない。したがって，この選択肢は誤っている。
(4) 重い結果に故意がないばあいだけを結果的加重犯と解する見地からは，重い結果が発生した以上，結果的加重犯は既遂となると解するのがむしろ筋であって，現に判例・通説はそのように解している。結果的加重犯の未遂だけを肯定しなければならないとする必然性はない。したがって，この選択肢は誤っている。
(5) 結果的加重犯を故意行為と過失行為の複合形態と解する立場を前提とすると，結果的加重犯の共同正犯をみとめるためには，過失の共同正犯を肯定する必要がある。しかし，基本行為と重い結果との間に因果関係さえあれば足り過失を必要としないとする立場に立つと（②参照），結果的加重犯の共同正犯をみとめるために過失の共同正犯の成立を必要条件としない。したがって，この選択肢は誤っている。

以上により，正解は(2)。

● 〔択一式問題〕 ●

【問】 AがBに対してCを殴打して傷つけるように教唆したところ，Bは犯行直前になってCに対する殺意を生じCをナイフで刺し殺してしまった。次のうち，結果的加重犯に対する共犯をみとめ，かつ，重い結果について過失を必要とする見地からAに対する罪責として正しいものはどれか。
(1) 殺人罪の教唆
(2) 傷害罪の教唆
(3) 傷害致死罪の教唆

(4) 過失致死罪の教唆
(5) 傷害罪と過失致死罪の教唆（観念的競合）

> **解答へのプロセス**
>
> Aは，BにたいしてCを殴打してCを傷つけるように教唆したのであるから，Cの死亡に関して一般的な予見可能性はあったとしても，現実には具体的な予見可能性はなかったと考えられる。つまり，ナイフで刺すばあいには死の発生の蓋然性は高いのであり，単なる殴打によるばあいとは明らかに異なる。さらにBは，殺意をもってCをナイフで刺しているのであるから，死の発生の蓋然性は高いといえる。そうすると，Aにとっては，当初，教唆した基本行為によって死の結果が発生することの予見，つまり，過失はなかったことになる。したがって，重い結果について結果的加重犯の教唆としての罪責はみとめられ得ず，傷害罪の範囲で教唆犯の責を負うべきことになるはずである。
>
> 以上により，正解は(2)。

●〔択一式問題〕●

【問】　Xは，Yと口論となって興奮し，傷つけてもかまわないと考えてYを殴打したところ，そのはずみでYは転倒し頭部を強く打ったため，間もなく死亡した。Xは，Yの死亡の点につき過失があったものとする。
　Xの罪責として正しいものはどれか。
(1) 暴行罪と過失致死罪
(2) 傷害罪と過失致死罪
(3) 暴行罪，傷害罪と過失致死罪
(4) 傷害致死罪
(5) 傷害罪と傷害致死罪

> **解答へのプロセス**
>
> 傷害致死罪は結果的加重犯の典型である（①参照）。すなわち，基本行為は故意犯としての傷害である。Xは，傷つけてもかまわないと考えてYを殴打して

いるのであるから，傷害の故意をもって傷害罪となるべき行為をおこなっていることになる。基本行為と死亡との間に因果関係が存在するとみとめられる。すなわち，XがYが殴打しなければYが転倒し死亡することはなかったのであるから，Xの行為とYの死亡との間に条件関係があると解される。条件説をとる立場からは，それだけで刑法上の因果関係は肯定される。相当因果関係説をとる通説の立場においては，さらに「相当性」の存在が検討されなければならない。人を殴打したところ，そのはずみで転倒し，その人が死亡するということは，わたくし達の社会生活における経験上，通常，起こり得ることである。したがって，Xの殴打行為とYの死亡との間には「相当性」があり，刑法上の因果関係の存在がみとめられることになる。判例は，基本行為と重い結果との間に因果関係があれば足りるとするが，さらに過失を要するとする説もある（②参照）。本問において，Xには重い結果であるYの死亡の結果について過失があるとされている。したがって，Xの行為は，いずれの見解をとったとしても，結果的加重犯としての傷害致死罪の要件を具備しているので，傷害致死罪を構成する。

以上により，正解は(4)。

◇第5款 結果的加重犯と予見可能性に関する判例
——最判昭32・2・26刑集11巻2号906頁，昭29(あ)第3604号——

結果的加重犯である傷害致死罪が成立するためには，致死の結果の予見可能性が必要なのだろうか。

〔事実の概要〕

被告人Xは，日頃から妻Yとの間で夫婦の折り合いが悪く，口論の絶間がなく，離婚話まで持ち上がって気まずくなっていたところ，ある夜半，口論の末，子供と自殺しに行くというYを思い止まらせようとした際，Yに嘲笑され，さらに平手で4回ほど殴打されたりなどした。それでもなお口論を続け，Yが突然子供の腕を摑んだので，Xは，憤慨し，Yの後方から左腕を

その首に回して引付けようとすると，Yがその手を払いのけて起き上がろうとしたため，さらにその左腕を首に巻きつけ，その場に仰向けに引き倒して，その上に馬乗りとなり両手でその頸部を圧迫した。これが原因となってYの心臓が肥大し，肝臓が高度の脂肪変成に陥り，特異体質であっただけでなく，折から月経中であったYをショック死させてしまった。

上記の事実につき，第1審判決は傷害致死罪の成立をみとめ，控訴審判決も，暴行とショック死との間の因果関係があり，結果の予見可能性を必要としないので，傷害致死罪が成立すると判示した。

【関連条文】刑法205条。

> 傷害罪の成立には暴行と死亡との間に因果関係の存在を必要とするが，致死の結果についての予見を必要としないから，致死の結果をあらかじめ認識する可能性がなくても，傷害致死罪は成立する。

〔判旨〕

「第1審判決判示のような状況の下に判示のような態様においてなされた被告人の判示所為はたとえ被害者が被告人の妻であってもその意思に反する重大なものであることは明らかであって刑法205条1項の犯罪構成要件たる暴行に当る違法のものというべきである。原判決がこの点についてした所論の判示は相当である。

原判決は第1審判決挙示のA・B共同作成の鑑定書により被告人のYに対する頸部扼圧の暴行が間接的誘因となり同人のショック死を惹起した事実は明らかでその間に間接的ながら因果関係が認められると判示した第1審判決のこの点に関する判断を肯認したこと記載上明瞭である。そして，傷害罪の成立には暴行と死亡との間に因果関係の存在を必要とするが，致死の結果についての予見を必要としないこと当裁判所の判例とするところであるから（……最判昭26・9・20刑集5巻10号1937頁），原判示のような因果関係の存する以上被告人において致死の結果を予め認識することの可能性ある場合でなくても被告人の判示所為が傷害致死罪を構成することというまでもない。」

〔解説〕

　本判決は，結果的加重犯においては，基本行為と重い結果との間に因果関係が存在すれば足り，重い結果の予見可能性を必要としないとしたものである。結果的加重犯とは，故意による基本行為に基づいて発生した重い結果を重視して刑が加重される犯罪類型をいう。傷害致死罪がその典型例の1つであり，そのばあい，故意の傷害行為に基づいて死の結果を生じさせており（判例・通説によれば，傷害罪も暴行の結果的加重犯であるから，暴行に基づくばあいでもよい），刑が加重される。

　基本行為と重い結果との間に存在すべき関係の内容については，学説上，争いがある。すなわち，条件関係があれば足りるとする説，相当因果関係があればよいとする説，相当因果関係のほかに重い結果に対する予見可能性ないし過失を必要とする説などが主張されている。責任主義の要請から，重い結果について過失または予見可能性の存在することを要するという立場が通説となっている。

　本判決は，学説の傾向とは異なり，基本行為と重い結果との間に条件関係があれば足り，重い結果について予見ないし予見可能性の存在を必要としないとする立場に立つことを明らかにするものである。

第2章
違　法　性

1 行為無価値論と結果無価値論

◇**第1款　違法性の本質としての行為無価値・結果無価値**

違法性の本質を理解するにあたって行為無価値・結果無価値ということがいわれるが，それはどういう意味なのだろうか。「無価値」なものをなぜ刑法で議論する必要があるのだろうか。

〔解説〕

違法性とは，構成要件に該当する行為が法的に許されないという性質を意味する。その行為がなぜ法的に許されないのか，を説明するために「結果無価値」・「行為無価値」という術語が用いられる。刑法は，一定の保護法益（法益）の侵害を防止するために，その侵害に対して刑罰をもって臨む。その際，問題は，法益の侵害という「結果」さえ惹起すれば，それを違法と評価すべきかどうかである。つまり，客観的に法益侵害の結果を発生させる行為は，行為者の主観とまったく関わりなくただちに許されないものと解されるべきであるといえるのだろうか。もし，そうだとすれば，これは，「行為」の側面を完全に無視し，もっぱら法益侵害という「結果」の側面だけを考慮に入れるのであるから，「結果」無価値論と称されるべきことになる。ここで「無価値」というのは，「刑法上，無意味な」ということを意味するのではない。もっと積極的に「価値侵害的で刑法上，許されない」ということを意味するのである。この趣旨を明確にするためには，「無価値」ではなくて「反価値」という術語を用いるのが妥当であるといえる。

違法性は，法益侵害という結果無価値に尽きるのではなくて，さらに行為

者の主観との関わりにおいて「行為」無価値をも考慮に入れるべきであるとする見解がある。つまり，違法性は，行為者の認識・意欲を基礎とする「行為の態様」によっても影響をうけるとされるのである。たとえば，殺人罪・傷害致死罪・過失致死罪は，同じく他人の死亡というまったく同一の法益侵害の結果(生命の侵害)を惹き起こすものであるが，それぞれ行為の違法性の程度に相違がある。それは，行為者の認識内容が異なり，「行為態様」が違うからである。行為無価値を重視する立場を「人的不法論」というが，これとの対比において，結果無価値論は「物的不法論」と称されるべきである。結果無価値と行為無価値の双方を考慮すべきであると解する立場は，「二元的人的不法論」であり，わが国およびドイツの通説である。

●〔択一式問題〕●

【問】 行為無価値と結果無価値に関する次の記述のうち，誤っているものはどれか。
(1) 行為無価値論は，行為者の主観面も考慮に入れなければ，不法の存否を判断できないと解する。
(2) 結果無価値を強調する立場は，偶然防衛を正当防衛と解する傾向にある。
(3) 結果無価値論は，法益侵害ないしその危険の発生があれば，不法を肯定する。
(4) 行為無価値を強調する立場は，こぞって，結果無価値は不法の構成要素ではないと解する。
(5) 行為無価値論は，行為態様は不法の存否ないし強弱に影響を及ぼすと解する。

☞ 解答へのプロセス

行為無価値を重視する立場は行為無価値論，結果無価値を重視する立場は結果無価値論と称されている。また，不法とは，厳密にいえば，違法性があると判断された実体としての「違法行為」を意味するが，ここでは違法性の意味を

包含するものとして扱う。

(1)行為無価値論は，行為の不法の存否を判断するためには，たんに法益侵害ないしその危険の発生という結果だけではなくて，行為者の認識・意欲という主観面をも考慮に入れるべきであるとする。したがって，(1)は正しい。

(2)結果無価値論は，不法をできるかぎり客観的要素だけによって判断しようとするので，「正当防衛の意思」を主観的正当化要素としてみとめず，偶然防衛を正当防衛として扱おうとする傾向にあるから，(2)は正しい。

(3)法益侵害ないしその危険の発生という結果を重視する立場が結果無価値論であるから，(3)は正しい。

(4)行為無価値論にあっても，結果無価値が不法の構成要素であることをみとめる見解もあるので（二元的人的不法論），(4)は誤っている。なお，行為無価値論の中には，行為無価値（しかも志向無価値）だけが不法を基礎づけると解する一元的人的不法論もないわけではない（アルミン・カウフマンとその弟子たち）。これは不法を完全に主観化するものであって否定されるべきである。

(5)行為無価値論は，法益侵害だけでなくそれに至る「行為態様」も不法に影響を与えると解するので，(5)は正しい。

以上により，正解は(4)。

〔応用問題1〕 主観的違法性説と客観的違法性説との対立，および，人的不法論と物的不法論との対立はどのように異なるのか。
《ヒント》 ①これらの対立は同じか否か。②異なるとすれば，その対立点は何か。
〔応用問題2〕 「客観的なものは違法性へ，主観的なものは責任へ」というテーゼと人的不法論・物的不法論との関係はどうなっているのか。
《ヒント》 刑法の「適用」の問題と行為の「性質」の問題とはどのように違うのか。

◆第2款　行為無価値論と結果無価値論の基礎的考察

■　行為無価値論と結果無価値論とは，いったい何なのだろうか。

〔解説〕
1 行為無価値論と結果無価値論

　現在の違法性論の中核をなすのは，行為無価値論と結果無価値論との対立であると解されている。しかし，行為無価値・結果無価値の内容は論者によって必ずしも一致していないため，議論が錯綜しているのが，現状である。ここで，それを整理して違法性の実質を明らかにしていくことにしよう。

　行為無価値および結果無価値の概念を創唱したヴェルツェルは，違法性論において結果無価値としての「法益侵害」を重視することを排して行為者の「主観」に絶対的優位を与えようとした。ヴェルツェルは，法益の侵害（ないしその危殆化）を「結果無価値」として捉え，これに対して，行為者の目的・心情などに関連するものを「行為無価値」として捉えたのであった。そして，現在では，違法性の実質として結果無価値を重視する立場が「結果無価値論」であり，行為無価値を重視する立場が「行為無価値論」であるとされている。しかし，このような名称については，誤解を招きやすい問題が包含されていることに注意する必要がある。すなわち，ヴェルツェルの見解は，法益侵害ないしその危険がなくても「行為無価値」が存在するだけで処罰できるばあいがあることをみとめるのであるから，行為無価値「論」の名にふさわしいといえるが，しかし，わが国において行為無価値を重視する見解は，結果無価値と行為無価値を併せて考慮に入れる「折衷的色彩」を帯びているので，これを行為無価値「論」と称するのは妥当でなく，また，結果無価値「論」というのも，「有形の結果の現実的発生」のみを問題にし，危険の観点を完全に捨象しているように誤解されるので，妥当ではないとされるのである（内藤）。

　このように，行為無価値「論」・結果無価値「論」という用語法には問題がある。そこで，そのような誤解を避けるために，行為無価値にのみ独立的意義をみとめる見解を「一元的行為無価値論」，そうでない見解を「二元的行為無価値論」とし，結果無価値のみを考慮する見解を結果無価値論とすることも可能であろう。

しかし、わたくしは、このような学説の対立の要点は、人的要素である行為者の「主観」を実質的違法性の存否の判断に当たってどれだけ重視するかにあると考えている。つまり、これを違法性における「意思」と「結果」との関係という普遍的観点に還元して考察すべきであると解しているのである。この観点からは、実質的違法性の存否を考察するに当たって、行為者の意思という「人的」要素を重視する立場を「人的不法論」、これを排除して人的でない「物的」な法益侵害ないしその危険のみを考慮に入れる立場を「物的不法論」として捉えるのが妥当であるとおもう。そして、「法益侵害ないしその危険」をまったく考慮に入れず行為者の「意思」のみが違法性を基礎づける立場を「一元的人的不法論」と称し、「意思」のほかに「法益侵害ないしその危険」を考慮に入れる立場を「二元的人的不法論」と称するのが合理的であるとおもう。しかし、これは、あくまでも「実体」にふさわしい名称という観点からの提言であり、従来の「行為無価値論」・「結果無価値論」に新たな内容を加えるものではない。

要するに、ここでは、行為無価値論（人的不法論）には、行為者の「主観」のみを重視する一元論と法益侵害ないしその危険という「結果」をも考慮に入れる二元論とがあり、後者がわが国およびドイツの通説であることを知っていれば足りるのである。

2　不法要素としての結果無価値

従来、法益侵害ないしその危険、すなわち、結果無価値こそが、実質的違法性を具備する「違法行為」としての「不法」の構成要素であるとされてきた。近代刑法における違法性論の理論的支柱であった「法益侵害説」の見地からは、このように解することには何の疑問も存在しなかったといえる。近代市民社会の形成期にあっては、市民相互間はもとより、市民と国家（法秩序）との関係においても、「権利・義務」の関係としての位置づけが重要性をもっていたのであり、法益侵害説は「権利侵害説」の変形にほかならない。このような法思想の見地からは、もっぱら「財」の保護に重点がおかれ、客観的

に「財」の侵害があればそれだけで「違法」と解され得たのである。そこにおいては、「財」の客観的侵害という「物的」（即物的な）側面のみが、予定調和を乱すものとして排除されるべきものと考えられ、「行為者」がいかなる意図のもとにそれを侵害したかという「人的」（精神的な）側面はあまり意味をもたないとされたのであった。

　たしかに、そもそも法秩序は「財」を保護すべきであるという「任務」を負っているのであるから、刑法においてもその点を否定することはできない。したがって、やはり法益侵害は違法行為の不可欠の要素でなければならない。その意味において、結果無価値を不法の要素から排除することはできないのである。

　ところが、不法の要素として結果無価値だけで十分か否か、という観点から、ヴェルツェルの行為無価値論が主張されたのであり、ドイツでは行為無価値一元論がごく少数の学者によって主張されていることは、前述のとおりである。一元論によれば、結果無価値は不法の構成要素ではなく、単なる客観的処罰条件にすぎないとされる。一元論は、わが国はもとより、ドイツにおいてもいわゆる絶対少数説にすぎないが、行為者の主観のみが重要であるとして、行為無価値だけを不法の契機として把握することも理論的には可能である。これは、抽象的な理論としては成り立ち得ても現行法の解釈論としては正当性をもち得ない考え方である。すなわち、解釈論としての不法論は、現実の人間の行為に対する法秩序の側からなされる違法評価の実体を的確に説明し得るものでなければならない。現実の行為がもっている「法的意味」の本質を解明することが、不法論の課題であるという観点からすると、一元論は、単純な主観論に堕しており、わが国においてもドイツにおいても実定法の建前と相容れず、理論的にも転倒した議論であるといえる。

　すなわち、法的に承認された価値としての「法益」の侵害は、法秩序にとって重大な脅威であるから、法秩序はそれを禁圧するのである。つまり、法益を侵害するという結果が重大であるからこそ、その結果をもたらそうとする「行為」それ自体が、禁止の対象とされるのである。現実に法益が侵害されて

しまうと、もはやそれを回復することは不可能に近いので、それを事前に防止するために、法秩序は一定の行為を禁止ないし命令するわけである。したがって、法益侵害の点をまったく無視して、それを志向する意思・意図のみが不法にとって重要であるというのは、やはり本末転倒の議論といわざるを得ないことになる。

3　行為無価値一元論と二元論

　別の角度から見ると、法益侵害ないしその危険と無関係に志向無価値・意図無価値だけが不法の構成要素であると解する行為無価値一元論（一元的人的不法論）は、「規範違反性」を重視する立場にほかならない。行為無価値だけを重視する一元論は、実質的違法性の内容を「公の秩序・善良な風俗の侵害」に求める立場に結びつきやすいといえる。すなわち、「現実の」法益侵害を離れて、たんに「意思」が「行為」規範に違反することだけが強調される結果、正しい「決意」をすべき規範的「義務」に違反することが、違法性論の中核であると解されてしまうのである。これは、「倫理的責任」を不法論において先取りするものである。

　このように、現在、不法論において、法益侵害説と規範違反説との対立が問題になっているが、それは、純化されたかたちでの行為無価値一元論（一元的人的不法論）を規範違反説として捉えたうえで、実質的違法性説の1つとして法益侵害説との対抗関係を問題にするものであることに注意する必要がある。つまり、形式的違法性に対して、「法規範違反」としての「実質的違法性」をみとめる趣旨で主張されている規範違反説とは、直接、関係はないと見るべきである。すなわち、刑法は「行為規範」としての性質をもっており、その性質は、構成要件該当性の次元においては、構成要件の「情報化機能」として現われ、違法性の次元においては、客観的な「評価規範的機能」として現われ、責任の次元においては、主観的な「意思決定規範的機能」として現われるのである。

　構成要件は、違法行為を「定型化」・「類型化」した観念形象として、規範

の名宛人である国民一般に「犯罪カタログ」を知らせる機能を有している。これが構成要件の「情報化機能」にほかならない。法治国家においては、国民は、単なる処罰対象として捉えられるのではなくて、主体性を有する人格として扱われるべきであり、その主体的決断のための条件の1つとして、法秩序によって禁止されている「行為」類型が法律によって指示されている必要があるのである。違法「類型」である構成要件に該当する行為は、類型的に「違法」であり、これは「原則として違法である」ことを意味する。ここにおいて、構成要件該当性の有する「違法性推定機能」がみとめられることになる。

構成要件該当性が有する「違法性」推定機能は、あくまでも構成要件に該当する行為が類型的に見て、すなわち、「抽象的には」違法であることを意味するにすぎない。個別的・具体的状況においては、構成要件に該当する行為も、「違法でない」として「正当化」され、違法性を阻却されるばあいがあるのである。その際、法秩序は、具体的な状況の下において、構成要件該当「行為」が法益保全（価値秩序の維持）にとって「有意義」かどうかという「評価」をおこなうことになる。すなわち、外形上は「法益を侵害」している構成要件該当行為が、実質的・内容的に見ると、むしろ「法益保全」にとって有価値であるばあいに、その行為は適法なものとして法秩序によって是認されるべきなのである。そして、無価値とされた行為が「違法」と評価されることになる。このような「評価」・「価値判断」は、あくまでも刑法の規範的観点からなされなければならない。その意味においては、違法行為は「評価規範」としての刑法によって評価された「規範違反」行為といえる。

これに対して、責任は、「違法」とされた行為をおこなうべきでなかったにもかかわらず、行為者がその違法行為をおこなうように意思形成したことを「非難」するものである。つまり、適法行為を決意すべきであるとする刑法の「意思決定規範」としての機能に違反した点に、責任の本質があることになる。

このように見てくると、犯罪行為が「規範違反」であることは当然のことといえる。問題は、いかなる意味において「規範違反」と解するかという点

にある。行為無価値一元論（一元的人的不法論）は，本来，責任論において問題とすべき「意思決定規範違反性」，つまり「意思決定義務違反性」を不法論において取り扱っている点で妥当でないといえる。たしかに，違法性論・不法論において刑法の「行為」規範性の観点を導入して，「行為」不法を問題にすると，行為の純然たる「主観」だけが不法の本質的要素であると解する一元論は，「してはならない行為」をおこなったという側面だけを強調することになる。つまり，この立場においては，一定の行為をしてはならない「義務」に違反したという事実だけが不法論にとって決定的な意味をもつことになるわけである。

　しかし，すでに見たように，結果無価値も不法の構成要素なのであるから，行為者の「主観」のみを重視するのは妥当でないとされなければならない。行為者の主観のみを重視する行為無価値一元論は，実質的違法性を「規範違反性」として捉えることになるが，その規範違反性の内容をなすのは，「義務違反性」であり，「意思決定義務」の違反なのである。そうすると，行為無価値一元論と義務違反との間には必然関係が存在するが，結果無価値の併存をみとめる行為無価値二元論（二元的人的不法論）の立場においてはそのような必然関係は存在しないことになる。このように義務違反性を問題にしない「行為不法」をみとめる二元論の立場が妥当であるといえる。

　さらにいえば，かりに，行為無価値一元論（一元的人的不法論）のように，志向無価値のみが重要であって結果は単なる客観的処罰条件にすぎないと解したとしても，なぜ処罰条件として「法益侵害」を考慮する必要があるのかが問題となる。この問題は法秩序の政策的判断にすぎないとすると，さらに，なぜ「政策決定」の中核的要素として「法益侵害」を持ち出す必要があるのかが問われるのであり，政策的決定は「重要でない」というのであれば，それは政策的決定という隠れ蓑を使って理論的逃避を図っていると評されることになる。法益侵害ないしその危険は，やはり不法の構成要素であると考えるべきなのである。

4　物的不法論と人的不法論

　結果無価値が不法の構成要素であるとすると，ヴェルツェルが指摘したように，不法はそれに尽きるのかということが重要な問題となる。それを肯定する立場が，物的不法論にほかならない。しかし，わたくしは，不法の内容を確定するに当たって，行為者の主観面をまったく排除するのは妥当でないと考えている。というのは，人間の「行為」としての不法（違法「行為」）は，その行為者の主観を考慮に入れてはじめて，「人間の行為」としての意味をもち得るからである。法秩序は，行為の「評価」に当たって，人間の物理的な外形的な身体的動静それ自体に関心をもっているわけではない。外形的な身体的動静は，行為者の「主観」に担（にな）われているからこそ，法益侵害に対する「関係」において，法秩序の関心事となるのである。しかし，逆に，行為者の主観は，それ自体として法的意味を有するのではなくて，法益侵害との関係において「法的意味」を取得するのである。現実の法益侵害の「外形的側面」だけを考慮に入れるのは，違法行為の「属性」論としては不十分であり，別の観点から基礎づけられなければならない。

　そこで，結果無価値論(物的不法論)は，これとは異質の議論を展開することになる。すなわち，結果無価値論は，「客観的なものは違法性へ，主観的なものは責任へ」という命題（テーゼ）を提示し，違法論において「対象」の客観性を要求するのである。これは，違法行為の「属性」を基礎づける規範論からの帰結ではなくて，客観面から主観面へと進む分析順序が刑法の「適正な適用」のための「犯罪認定論」として優れているとする「政策的理由」を基礎とするものである。違法性に影響を及ぼす要素の「属性」が確定されて後に，「適用」の問題として，その要素の「認定方法」が検討されるべきであるから，属性論とは次元を異にする異質の論拠づけであるといわざるを得ない。行為の属性の問題が「行為の実体・本質」に関連するのに対して，認定方法の問題は「思考経済」にかかわるので，両者の間には議論の共通の基盤が存在しないのである。

　たしかに，斉一的に認定できるものを先行させ，認定が困難なものを後か

ら吟味(ぎんみ)することによって認定を迅速化(じんそくか)することの意義は大きい。しかし，同一物を違法性または責任の何れの段階で認定するかによって，「質的な差異」は生じないはずである。そうだとすれば，主観的要素が違法性に影響を及ぼすか否か，という純化された観点から考察するのが適切であるということになる。

このような観点から見たばあい，行為者の主観は，法益侵害に重要な影響を及ぼし得るのであるから，二元的行為無価値論（二元的人的不法論）の方が妥当であるといえる。たとえば，故意・過失は法益侵害としての結果発生の「確実度」に差をもたらすし，同一法益を侵害したばあいであっても，「行為態様」によって法的評価に重大な違いが生じてくるのである（同じ「生命」の侵害でも，殺人・傷害致死・過失致死とでは，その罪質が著しく異なる）。

5 行為無価値論・結果無価値論と刑法の倫理化

行為無価値論・結果無価値論の対立と刑法の「倫理」化との間に密接な関係があるとされてきたので，この点について見ることにしよう。

従来，「行為無価値論は刑法の倫理化をもたらし，結果無価値論は刑法の没倫理化をもたらす」と図式的に説明されてきたが，最近では，その図式を否定する立場が通説となっている。たしかに，行為無価値論を提唱したヴェルツェルが違法性論において刑法の倫理化を強調したことは，厳然たる事実である。しかし，これは，ヴェルツェルが，刑法と倫理との関係につき，刑法は倫理を維持する任務を有すると解したという歴史的偶然にすぎないといえる。刑法の任務を法益の保全（価値秩序の保全）に限定することは，行為無価値論の見地からも主張し得るし，逆に，結果無価値論をとったとしても，なお，刑法の倫理化を主張することも可能である。この結びつきは論者の立場によって異なり得るものであって，必然的なものではない。これは，倫理責任における「動機主義」と「結果主義」の対立の投影であって，けっして行為無価値論と結果無価値論との対立に由来する実質的違法性をめぐる固有の問題ではないと解すべきであるとおもう。わが国の行為無価値論（人的不法論）は，

法益侵害の側面も考慮に入れているのであるから，刑法の倫理化を必然的に強調するものではないことに注意する必要がある。

2 事前判断と事後判断

■ 違法性における事前判断・事後判断とは、いったい何なのだろうか。

〔解説〕
　違法性における「事前判断」とは、違法性の有無について「行為時」を基準にして判断することをいい、「事後判断」とは、「裁判時」に明らかになった事実を基準にして判断することをいう。「事前」判断という用語は、行為「前」という意味に誤解されかねないが、これは、行為「後」に明らかになったすべての客観的事実を基礎としてなされる「事後」判断との対比において、「事後的でない」という意味で「事前」判断なのである。その本質は、「行為時」を基準にして違法性の存否を判断する点にある。

　従来、違法性の存否は、事後的観点から判断されるべきであると解され、疑問の余地はないと見られてきた。すなわち、違法性について決定的なものは、「その行為が現実にどのような行為であったか、特にそれが現実に惹起しあるいは惹起するおそれのある法益の侵害、結果」であるから、「裁判官は違法性の判断については、公判審理の結果明らかになったところに従って判断すべきであって、自ら行為の当時に居合わせたと仮定してどのような判断に到達したであろうかによるべきではない」が、しかし、「この原則は法が行為者に裁量的判断を命じまたは許している」ばあいには、事前判断が例外的に承認されるべきである（佐伯［千］）とされてきた。

　この見地においても、事後判断がまったく例外を許さない絶対的原理ではないことが是認されていることに留意する必要がある。このような見解の前

提にあるのは，客観的違法性説の考え方であり，より正確にいえば，違法性を純粋に「客観的な」評価規範違反と解する考え方にほかならない。すなわち，違法性という価値判断は，「客観的な」ものでなければならず，「客観的に」存在したすべての事実を基礎にしてなされなければならないと解されたのである。そこで，裁判官は，審理の結果，明らかとなった「客観的事実」をふまえて違法性の存否を決定すべきであって，「行為時」に限定して判断するのは，違法性判断の「客観性」をそこなうものとされたといえる。ここに見られる思考は，違法性は「行為者」の事情を離れて，あくまでも厳然として「存在する事実」に即して判断されるべきであるとする「即物的」考察方法を基礎としている。

ところが，「行為者」の事情こそが違法性の存否にとって決定的であるとする立場に立つと，事態は一変する。すなわち，行為無価値論・人的不法論の見地からは，違法性判断の「客観性」の原理は，必ずしも自明のものではないのであり，むしろ行為時における状況が違法性判断に重大な影響を及ぼすと見るべきであることになる。すなわち，行為者の主観を重視すると，「行為」をおこなう者（行為者）の主観は，まさしく「行為」時におけるそれであるから，主観が違法性の存否に影響を及ぼすことになり，行為時を基準にしてはじめて違法性の判断は正確になされ得ると解されるわけである。

このような「違法性判断」の基準時の「逆転」をもたらしたのは，まさしく行為無価値一元論（一元的人的不法論）の論理的徹底性であったといえるとおもう。ドイツにおいて，徹底した一元論を展開したアルミン・カウフマンが事前判断を要求したことは，行為無価値一元論の見地からは首尾一貫していることになる。なぜならば，行為者の主観のみが不法にとって重要であるとすれば，まさしく，その主観の「存在時」を問題にすべきであり，したがって，「行為時」こそが決定的な意味を有することになるからである。

たしかに，一元的人的不法論の見地からは，事前判断の正当性を主張することは容易であろう。しかし，問題は，事前判断はこの見地からしかみとめられないものなのかどうか，にある。いいかえると，事前判断は一元論のコ

ロラリー(必然的結論)であって，他の立場からは合理的に説明ができないのであろうか。この点について，わたくしは，二元的人的不法論の立場においても，違法性の事前判断の正当性を論証できると考えている。

　すなわち，刑法規範は，究極的には「行為」規範として作用すべきである。たしかに，違法性の次元において，刑法は「評価」規範的機能を有する。しかし，それは，あくまでも「行為」に対する評価を意味する。ある「行為」が外形上，「法益侵害」の結果を惹起させていても，実質的にも「許されない法益侵害」といえるかどうかの判断としての「違法評価」は，行為者の「主観」を抜きにしては考えられないのである。具体的状況下における「行為」に対する「無価値」判断が違法性であるが，一般人に対してこの「評価」を提示するのは，まさしく刑法が一般人を名宛人とする「行為規範」であるからにほかならない。

　このように，違法性判断に当たっても，「一般人」を対象とする「行為」規範という性格が重要な意味をもつので，「行為時」における行為者の「主観」を重視すべきことになる。この点において，「人的」不法論の立場が明確に現れる。ただし，ここにおいては，一般人の見地が介入してくるので，純粋に「行為者」だけの「主観」を問題にしているわけではない。少なくても，一般人の見地を導入することによって，違法性の「客観性」は維持されているといえる。ともあれ，このように見てくると，違法性の存否は，あくまでも行為「時」を基準にして判断されなければならないことになる。

　なお，二元的人的不法論の立場から行為無価値については事前判断を，結果無価値については事後判断を要求する見解もある。刑法規範についての独自の理解を前提にし，行為無価値は「行為規範」に関係し，結果無価値は「制裁規範」に関係することから，その結論が導き出されている。部分的ではあるにせよ，違法性判断が事前的観点からなされるべきであるとの主張は，二元的人的不法論の見地から事前判断を要求する私見に接近するものであり，高く評価できる。

　従来，疑問の余地がないと考えられてきた「事後判断」の正当性も，行為

無価値論（人的不法論）の見地から反省を迫られ，動揺を余儀なくされている。この問題は，違法性の本質論としてさらに論議されなければならない。

〔応用問題〕　①　主観的違法性説・客観的違法説の対立と行為無価値論・結果無価値論の対立との間には，どのような関係があるのか。主観的違法性説・客観的違法性説は，事前判断・事後判断と関係があるのか。
②　形式的違法性と実質的違法性との関係について論ぜよ。形式的違法性・客観的違法性と事前判断と関係があるのか。
《ヒント》　①　主観的違法性説と客観的違法性説は，何について争っているのか。判断の性質と基準についてどのように考えるか。
②　形式的違法性と客観的違法性の対立点は何か。その判断の性質と基準についてどのように考えるか。

3 主観的違法要素

いったい「主観的違法要素」とは何であり，なぜそれが問題になるのだろうか。どういう犯罪類型が主観的違法要素を包含するとされるのだろうか。故意・過失・防衛意思などは「一般的主観的違法要素」としてみとめられるのだろうか。

〔解説〕
1 問題の所在

　主観的違法要素とは，違法性の有無または程度に影響を及ぼす内心的要素である。これは，客観的な法益侵害またはその危険をたんに主観面に反映するという性質を超えて，違法性の存否・程度に関わりをもつので，内心的超過的要素ともいわれる。そのうち構成要件に取り込まれたものは，主観的構成要件要素と称される。

　通説・判例は，例外的・制限的に主観的違法要素の「存在」をみとめる。これが特殊的主観的違法要素である。個々的にどの犯罪類型についてこれを肯定するのか，という「範囲」の問題をめぐって見解が分かれる。ともあれ，いったんその存在をみとめると，主観的違法要素は自己増殖をはじめ，人的不法論と結びつくことによって，ついには故意・過失を一般的主観的違法要素として承認することを要求するまでに至る。ここにおいて，主観的違法要素の存在は，法益侵害説を基礎とする物的不法論（客観的違法性論）から導き出されたにもかかわらず，人的不法論にとっては例外を原則化するための橋頭堡となり得たのである

　概念的混同を避けるため，用語について少し説明しておきたい。客観的違

法性論は，元来，違法評価の「対象」を客観的なものに限定した点に特徴がある。人的不法論は，さらに行為者の認識・意欲といった主観的要素をも違法判断の「対象」にしようとする。このかぎりにおいて客観的ではない。しかし，違法性と責任の分離をみとめる点で，従前の主観的違法性論と異なる。あくまでも行為者関係的 (täterbezogen) な点で人的 (personal) 不法なのであって，行為者の人格内容 (Persönlichkeit) を問題にしないから人格的不法論ではない。人的不法論との対置において客観的違法性論は，行為者の主観に関わりをもたない (nicht dem Subjekt angehörig) 非・人的な不法論という意味において「物的不法論」(sachliche Unrechtslehre) と称するのが妥当である。すでに「物的違法論」という語も用いられていた（中山）。

　志向無価値だけを重視するアルミン・カウフマン流の一元的人的不法論をとると，「主観的違法要素の理論」は固有の意味を失なう。しかし，法益侵害またはその可能性が不法にとって構成的であることをみとめる二元的人的不法論は，なお結果発生との対応においてこの理論の意義をみとめる。物的不法論にとって事態は深刻となる。わが国においても人的不法論が優勢となるにつれ，その基礎となり得る主観的違法要素を全面的に否認しようとする見解が主張されるに至る。つまり，物的不法論の原初形態に回帰することによって，結果無価値論を徹底させ強化しようと試られている。

　このようにして，一段落ついたかの観を呈していた主観的違法要素論の問題は，行為無価値論と結果無価値論の対立点として装いを新たにして現代不法論の前面に押し出されることとなった。なお，結果無価値論と「没倫理化・没主観化」との間に論理必然的関係は存在しない（香川）。さらにわたくしは，行為無価値論と「倫理化」との間にも論理必然的関係はないと解する。私見は，人的不法論をとりつつ，不法の脱倫理化を強調するものである。

2 行為の「属性」の問題としての主観的違法要素

　「客観的なものは違法性へ，主観的なものは責任へ」というテーゼ・命題を強調する物的不法論の見地からは，元来，主観的違法要素なるものは形容矛

盾でしかなかった。なぜならば，違法性の有無・程度は，もっぱら客観的な法益侵害ないしその危険によって決まるのであって，責任を基礎づける主観的要素が違法性と関わりをもつはずはないと解されたからにほかならない。

　物的不法論を支える規範論は，法の機能を「評価」と「命令」とに分け，前者は違法性の問題，後者は責任の問題であるとする。しかし，このような規範論から，評価の「対象」の客観性が論理必然的に導き出されるかは疑問である。なぜならば，これは，違法と責任の分離を基礎づけ，行為者の責任能力の問題を違法論から排除したにとどまり，それ以上の主観的要素については何ら関係を有しないからである。むしろ「規範の名宛人」を一般人と解することによって人的不法論とも結びつき得る。「対象」の客観性は，客観面から主観面へと進む分析順序が刑法の「適正な適用」のための「犯罪認定論」として優れているとする「政策的理由」に求められるべきである。

　しかし，主観的違法要素の問題は，はたして刑法の適用・犯罪の認定の問題なのだろうか。あくまでも，違法性に影響を及ぼす要素の「属性」が確定されて後に，適用の問題として，その要素の認定方法が検討されるべきである。両者は次元(オーダー)を異にしている。行為の属性の問題が行為の実体・本質に関連するのに対して，認定方法の問題は，あくまでも「思考経済」に関わるのである。

　たしかに，斉一的に認定できるものを先行させ，認定困難のものを後回しにすることによって，認定を迅速化し，無用な手続から関係者を解放することの意義は大きい。しかし，同一物を違法性または責任の何れの次元で認定するかによって，質的な差異は生じない。比喩的にいえば，質量保存(質量不変)の法則がここで妥当するのである。そうだとすれば，主観的違法要素が違法性に影響を及ぼすか否か，という純化された観点から考察するのが適切であることになる。しかし，これは認定論の重要性を否定する趣旨ではない。合理的認定の方法については別途に考えることができるということを意味するにとどまるのである。次に，主観的違法要素とされているものを個別的に見ていくことにしよう。

第3節 主観的違法要素

3 特殊的主観的違法要素

メッガーが主観的違法要素論を集大成し，彼の所説は現在でもわが国およびドイツにおいて受け入れられている(オーストリア，スイスでは否認論も根強く主張されている)。彼は次の(1)，(2)および(3)を主観的違法要素としてあげたのであった。

(1) 目的犯における目的

犯罪の成立に「目的」の存在を必要とする「目的犯」のばあい，たとえば，通貨偽造罪のばあい，客観的にはまったく同じ偽造行為であっても，教材として使用するためになされたときには適法であるが，「行使の目的」でなされたときには違法となる。したがって，「行使の目的」は，違法性の有無を決定づけることとなり，主観的違法要素（主観的構成要件要素）である。すなわち，偽造行為じたいによって違法性は生ずるが，目的があるときにはじめて法益侵害の危険がきわめて高くなるので，処罰に値するだけの違法性が生ずるのである（藤木）。これに対して否定説は，「行使の目的」を客観化して行使される危険のある偽造行為とその危険のない偽造行為という形で客観的に分けようとする（中山）。しかし，客観的な要素だけで流通過程に置かれる危険のある偽造行為とそうでない偽造行為とを識別することは困難であろう（平野・中）。純然たる目的犯のほか未遂犯における故意，不法領得の意思などがこの類型に属するとされる（故意については後述する）。

(2) 傾向犯

傾向犯とは，行為が行為者の主観的傾向の表出として発現する犯罪類型をいう。強制わいせつ罪（176条）などがその例とされる。外見上はまったく同じ行為であっても，医療目的でなされたときはわいせつ性はないが，性欲を満足させる傾向のもとになされたときはわいせつ性を有すると一般に解されている。しかし，強制わいせつ罪は傾向犯ではないと解すべきである。というのは，本罪における保護法益は「被害者の羞恥心」とみるのが妥当だからである（平野など）。復讐のため女性を全裸にして写真を撮る行為は，性欲を満足させるためになされたものではないから強制わいせつ罪を構成しないとし

た判例がある（最判昭和45・1・29刑集24巻1号1頁）。しかし，客観的に見て被害者の性的羞恥心を害している以上，強制わいせつ罪は成立すると解すべきである（平野など）。

  (3) 表現犯

　表現犯とは，行為が行為者の心理的過程または心理的状態の表出として発現する犯罪類型をいう。その典型例として偽証罪(169条)があげられる。もっとも，偽証罪の成立について客観説をとれば，表現犯とはなり得ない。主観説をとると，偽証罪は宣誓した証人が本人の記憶に反することを陳述することによって成立するのであるから，主観的な心理状態によって違法性が左右されることになる（団藤，福田，大塚など。通説）。

　裁判制度において事実認定は，物的証拠のほか証人の経験した事実の陳述などを総合してなされる。証人の記憶の供述という形で証言がなされるのであるから，主観説が妥当である。その供述が証人の真実の記憶と合致するかどうかは，状況証拠によって判定されることが多いであろう。公判において証言の信憑性を争うということも，主観説をとらないと合理的に説明できないとおもわれる。記憶に反する証言が違法性を基礎づけるということと，証言が記憶に反することをどのように立証するかということとは，本来，違う領域に属する問題である。

  (4) 特殊的主観的違法要素としての不法領得の意思については，川端『刑法各論概要』〔第3版〕(127頁) 参照。

4 故意・過失は一般的主観的違法要素か

　通説は，前述のとおり，未遂犯における故意を主観的違法要素であると解している。たとえば，Aが猟銃を発砲したところ，弾丸がBと猪の中間を通り抜けたとしよう。このばあいの発砲行為の法的意味は，行為者の主観(故意)によってはじめて決定される。すなわち，Bを殺そうとしていたばあいには殺人未遂であり，猪をねらっていたばあいには何ら犯罪は成立しない(狩猟法違反の点は別とする)。したがって，殺人の故意が，ここで違法性の有無を決し

ており，それは主観的違法要素とされる。

　ところが，もしBに弾が当たってBが死亡したとすると，殺人の故意は責任要素であって主観的違法要素ではないとされる。結果の発生だけで違法性が基礎づけられるから，ということを理由とする。しかし，故意の内容に違いがないにもかかわらず，結果発生の有無によって取扱いを異にするのはいかにも奇妙である。未遂について妥当することは既遂についても妥当しなければならない。したがって，故意は既遂犯においても主観的違法要素といえるのであり，一般的主観的違法要素としての地位を獲得し，さらに構成要件にまで高められるのである。

　過失についても上と同じことがあてはまる。たしかに，故意・過失が主観的構成要件要素であることを基礎づけたのは，目的的行為論の功績であるが，しかし，目的的行為論によらなくても故意の「違法性加重機能・不法類型個別化機能」は根拠づけられ得る（中）のである。上の2つの機能により故意は主観的構成要件要素としての性質を有するといえることになる。

5　主観的正当化要素はみとめられるか

　正当防衛において「防衛の意思」を必要とする通説の立場に立つと，防衛意思を欠く行為は違法とされることになる。したがって，「防衛意思」は，違法性の有無を決定するので，主観的違法要素である。これは，行為を正当化することになるので，「主観的正当化要素」ともいわれる（緊急避難の避難意思なども同じ）。もちろん防衛意思不要論の見地からは，主観的正当化要素の存在はみとめられない。わたくしは通説を支持している。

6　人的不法論との関係

　今後，物的不法論と人的不法論の理論的対立は，ますます先鋭化するであろう。わたくし自身は，人的不法論の陣営に属しており，個別的主観的違法要素の範囲については，「保護法益」との関連で個別的に決めるべきであると考えている。すなわち，「人的不法論をとるがゆえに主観化は当然である」

という思考態度は避けるのが望ましいと解しているのである。

● 〔択一式問題〕●

【問】 次の記述のうち，誤っているものはどれか。
(1) Ａは復讐の目的でかつての恋人Ｂ女を無理矢理，全裸にして写真を撮ったが，強制わいせつ罪を傾向犯と解するかぎり，Ａについて本罪は成立しない。
(2) Ａは，交通事故の目撃者として証人となった際，自己の記憶とは逆に，検証などで明らかとなったとおりの事実を証言したが，偽証罪における客観説をとると，Ａの行為は表現犯としての偽証罪を構成しない。
(3) 正当防衛における防衛意思必要説をとると，防衛意思は主観的正当化要素であり，主観的違法要素の一種ということになる。
(4) 客観的違法性説（物的不法論）をとるかぎり，故意は，外部的客観的事実の単なる主観面への反映にすぎないので，つねに責任要素となり主観的違法要素とはなり得ない。
(5) 教材にするために通貨を偽造したばあいに通貨偽造罪が成立しないのは，行使の目的が主観的違法要素として機能するからである。

☞ 解答へのプロセス

　客観的違法性説（物的不法論）の見地においては，未遂犯における故意は主観的違法要素であると解するのが多数説である。これを責任要素と解する説もあるが，それ以外の説（多数説）が成立し得ないわけではないので，(4)の記述は誤っている（③1, 3参照）。(1)(2)(3)(5)の記述はそれぞれ正しい。
　以上により，正解は(4)。

● 〔択一式問題〕●

【問】 違法要素は客観的なものにかぎられるが，例外的に主観的違法要素の存在をみとめるべきであると解する立場から主観的違法要素ではないとされるものはどれか。

(1) 目的犯における目的
(2) 領得犯における不法領得の意思
(3) 傾向犯における内心的傾向
(4) 表現犯における心理的状態
(5) 既遂犯における故意

☞ 解答へのプロセス

例外的に主観的違法要素の存在をみとめる立場に立つと，(1)，(2)，(3)，(4)はすべて特殊的主観的違法要素とされる（③参照。不法領得の意思も主観的違法要素とされる）。既遂犯の故意については，一般的主観的違法要素ではないが，未遂犯における故意は主観的違法要素であると解するのが上述の立場からの結論である（③参照）。

以上により，(5)が正解。

● 〔択一式問題〕 ●

【問】 次の文章は最高裁判所の判決文の一部である。これを読んで後の設問に答えよ。

「刑法176条前段のいわゆる強制わいせつ罪の成立するためには，その行為が犯人の性欲を刺激興奮させまたは満足させるという性的意図のもとに行われることを要し，婦女を脅迫し裸にして撮影する行為であっても，これが専らその婦女に報復し，または，これを侮辱し，虐待する目的に出たときは，強要罪その他の罪を構成するのは格別，強制わいせつ罪は成立しないものというべきである。」

上の判決の説明として妥当でないものはどれか。
(1) この判決は，強制わいせつ罪を傾向犯であると解するものである。
(2) この判決は，強制わいせつ罪の保護法益を被害者の性的自由であると解してこれを重視するものである。
(3) この判決は，性的意図の下になされないかぎり，強制わいせつ罪は成立しないことをみとめるものである。
(4) この判決は，もっぱら虐待の目的に出て婦女に性的羞恥を覚えさせる

162　第2章　違法性

> 行為を強要しても強制わいせつ罪は成立しないことをみとめるものである。
> (5) この判決は，専ら侮辱の目的に出て婦女に性的羞恥心を生じさせる行為を強要しても強制わいせつ罪は成立しないことをみとあるものである。

☞ 解答へのプロセス

(1) 本判決は，「犯人の性欲を刺激興奮させまたは満足させるという性的意図のもとに行なわれること」を要求することによって，強制わいせつ罪を「傾向犯」として把握するものである。したがって，(1)は正しい。

(2) 本判決は，(1)において述べたように，強制わいせつ罪を傾向犯と解するものであり，傾向犯としての強制わいせつ罪が成立するためには，行為者の主観的傾向のみが重要性を有し，被害者の性的自由は重要な意味をもたない。したがって，被害者の性的自由は，本判決の見地においては重要視されるべきものとはされない。それゆえ，(2)は妥当でない。

(3) 性的意図の下になされなければ傾向犯としての強制わいせつ罪は成立し得ないので，(3)は正しい。

(4), (5)　もっぱら「虐待」または「侮辱」の目的でもって行為がなされるかぎり，行為者の性的な主観的傾向は存在しないので，傾向犯としての強制わいせつ罪は成立しない。したがって，(4)・(5)は正しい。

　以上により，正解は(2)。

4 刑法における「危険」概念

なぜ刑法上,「危険」概念が問題になるのだろうか。いったい「不能犯」における危険とは何なのだろうか。未遂犯における「具体的危険犯」および「抽象的危険犯」における危険はどういう内容を有するのだろうか。

〔解説〕
1 問題の所在

最近,危険概念の捉え直しが刑法学の関心事となっている。なぜ,今,これを問題にせざるを得なくなったのだろうか。どういう問題意識の下にどういう議論が展開されているのだろうか。

従前から「危険」概念は,刑法学において検討されてきた。総論の領域では,未遂犯・不能犯に関して詳細な論議がなされてきているし,各論の領域においては,公共危険罪や遺棄罪をめぐって具体的危険犯・抽象的危険犯の概念内容が検討されてきたのである。それぞれについて実り豊かな成果が得られているが,今,改めて危険概念が問われているのは,不法論(違法性論)における人的不法論と物的不法論(客観的違法性論)との厳しい対立が「違法性」の本質に関わりをもつ「危険」概念に投影される必然性が存在するからにほかならない。

すなわち,未遂犯・不能犯においては,結果発生の可能性としての危険の有無が決定的に重要であり,その判断の構造の理解は,違法性の本質の捉え方に関わってくるのである。これを具体的にいえば,①判断の基準時,②判断基底に主観的事情を取り込むことの可否,③判断の基準となるべき者,に

ついてそれぞれ人的不法論・物的不法論の立場から異なった結論に到達するのである。

　従来，危険犯は，抽象的危険犯と具体的危険犯とに分類されてきた。そして具体的危険犯が法益侵害の「現実的危険」の発生を必要とするのに対して，抽象的危険犯においては具体的危険の現実化は不要であり，危険発生は単なる「立法理由」であり「擬制（ぎせい）」されたものであると解されてきたのである。ところが，最近では，抽象的危険犯において危険を擬制するのは，「法益侵害または危殆化（きたい）」概念の形骸化（けいがい）をもたらし，その概念の有する「違法性限定機能」を喪失させるものである，と厳しく批判されるようになっている。そこで，抽象的危険犯においても，「ある程度の危険」の発生を必要とすべきであるとする主張が有力化してきた。この問題は，わが国では刑法の謙抑（けんよく）主義を強調する物的不法論の見地から提起されたものであるといってよいであろう。抽象的危険犯における危険の程度をいかに理解するかについては，見解が分かれる。それとの関連で，抽象的危険犯を細分化する必要があるのではないか，という主張も展開されるに至っている。ある犯罪類型を具体的危険犯・抽象的危険犯の何れに分類すべきか，ということは，前から争われてきた。しかし，これは，上に見た新たな動向との関連で改めて検討されなければならない。

2　不能犯における危険概念

　不能犯における危険概念の把握をめぐって，人的不法論と物的不法論との間に厳しい対立が生じている。従来，具体的危険説（新しい客観説）が通説となり，古い客観説は克服されたかの観を呈していた。ところが，物的不法論の徹底化という観点から，古い客観説が再評価されるに至っている。これを人的不法論と物的不法論との対立という視角から，前述の具体的論点について簡単に見ることにしよう。

　①「判断の基準時」について人的不法論は，刑法の「行為規範性」の観点から「行為時基準」説をとる（いわゆる事前判断）。これに対して物的不法論は，

危険の客観的存在という観点から「裁判時基準」説を主張する（いわゆる事後判断）。

②「判断基底と主観的事情との関係」について，人的不法論は，一般人を名宛人とする刑法の「行為規範」性を基礎にして，行為者および一般人が行為時に認識し得た事実を判断基底に取り込む。これに対して物的不法論は，刑法の「評価規範」性を基礎にして，行為者および一般人の認識の有無を問わず客観的に存在したすべての事実を判断基底に組み入れる。

③「判断の基準となるべき者」について，人的不法論は，一般人を措定するばあいが多い。純理論的にいえば，人的不法論をとっても科学的専門家を基準とすることも可能である。というのは，これは危険概念を自然科学的な記述概念として把握するか法的規範的概念として把握するかの問題に帰着するからである。基準となる「一般人」は平均的一般人なのか科学的一般人なのかが，さらに争われる。

物的不法論においては，科学的専門家の所見を基準として判断すべきであるとする立場が多いが，科学的一般人を基準とする立場もあり得る。物的不法論が客観的経験法則の見地を持ち出すのは，一般人という曖昧な基準によって危険の存否を判断すると不法内容が不明確になることを恐れるからである。しかし，わたくし自身は，法規範論の見地から人的不法論を支持し具体的危険説を堅持するものである。

3 危険犯における危険概念

(1) 未遂犯は具体的危険犯か

従来，通説は，暗黙のうちに未遂犯を具体的危険犯と解してきたといえる。このような理解については，具体的危険犯における具体的危険は「保護法益に対する危険」であるのに対して，未遂犯における危険は「既遂犯の構成要件実現の蓋然性」を意味し，必ずしも法益に対する直接的な危険ではないから，両者を混同すべきではない，との批判がある。しかし，両者は物の見方の相違にすぎず，後者が形式的な犯罪成立要件にかかわる視点からの意味づ

けであるのに対して，前者はその内実に関する実質的評価の問題と見ることができる（曽根）。

(2) 抽象的危険犯における危険

抽象的危険犯の形骸化を防ぐために，「ある程度の具体的危険(抽象的危険)」を必要とすべきであるとする説（岡本）が有力に主張されている。また，抽象的危険犯の中に「ある程度具体的な危険の発生を必要とする」ような「準抽象的危険犯」も存在することを主張する有力説もある（山口）。

5 正当化事由（違法性阻却事由）

◆第1款　被害者の承諾

> 被害者が法益の侵害について承諾しているばあいには，どういうことが問題になるのだろうか。
> 　刑法上，「被害者の承諾」にはどういうものがあり，それぞれどういう法的効果を生じさせ，その法的効果を生じさせる理論的根拠は何なのだろうか。

〔解説〕
1　問題の所在

　法益の主体が法益侵害を承諾したばあい（「被害者の承諾」），そもそも法益の侵害それ自体が存在するといえるのであろうか。刑法は，自損行為（自傷行為）を処罰の対象としていない。被害者の承諾に基づいてなされる行為は，自損行為と同等に評価されるべきではないのであろうか。

　このような疑問は，端的にいえば，被害者の承諾は，構成要件該当性を阻却するのか，それとも違法性を阻却するのか，という問題にほかならない。これを構成要件該当性と違法性の何れの次元に属させるべきかは，結局，構成要件該当性と違法性との「関係」をどのように解するか，という根本問題にさかのぼって考察を加えてはじめて解決され得る。この問題は，被害者の承諾を犯罪論の体系上，どこに位置づけるか，を内容としている。

　観点をかえていえば，これは被害者の承諾の「法的効果」に関わるのである。ドイツにおいて，被害者の承諾を一律に構成要件該当性阻却の問題とし

て扱う有力説が主張されて以来，この論点は，わが国においても新たな局面を迎えたことになる。

後にも見るように，わが国およびドイツの通説は，被害者の承諾を原則として違法性阻却事由(正当化事由)と解している。しかし，そのように解する根拠については，見解は一致しておらず，すでに種々の立場から論拠が提示されている。さらに，従来の見解とはまったく異なる観点から正当化の根拠を論証しようとする立場も，わが国およびドイツにおいて有力である。この論点は，被害者の承諾の法的効果の「発生根拠」に関わる。

このように新たな論争点として浮かび上がってきた上記の2つの問題に焦点を合わせて，被害者の承諾の問題を考察することにしよう。

2 被害者の承諾の分類

従来，通説は，被害者の承諾をその「法的効果の相違」に基づいて次のように分類してきた。

(1) 刑法上，まったく意味をもち得ないもの。すなわち，被害者の承諾があっても，刑法上，何らの効果も生じないばあいである。たとえば，13歳未満の男女に対する強制わいせつ罪(刑法176条後段)，13歳未満の女子に対する強姦罪(177条後段)などのように，構成要件上，被害者の承諾の有無を問わないことが明らかにされている犯罪類型がこれに属する。

(2) 被害者の承諾が刑の減軽事由となり派生的構成要件を生じさせるもの。たとえば，承諾殺人罪 (202条)，同意堕胎罪 (213条・214条) などがこれに属する。

(3) 被害者の承諾の不存在が構成要件要素とされているもの。たとえば，住居侵入罪 (130条)，秘密漏示罪 (134条)，強姦罪 (177条前段)，窃盗罪 (235条) などがこれに属する。住居侵入罪を例にとってこれを見ると，居住者(被害者)の承諾を得ないでその住居に立ち入る行為が「侵入」行為であるから，被害者の承諾があるばあいには，「侵入」行為が存在しないこととなり，住居侵入罪の構成要件該当性が否定されるわけである。

(4) 被害者の承諾が違法阻却事由(正当化事由)とされるもの。個人的法益に対する罪のばあい，上記の(1)～(3)を除いて，被害者の承諾は原則として違法性阻却事由(正当化事由)となる。たとえば，傷害罪(204条)のばあい，被害者の承諾に基づく行為は，傷害罪の構成要件に該当するが，原則として違法性が阻却される。例外的に違法性が阻却されないばあいが生ずるが，この点は被害者の承諾の正当化根拠にかかわるので，後で触れることにする。

3 被害者の承諾の犯罪論体系上の位置づけ

通説に対して，ドイツにおいて(4)の承諾を(3)の承諾に包含させようとする見解が有力に主張され，被害者の承諾の犯罪論体系上の地位が動揺し始めている。ちなみに，ドイツ刑法学においては，(3)は Einverständnis〔合意ないし構成要件阻却的承諾〕，(4)は Einwilligung〔同意ないし狭義の承諾〕という語を当てられて使い分けがなされている。本書でも，以下，(3)をとくに被害者の「合意」，と称することにする。

被害者の承諾の犯罪論上の地位の変化は，たんに抽象的な犯罪論構成の議論にとどまらず，別個の問題にも波及するので，解釈論上，重要な意味をもっていることに注意しなければならない。すなわち，これは，錯誤論にストレートに影響を及ぼすのである。被害者の承諾が，すべて「被害者の合意」として構成要件要素になるとすれば，その錯誤は構成要件的事実の錯誤(事実の錯誤)とされ，ただちに故意が阻却される。しかし，違法性阻却事由(正当化事由)としての承諾をみとめると，その錯誤は，違法性阻却事由(正当化事由)の錯誤とされ，その取扱いをめぐって学説が多岐に分かれることになる。

被害者の承諾をすべて「合意」と解する立場の論拠は，次の3点にまとめられる(曾根)。すなわち，①狭義の承諾と「合意」との間には，事実的にも法的にも実質的差異がないこと，②正当化の事由の基礎となっている価値(利益)の衝突が存在しないこと，③被害者の承諾は，構成要件不該当の一つである自損行為と同一視できるものであること，である。

この3点について検討を加えておくことにしよう。

(1)　この説の主唱者の1人であるツィプフによると，個人的法益に対する犯罪のばあい，つねに「被害者の意思に反する行動」が存在しているので，被害者の意思に反する行動という要件が，「構成要件要素の中に明示的に表現されている」(「合意」)のか，それとも「構成要件の背後に存在している」(「承諾」)のかは，たんに「構成要件の偶然の表現形式」にすぎない，とされる。しかし，はたしてそうだろうか。「われわれはやはり，被害者の意思が構成要件において直接保護の対象とされている場合と，保護客体に対する処分の自由という形で間接的にこれを保護している場合とを区別すべき」である(曾根)。つまり，被害者の意思に反することが定型的な違法性を基礎づけるばあい(「合意」)とそうでないばあいとは，あくまでも峻別されなければならないのである。

(2)　この説の主唱者の1人であるシュミットホイザーは，被害者の承諾が正当化事由となり得ない理由を次の点に求めている。すなわち，被害者の承諾のばあい，問題とすべき「財」が他の「財」の背後に後退するという正当化の契機が欠けており，一般の正当化事由とは構造がまったく異なるとされる。これは行為者の意思目標の中にも現れるのであり，「危険に瀕した客体の救済，又は切迫した義務の留意という意思目標」が承諾をともなう行動のばあいには，まったく見出せない，とされる(曾根)。

　この説のように解することには疑問がある。第1に，承諾に基づく行為によって得られる利益と承諾がなければ侵害されたと解される利益との衝突状況は考えられ得るからである。第2に，規整的原理としての目的説をとる立場からは，被害者の承諾をその他の正当化事由と同様の法的構造をもつものと解することができるからである。

(3)　承諾に基づく行為を自損(自己侵害)行為と同視する考え方は，従前から存在していた。しかし，これは実定法の立場と相容れない。実定法上，同意殺人が可罰的とされるのに対して，自殺ないし自殺未遂は不可罰とされている。このことは，承諾に基づく他者侵害と自己侵害とを法が明確に区別していることの証しにほかならない。ところが，「結果」無価値(反価値)という

観点から見るかぎり，生命の滅失という点において他者侵害と自己侵害との間に差異は存在しない。「行為」の無価値という点で違いが出て来るのである（ゲッペルト）。しかし，結果無価値を法益侵害として捉えたうえで，これを構成要件の中に取り込んでいくのは，妥当でない。結果無価値および行為無価値は違法性の次元で論ずべきである。

このように見てくると，通説の立場はなお維持されるべきであるといえる。

4 被害者の承諾が違法性を阻却する根拠

それでは被害者の承諾が違法性を阻却する根拠はどこに見出されるのであろうか。この点につき，(1)利益欠缺の原理・利益不存在の原理説，(2)法的保護の放棄説，(3)自己決定の自由・自律の原理説が主張されている。

(1) 利益欠缺・利益不存在の原理説

この説は，違法性の本質をもっぱら法益侵害という結果無価値にあると考え，被害者の承諾によって法益の保護が放棄されたばあいには，違法性を基礎づける要件である法益が欠如するので違法性が阻却されると解するのである。このように結果無価値だけを重視する点は，通説的見解である人的不法論から批判されている。

(2) 法的保護の放棄説

わが国およびドイツの通説は，被害者の承諾の違法阻却の根拠を「法的保護の放棄」に求めている。利益欠缺の原理が，被害者の承諾を事実行為として捉えて事実的利益の不存在という側面を強調するのに対して，この説は，承諾を法的行為として捉え，いわば意思表示の効果として「規範の後退」をみとめようとする。私人たる一個人の意思によってなぜ国家の法規範である刑法が後退せざるを得ないのか，という点については見解が分かれる。

これを端的に保護の「必要性」の欠如に求める説（西原），国家的に承認された共同生活の目的を達成するために適当な手段であることに求める目的説（木村〔亀〕），利益不存在の原則と目的説とを総合して解すべきであるとする説，社会的相当性の理論による説などが主張されている。わたくし自身は，

優越的利益説と目的説とは総合され得るとする見地（内田）から，正当化の根拠を考えるべきであると解している。

(3) 自己決定の自由・自律の原理説

この説は，「自己決定の自由」ないし「自律の原理」によって正当化の根拠を説明する見解である（ノル，シュトラーテンヴェルト）。承諾によって実現された「個人の自由」が承諾に基づく行為によって侵害された法益に優越することにより，違法阻却がみとめられるとする。この説は，法益の保護の放棄をもたらす承諾の基礎をさらに追求して「自己決定の自由」にたどりつき，さらに同一人格である被害者の内部で「利益衡量」をおこなおうとするものであり，注目に値する。わが国でも支持者を得つつある。しかし，この説に対しては「自己決定」の概念が不明確であるとの批判（阿部）が加えられている。

5　違法性阻却のための吟味事項

被害者の承諾の違法性阻却の根拠を，上に見たように行為無価値および結果無価値の両面から基礎づける通説的見解によるかぎり，被害者の承諾の違法阻却を決するに当たって，①行為の目的・動機，②行為の方法・程度が具体的に検討されなければならない。

● 〔択一式問題〕 ●

【問】「被害者が身体傷害を承諾したばあいに傷害罪が成立するか否かは，単に承諾が存在するという事実だけでなく，右承諾を得た動機，目的，身体傷害の手段，方法，損傷の部位，程度など諸般の事情を照らし合わせて決すべきものであるが，本件のように，過失による自動車衝突事故であるかのように装い保険金を騙取する目的をもって，被害者の承諾を得てその者に故意に自己の運転する自動車を衝突させて傷害を負わせたばあいには，右承諾は，保険金を騙取するという違法な目的に利用するために得られた違法なものであって，これによって当該傷害行為の違法性を阻却するのではないと解するのが相当である。」（最決昭和55・11・13刑集34巻6号396頁）

　次の記述のうち，上記の最高裁判所の判例の趣旨に合わないものはどれ

第5節　正当化事由

か。
(1) 被害者の承諾に基づく行為は、結果無価値の不存在だけを理由にして完全には正当化されない。
(2) 被害者の承諾が適法の目的のために得られたからといって、その承諾に基づく行為がつねに正当化されるわけではない。
(3) 社会的に相当でない方法によって軽微な傷害を負わせたばあい、被害者の承諾がつねに違法性を阻却するとは限らない。
(4) 被害者の承諾に基づく身体傷害のばあい、被害者の承諾はつねに違法性阻却に関係するとは限らない。
(5) 被害者の承諾に基づく身体傷害の部位が心臓の周辺であるばあい、その傷の程度が軽微であっても、違法性が阻却されるとは限らない。

☞　**解答へのプロセス**

(1) たんに承諾による利益欠缺（利益不存在）という結果無価値（反価値）だけではなくて、行為の動機・方法などの行為無価値をも考慮しなければならない趣旨の判旨であるから、この肢は正しい（4・5参照）。
(2) 適法目的だけでは行為の正当化に十分でないので、この肢は正しい（4・5参照）。
(3) 方法の相当性が必要なので、この肢は正しい（4・5参照）。
(4) 判旨は傷害罪における承諾を「合意」ではなくて狭義の承諾と解しているので、この肢は誤り（3参照）。
(5) 傷害の部位は重要であり、生命に危険を生じさせるようなばあいは、違法性阻却はみとめられにくくなるので、この肢は正しい（4・5参照）。
　以上により、正解は（4）。

● 〔択一式問題〕●

【問】　甲の行為が犯罪を構成しないものを列挙したが、正しくないものはどれか。
(1) 甲は、乙の承諾を得て乙の邸宅に入った。
(2) 甲は、乙の承諾を得て乙を殺害した。

(3) 甲は，乙の承諾を得て乙の腕をナイフで刺した。
(4) 甲は，乙の承諾を得て乙の秘密を公表した。
(5) 甲は，14歳の少女乙の承諾を得て乙を姦淫した。

> **解答へのプロセス**
>
> 本問は，被害者の承諾が構成要件該当性または違法性を阻却するかどうか，に関するものである。
> (1) 被害者の承諾があると住居侵入罪は成立しない（2参照）。したがって，(1)は正しい。
> (2) 被害者の承諾があるばあいの殺人行為は，202条の同意殺人罪（承諾殺人罪）を構成する。したがって，(2)は正しくない。
> (3) 被害者の承諾があるばあい，傷害罪は成立しない。被害者の承諾が違法性を阻却するのか，それとも構成要件該当性を阻却するのか，については争いがあるが（2参照。通説は違法性阻却説である），いずれにせよ，甲の行為は傷害罪を構成しない。したがって，(3)は正しい。
> (4) 秘密漏示罪のばあい，被害者の承諾は構成要件該当性阻却事由であるから（2参照），甲の行為は本罪を構成しない。したがって，(4)は正しい。
> (5) 強姦罪（177条）のばあい，13歳以上の女子については，被害者の承諾は構成要件該当性阻却事由となるが，13歳未満の女子については，その承諾は犯罪の成否に対して何ら影響を及ぼさない（2参照）。したがって，14歳の少女の承諾を得てなされた甲の姦淫行為は，強姦罪を構成しない。それゆえ，(5)は正しい。
>
> 以上により，正解は(2)。

● 〔択一式問題〕 ●

【問】 次の文章は，被害者の承諾に関するものである。これを読んで，後の設問に答えよ。

「被害者の承諾があるため A の具体的必要性が失なわれるばあい，違法性の重要な要素である B が欠如することになる。とはいえ，私人の法益のすべてにつき保護の放棄をみとめることが，刑法による C の趣旨と合致し

ないばあいがある。たとえば，承諾による殺人が処罰される（202条）のは，まさしく保護の放棄に限界があることを示している。しかし，⬜D⬜の承諾があったばあいの⬜E⬜の中には，その目的，侵害の態様からみて，社会通念上，妥当であるとみとめられるかぎり，⬜F⬜を欠くものが少なくない。」

　上の空欄 A～F に補充すべき語句を列挙したが，そのうち 2 度使用されるものはどれか。
(1)　結果無価値性（結果反価値性）
(2)　法益の主体
(3)　法益侵害行為
(4)　法益保護
(5)　違法性

☞ 解答へのプロセス

空欄にそれぞれ，A―「法益保護」，B―「結果無価値性（結果反価値性）」，C―「法益保護」，D―「法益の主体」，E―「法益侵害行為」，F―「違法性」を補充すると文章は完結する。したがって，法益保護が 2 度（A と C の欄）使用されていることとなる。

以上により，正解は(4)。

◇第 2 款　正当防衛の正当化根拠

> 正当防衛が行為の違法性を阻却するのはなぜだろうか。つまり，正当防衛行為が正当化されるのはなぜだろうか。

〔解説〕
1　自然権としての正当防衛権

正当防衛とは，「急迫の不正の侵害に対し，自己又は他人の権利を防衛するため，やむを得ずにした行為」をいう（36条1項）。「正当防衛は歴史をもたない」

(ガイプ)といわれるように，正当防衛「権」は，「自然権」としての側面をもっている。何人(なんぴと)も不法を受忍することを強いられるべきではない。このことは，「正は不正に譲歩する必要はない」という有名なことばで表現され，古今東西を問わず，是認されてきた社会的確信である。

このように，普遍的性格を有する正当防衛権は，行為を「正当化」する原理として，いわば「超」歴史的性格をおびている。正当防衛権が，法の歴史の中において発展してきたこと自体は，歴史的事実であり，これを否定することはできない。しかし，それは，「理念型」としての正当防衛権であり，その歴史性を検証することのできない「自然権」として捉える必要があるといえる。自然権としての正当防衛権の問題は，「正義」論の1つの現われなのである。

2　緊急権としての正当防衛権

さらに，「緊急は法をもたない」という法諺(ほうげん)によっても正当防衛の正当化原理が説明されてきた。正当「防衛」は，「緊急」防衛としてみとめられる「緊急権」にほかならない。市民としての個人(団体を含む)の利益が，法を保全する任務を有する国家の機関の救助を待つ時間のない「緊急」状態において，市民がみずから利益の保全をはかるところに，緊急防衛としての正当防衛の性格がみとめられる。この側面は，「緊急」権としての正当防衛権と特徴づけることができる。

3　正当防衛権の基礎づけに関する学説

(1)　緊急権説と実質的違法性阻却説の対立

「正当防衛の正当化の原理」，いいかえると「正当防衛権の基礎づけ」に関する学説は，大別すると，緊急行為としての正当防衛の特殊性を強調することによって正当化を基礎づけようとする「緊急権説」と正当防衛も一般的な違法性阻却事由の一類型にすぎず，実質的違法性阻却事由の一環として正当化を基礎づけようとする「実質的違法性阻却説」がある。

緊急権説は，わが国およびドイツにおける従来の通説的見解である。「緊急権説」が正当防衛を特殊原理によって説明するのに対して，「実質的違法性阻却説」は一般原理の一適用例として正当防衛を捉えるものである。

(2) 緊急権説

　緊急権説は，(i)法の自己保全説，(ii)個人の自己保全説および(iii)結合説の3つに分かれる。

　(i)法の自己保全説(法の確証説)は，正当防衛などの緊急行為は，「法秩序の侵害の予防または回復を国家機関がおこなう時間的余裕のないばあいに，補充的に私人にこれをおこなうことを許すもの」であり，これらは「法の自己保全」であり，その意味で違法性阻却事由と解する。

　これは，法秩序の侵害の予防または回復という観点から正当防衛の正当化を基礎づけているのであるから，ドイツにおいて主張されている「法確証」の原理と内容的には同じであると見てよいであろう。

　(ii)個人の自己保全説は，正当防衛を人間の自己保存本能によって正当化しようとする。すなわち，「正当防衛の本質は直接行動であるが，違法侵害に対し反撃を加えることは人間の自衛本能であるから法律上これを許す」とか，「正当防衛が急迫の不正な侵害に対して自己の正当な利益を守るための反撃行為であるかぎり，自己保全の権利として，法益侵害を正当化するという性格をもつことは明らか」であるとか，説明されている。

　法の自己保全説が正当防衛権の「社会法」的側面を強調するのに対して，この説は正当防衛権の「個人法」的側面を強調するものである。

　(iii)結合説は，ドイツの通説と同じように，「自己保存の原則」(「個人保護の原則」)と「法秩序の保護(レヒツベヴェールング)の原則」によって正当防衛の正当化を根拠づける見解である。すなわち，この説によれば，「正当防衛権は，基本的には，人間の自己保存という考えで基礎づけられる」が，この「個人保護の原則だけでは，現行の刑法の正当防衛権を十分に説明することはできない」ので，「法秩序の保護の原則」が援用されることになる。

(3) 実質的違法性阻却説

　実質的違法性阻却説は，(i)社会的相当性説と(ii)優越的利益説の２つに分かれる。

　(i)「社会的相当性説」は，社会的相当性が違法性阻却の統一原理であると解し，正当防衛もその一種であるとする。この説の主唱者である団藤重光博士によれば，こんにち正当防衛が違法性を阻却するものとされるのは，それが歴史的に形成された社会生活の秩序の枠内にある(いわゆる社会的に相当なもの)とされるからにほかならないとされる。大塚仁博士の所説も，社会的相当性の理論を目的説と法益衡量説の総合として捉えてこれを支持されているので，この説に包含されると解してよいであろう。

　(ii)「優越的利益説」は，違法性阻却の一般原理としての「優越的利益説」に基づいて正当防衛の正当化を根拠づけるが，いかなる意味において，いかなる利益が優越するのか，という点の理解をめぐって，さらに見解が３つに分かれる。

　(a)説は，法益欠如の観点から，「不正な侵害者の法益は，正当な被侵害法益の防衛に必要な限度では，その法益性が否定される」と説明するが，これは，「攻撃者(被害者)の法益が『０』なのだから防衛者の利益が優越する」ことを意味することになる。

　(b)説は，法は「保護の必要のある，正当な優越的利益の保護」のみを狙いとするので，正当利益のために不正利益を侵害するほかないというばあいに，不正利益の侵害を正当化すると説明する。

　(c)説は，「正当防衛には，緊急状態において自己または他人の法益を保全するという，個人主義的な自己保全(個人保全)の利益」と「急迫違法の侵害に対して，個人の法益を保護するための客観的生活秩序である法が現存することを確証するという客観的利益」が存在しており，「法確証の利益をも，保全法益の要保護性についての利益衡量に加えることによって，保全法益の要保護性が，侵害した法益の要保護性に優越するから違法性を阻却すると理解するときも『優越的利益の原理』の考え方を適用しうる」と説明する。この説は，

自己保全の原理と法確証の原理によって正当防衛の違法性阻却をみとめる点において，ドイツにおける通説と同じであるが，さらにその2つの原理を「優越的利益の原理」の観点で統合している点において，独自性がある。ただし，法確証の利益を独立の利益と解する点には批判がある。

(iii) 私見

このように，学説は多岐に分かれているが，わたくしは次のように考えている。すなわち，正当防衛権には「自然権」としての側面と「緊急権」としての側面があり，その正当化もこれらの2つの面から把握されるべきである。自然権の側面においては，「個人の自己保全」の原理が正当化の働きをし，緊急権の側面においては，「法の自己保全」の原理が正当化の働きをすることになり，両者が同時に作用するわけである。これは，結論的に緊急権説における結合説と同旨である。

◆第3款　正当防衛の意思

> 正当防衛が成立するためには，防衛意思は必要なのだろうか。
> 防衛意思の内容について，学説および判例はどのように解しているのだろうか。

〔解説〕
1　防衛意思必要説と防衛意思不要説の対立

(1) 意義

防衛行為は，「防衛の意思」に基づくものであることを必要とするか否かについて，防衛意思必要説と防衛意思不要説との対立がある。通説・判例は，一貫して必要説の立場に立っている。

(2) 防衛意思不要説の論拠とその検討

防衛意思不要説は，その論拠として，①違法か適法かは客観的に決せられるべきであって行為者の主観を考慮すべきでないこと，②防衛意思必要説を

とると，反射的におこなわれるばあいが多い正当防衛の成立範囲が非常に狭くなってしまうこと，③防衛意思必要説をとると，過失による正当防衛を否定せざるを得なくなること，などをあげている。

しかし，防衛意思不要説の論拠は妥当でない。すなわち，①客観的要素だけで違法性の判断ができるという前提自体が不当であり，主観的正当化要素をみとめることも可能である。

②明らかに犯罪的意思をもって攻撃行為がなされ，行為者の予想どおり結果を惹起したのに正当防衛の成立をみとめると，不正な者を保護することになって不当である。したがって，防衛を口実にして他の目的のためにするばあい(口実防衛)や偶然防衛のばあいに正当防衛の成立を否定しても，不当に成立範囲を狭めたことにはならない。

③防衛意思必要説をとっても過失による正当防衛をみとめることは可能である。さらに，刑法36条の権利を防衛する「ため」という文言は，防衛意思を必要とする趣旨を示すものである。

このようにして，防衛意思必要説が妥当であることは明らかであるといえる。

2 防衛意思の内容

(1) 防衛の意思と正当防衛状況の認識

防衛意思必要説における「防衛意思の内容」は，防衛の意図・動機と防衛の認識(急迫不正の侵害の事実〔正当防衛状況〕が存在することの認識)とに大別されている。そして，学説上，「急迫不正の侵害に対応する意思」とか，「急迫不正の侵害を意識しつつ，これを避けようとする単純な心理状態」とか，と解する見解が支配的である。

これらの学説は，防衛意思の内容を防衛の意図・動機とは解しない論拠として，侵害に対して憤激または興奮のあまり反射的に反撃を加えたようなばあいを，防衛意思がないとして正当防衛から除外すべきでないことに求めている。

(2) 正当防衛状況の認識と物的不法論

防衛の認識という意味での防衛意思についても，違法か否かは客観的に決めるべきであるとする物的不法論の見地からは，正当防衛に当たる客観的事実が存在する以上，その事実の認識を必要とすることには疑問があるとされる。すなわち，防衛の認識はいわば正当防衛の故意であり，その対象は正当防衛に当たる客観的要素の範囲を超過していないから，故意を主観的違法要素としない立場からはもとより，客観的要素の範囲を超過する主観的要素にかぎって主観的違法要素をみとめる立場からも，不要とされるべきであるとされるのである。

(3) 「認識」的要素と「意思」的要素の関係

防衛意思を「認識」的要素と「意思」的要素とに分断し，それぞれ独立性を有するものと解するのは妥当でない。すなわち，認識的要素はあくまでも意思的要素の「前提」となるものであるから，それ自体としては独自の意味をもたない。わたくしは，通説と同じく，正当防衛の要件として防衛意思の内容は，「急迫不正の侵害に対応する意思」を有していれば足り，必ずしも積極的に反撃しようとする意識的なものである必要はないと解する。なぜならば，緊急状態において厳格な意思内容を要求すると，正当防衛の成立範囲を不当に狭めてしまって正当防衛のもつ「法確証機能」を失わせることになるからである。

人的不法論の見地からは，主観的正当化要素（主観的違法要素）としての防衛意思をみとめることになんら支障はない。正当防衛行為は，価値秩序の保全に役立つから違法性が阻却されるのであり，防衛意思があってはじめて，現実に法益侵害をもたらす反撃行為としての防衛行為は，価値秩序を「保全」するものと評価されることになるのである。

3 判例における防衛意思の内容

判例における防衛意思の内容については変遷がある。すなわち，大審院の判例は，防衛状況の認識があっても「憤激して」反撃したばあいには防衛意

思がないとして，防衛意思を防衛の意図・動機に近いものとして把握していたが(大判昭11・12・7刑集15巻156頁)，昭和46年最高裁判決は，「憤激または逆上して反撃を加えたからといって，ただちに防衛の意思を欠くものと解すべきではない」と判示し(最判昭46・11・16刑集25巻8号996頁)，昭和50年の最高裁判決は，「防衛の意思と攻撃の意思とが併存している場合の行為は，防衛の意思を欠くものではない」と判示している(最判昭50・11・28刑集29巻10号983頁)。

このように，判例は防衛意思の内容を希薄化してきており，その内容は，通説がいう「急迫不正の侵害に対応する意思」に近いものであると解されている。

◆第4款　偶然防衛・対物防衛

> 偶然防衛とは何だろうか。偶然防衛の法的効果はどうなるのだろうか。
> 対物防衛とは何だろうか。対物防衛の法的効果はどうなるのだろうか。

〔解説〕
1　偶然防衛
(1)　意義

「偶然防衛」とは，急迫不正の侵害が現実に存在するにもかかわらず，これを知らずに侵害行為に出て，結果的に正当防衛と同じ事態を生じさせたばあいをいう。たとえば，AがBを殺害しようとして銃を構えていたところ，それを知らずにBは，かねてからAを殺害しようとしていたので，Aを見てすぐに銃を撃ちAを殺害したばあいがこれに当たる。このばあいにBについて正当防衛を肯定すべきかどうか，が偶然防衛の問題にほかならない。

(2) 防衛意思不要説・防衛意思必要説と偶然防衛

 防衛意思不要説は，偶然防衛を「正当防衛そのもの」と解する。これに対して防衛意思必要説は，これを正当防衛とはみとめず，「通常の犯行と同質」であると解している。すなわち，偶然防衛において，行為者は，侵害意思(故意)に基づいて法益侵害をおこなっているのであり，事後的客観的に見て正当防衛の客観的要件を具備していたとしても，その行為を法益「保全行為」として評価するのは妥当でないと解しているのである。

(3) 偶然防衛の法的効果

(i) 防衛意思必要説のばあい

 「偶然防衛の法的効果」に関して，防衛意思必要説において，多数説は，既遂犯の成立をみとめる。これに対して，事後的・客観的に見たばあい，偶然防衛行為は結果無価値を欠く行為であるから未遂犯が成立するにとどまるとする説や，行為自体の違法性はあるが，結果の違法性は欠けるので当該犯罪の未遂規定を準用すべきであるとする説も主張されている。

(ii) 防衛意思不要説のばあい

 防衛意思不要説においては，物的不法論(客観的違法論)を徹底させて，事後的に客観的事情を基礎にして危険性を判断する客観的危険説の見地から「違法な結果」が発生する客観的危険は存在しないので，偶然防衛は不可罰であると解する立場が多数説であるといえる。

 多数説によれば，偶然防衛のばあい，急迫不正の侵害の事実，および，防衛行為と防衛効果は客観的に存在し，客観的には「不正対正」の関係にあったのであるから，法確証の客観的利益がなくなるわけではないとされるのである。ところが，防衛意思不要説の中にも，状況によっては未遂犯の成立をみとめうるとする立場もある。たとえば生きているとおもって死体をピストルで撃ったばあいと同様に考え，「違法な結果」，すなわち正当防衛でない結果は発生しないが，その結果が発生する危険があるときは未遂犯の成立をみとめ得るとするわけである。

(ii) 諸説の検討と私見

　上述のように，偶然防衛の法的効果に関して，見解が分かれているが，次のように解すべきであるとおもう。すなわち，人的不法論の見地からは，主観的正当化要素(主観的違法要素)としての防衛意思をみとめるのが妥当なのである。

　①36条にいう「防衛するため，やむを得ずにした行為」は，正当防衛の意思に基づいてなされた行為と解するのが，文理上，素直であるといえる。なぜならば，「ため」というのは，元来，理由・利益を意味し，副詞的に用いられるばあいには，行為の目的を表わす語だからである。②元来，正当防衛行為は，価値秩序の保全に役立つから違法性が阻却されるのである。偶然防衛のばあい，侵害意思(故意)に基づいて法益侵害がなされた以上，事後的客観的に見て正当防衛の客観的要件を具備していたとしても，それを法益保全行為として評価することはできない。③偶然防衛行為は，通常の違法行為とまったく同じなのである。にもかかわらず，これを未遂犯と解すると，既遂と未遂犯の違いは，現実の「結果発生の有無」ではなくて，もっぱら「結果無価値の量」の差のなかにあることになる。これは，未遂概念を変更するものであるから，さらに論証を必要とする。

　未遂犯は，犯罪の遂行過程の問題であり，その処罰根拠は，法益侵害の具体的危険の中に求められるのである。このような未遂概念を前提とすれば，偶然防衛のばあい，どの点に法益侵害の「危険性」をみとめることになるのか，は必ずしも明らかでない。このことは，未遂犯に「準ずる」と解する立場についてもいえる。したがって，偶然防衛を未遂犯として，また，未遂犯に準じて処罰するのは妥当でないことになる。

　このようにして偶然防衛は，通常の犯行と同質であり，結果が発生している以上，既遂犯として扱われるべきなのである。

2 対物防衛

(1) 意義

「対物防衛」とは，人間が飼育・管理している動物その他の物による侵害に対する反撃をいう。このばあい，物による侵害も「不正の侵害」に当たるとすれば，これに対する反撃を正当防衛と解することができるが，しかし，物による侵害は不正の侵害とはいえず「危難」にすぎないとすれば，これに対する反撃は緊急避難であると解することになる。

(2) 対物防衛肯定説

対物防衛肯定説は，次のように 4 説に分かれている。

(i)説は，「不正の侵害」を客観的に違法な行為であるとしたうえで，動物の侵害は飼主の過失に基づかないかぎり「単純に自然界の出来事」であるから，それに対し正・不正の評価をなし得ず，これを不正の侵害と称することはできないが，違法な行為のほかに，法律の好まない状態としての「違法状態」も，民法上，物の所有者ないし占有者に一種の責任を発生させるものであり，刑法上は，「不正の侵害」という観念に包含させられるものであるとする。あるいは，不正の侵害か否かは「純客観的に決すべき」ことであり，「侵害者の心理を顧慮する必要はない」ので，それが「客観的に違法な状態」であるかぎり不正な侵害であると説明される。

(ii)説は，行為と状態を分けずに，「不正の侵害」とは人が耐えしのぶ必要がない侵害であるとか，防衛者から見ておよそ違法な侵害状態が惹起するであろうと考えられるばあいであるとか解することによって，対物防衛の成立をみとめる。

(iii)説は，一種の違法状態を肯定して正当防衛の観念を「準用」し，または不正の侵害に「準じて観察すべき」であるとする。この説は，動物の危害に対して防御する手段が人の侵害行為に対して防御する行為よりも厳格に制限されるのは不合理であることを理由にあげる。

(iv)説は，違法状態の観念を用いずに，「不正の侵害」における「不正」を「一般的観点における違法性」と解することによって対物防衛をみとめる。すな

わち，このばあいの違法性は，犯罪の成立要件としての違法性ではなくて，被侵害者の法益を侵害し，これに対して正当防衛が許されるか否かという見地から問題とされるべき一般的観点における違法性を意味するにすぎないから，動物による侵害についてもこれを観念することができるとされるのである。

(3) 対物防衛否定説

対物防衛否定説は，次にように2説に分かれる。(i)説は，「不正の侵害」を客観的に違法な行為と解し，「動物には侵害行為はない」から「侵害行為でない単なる侵害の事実に対しては，正当防衛は許されない」とか，「法規範は人間の行態に向けられた規範であって，違法判断の対象は人間の行態にかぎられるものであるから，動物の挙動や自然現象は違法判断の範囲外にある」とか解し，対物防衛はみとめられず，緊急避難だけが許されるとする（通説）。

通説は，対物防衛を否定するが，所有者ないし管理者の故意または過失に基づく犯行の道具として動物が利用されているばあい（けしかけ，またはつなぎ忘れなど）は，飼主・管理者自身の侵害行為と解されるから，正当防衛の成立を肯定するので，この限度で実質的には対物防衛をみとめているといえる。しかし，所有者または管理者の故意・過失に基づかない動物の危害のばあいには（第三者が他人の犬をけしかけたとか，不可抗力で犬がはなれなど），緊急避難しかみとめない。

(ii)説は，権利に対する実害または危険としての「侵害」を人の作為・不作為による行為と解し，この不作為に対して正当防衛をみとめる以上，他人の物から生ずる侵害が，その物の所有者の故意または過失をともなう不作為に由来することに帰着するので，対物防衛を否定すべきであるとする。

通説は，「違法状態」という観念を否定し，「不正の侵害」を「違法な侵害行為」と解するので，対物防衛を否定する。通常，「違法」性は「人間」の行為に対してなされる判断であるから，違法な侵害は「人間」の侵害行為に限定されると解する通説の理解は，素直な解釈といえる。しかし，通説のように，動物その他の物に対して正当防衛をみとめず，たんに緊急避難の成立を

肯定し得るにすぎないとすると,「人間」に対しては,正当防衛を広くみとめながら,「物」に対しては,それより要件の厳しい緊急避難しかみとめないこととなって,明らかに不均衡が生ずる。むしろ,人間による侵害に対してよりも,物による侵害に対して,より広く違法性阻却(正当化)を肯定する方が,正義の理念にかなうのである。

(4) 私見

(i) 自然権としての正当防衛権と対物防衛

動物からの侵害の危険にさらされている者は,何ら不正の行為をおこなっておらず,法秩序の見地から保護されるべき地位にある者であり,その意味において「正」である。その「正」が侵害されるのを法秩序が是認するのは,法秩序にとって自己矛盾である。「正」を保全するために動物に立ち向かう行為を違法として否認するのは,正義の理念に反する。人の違法行為に対しては正当防衛による違法性阻却をみとめながら,動物の侵害に対しては正当防衛をみとめず違法であるとするのは,「自然権としての正当防衛権」を否認することとなって不当である。

(ii) 緊急権としての正当防衛権と対物防衛

「緊急権としての正当防衛権」は,市民がみずから利益の保全をはかることを正当化するものである。この側面においては,どの範囲まで,どの程度までの行為を「許容」するか,という観点が重要である。このばあい,「許容」されないということは,「甘受義務」を負っていることを意味する。緊急状態においては,とっさに利益保全のための行為,すなわち,防衛行為をおこなわなければ,その目的を達成できないのであるから,動物による侵害が人間の精神活動に由来するものであるか否かを吟味すべきことを行為者に要求するのは,過度の負担を課することになる。その状態においては,動物による侵害それ自体を排除することをみとめるのでなければ,緊急権としての実効性は失われてしまうのである。

(iii) 結論

このように解すると,自然権としての正当防衛権および緊急権としての正

当防衛権の観点からも，対物防衛が正当防衛そのものであることを基礎づけることができる。

(5) 判例

対物防衛に関して，判例は次のように解している。すなわち，Aは，その所有の英セッター種猟犬を連れてB方前の道路にさしかかったとき，Bの土佐雑種の番犬が突然Aの猟犬に襲い掛かってこれを道路上にかみ伏せたので，Bの家人に番犬を制止することを求めたが，家人がこれに応じなかったため，そのまま放置すれば，猟犬は殺されるか猟犬として無価値になることが明白であった。そこで，Aは所携の猟銃を発砲して，Bの番犬に傷を負わせた。このような事案について，大審院は，「右番犬を狙撃して其の活動を阻止するの外他に右危難を避くるに足る適当の手段方策なかりしこと」は明白であるから，Aが「策尽きて遂に前示行為に及びたるは其の所有猟犬に対する現在の危難を避くる為已むことを得ざるに出でたるものと認めざるを得ず」（大判昭12・11・6裁判例刑11刑86頁）として緊急避難の成立をみとめた。

動物対動物のばあい，上記の大審院判例は，動物の加害は違法な侵害でないから，「現在の危難」を当然のものとして肯定したと解する余地もあると指摘されている。しかし，これは，Bが，番犬をつないでおかなかったこと，または制止しなかったことを過失行為と解し得るので，学説上は，正当防衛（または対物防衛）が肯定され得る事案である。したがって，判例は，学説よりも正当防衛をみとめる範囲が狭いことになるので，攻撃する動物の所有者側の利益の保護に厚く，反撃者側の利益の保護に薄くなりすぎると批判されることになる。

◇第5款　緊急避難の本質

緊急避難の本質の理解をめぐって見解が分かれている。見解が分かれるそもそもの理由は何なのだろうか。

■ 緊急避難の本質に関する学説にはどういうものがあり、その根拠は何なのだろうか。

〔解説〕
1　緊急避難の本質解明の視角

正当防衛（緊急防衛）も緊急避難も、ともに「緊急行為」である。正当防衛が早くから違法性阻却事由（正当化事由）としてみとめられてきたのに対して、緊急避難については、その法的性格が今なお論議されている。それはなぜだろうか。

また、正当防衛の「社会化」と緊急避難の「社会化」が指摘されている。同じく「社会化」ということがいわれながら、正当防衛のばあいは違法性阻却の範囲の「縮小化」を意味する。これに対して緊急避難のばあいには、違法性阻却の範囲の「拡大化」を意味するのである。なぜ両者は異なった方向を示すのだろうか。

このような疑問こそは、緊急避難の本質を解明するキーポイントとなる視角である。

2　緊急避難の本質に関する学説の状況

緊急避難の本質をどのように捉えるかについて、学説は、(1)違法性阻却事由説、(2)責任阻却事由説、(3)二分説とに大別される。

(1) 違法性阻却事由説

この説は、正当化原理としての「優越的利益の原則」を根拠とする。すなわち、大きな利益を保全するためには小さな利益を犠牲にすることを是認するのである。この考えを押し進めていくと、緊急避難のばあいも、「補充性」と「法益の均衡」を条件にして、優越的利益を保護・保全する避難行為を適法視することになる。しかし、対立する法益が同等のばあいには、優越的利益の原則はストレートには適用できない。なぜならば、ここにおいては「優越的」利益が存在しないからである。優越的利益の保全を任務とする法秩序

は，たがいに拮抗する同等の法益の何れを優先させるのか。この説は，避難行為を適法化することによって，難を逃れた利益の方に軍配を上げることになる。

このような結論に到達するのは，一方において優越的利益の保護を任務とする法秩序は，同等法益の相剋のばあいにどちらにも左袒し得ず，他方において「放任行為」という概念を否定し，法が「禁止していない」行為や法が「許容する」行為をもすべて適法と解するからにほかならない。

(2) 責任阻却事由説

この説は，自己の法益を救うために他人の法益を犠牲にする行為は，権利侵害として違法であるとする。すなわち，ともに法による保護を受けるべき利益が対立しているばあいには，危難を他人に転嫁すべきではなく，転嫁行為はあくまでも違法と評価されるべきであり，ただこのような緊急状態においては期待可能性がないので責任が阻却されると解するのである。

この説の実質的根拠は，次の点にあると見てよい。もし避難行為の違法性が阻却されるとすると，「避難行為者は自己に振りかかった危難を他人に転嫁する者であるのに，転嫁される第三者はそれを甘受しなければならない」ことになるが，このような「解釈は正義に合わない。転嫁する者よりも転嫁される者にこそ，保護は厚くあるべきである」(植松)ということが，実質的根拠である。

このように法的に保護された利益を侵害する避難はすべて違法であると解するのは，結果無価値（反価値）だけを重視するものであるから，人的不法論の見地からは疑問がある。

(3) 二分説

二分説は，緊急避難を二元的に理解し，違法性阻却事由になるばあいと責任阻却事由になるばあいとをみとめるのであるが，その何れを原則とするかについて，次のように見解が分かれる。

(i) 違法性阻却を原則とする二分説

(a) 大きな法益を保護するために小さな法益を犠牲にするばあいを違法性

阻却事由と解し，法益が同価値のばあい，および，法益の大小の比較が困難であるばあいには責任阻却事由となると解する説

この説によると，法益の大きさが同一であって大小の比較ができないばあいは，行為者には相手方に対して自己の立場の優位を主張できる根拠がないから，避難行為は，違法性阻却事由とはなり得ず，むしろ過剰防衛の刑が免除されるばあいと同じく，違法ではあるが責任のない行為であるとされる。法益の大小の比較が困難なばあいも，結局，同じ大きさの法益が対立するばあいに準じて解決されるほかはないとされる。

この説の特徴は，正当化原理としての優越的利益の原則を徹底し，法益同等のばあいを一律に責任阻却事由と解する点にある。

(b) 生命対生命，または，身体対身体という関係において，一方を救うためになされた緊急避難のばあいだけは責任阻却事由であり，その他のばあいは違法性阻却事由であると解する説

この説によると，刑法37条の避難行為「によって生じた害が避けようとした害の程度を超えなかった場合に限り」という要件は，「比例のとれない損害を与えないかぎり」，すなわち「小さな利益を救うために大きな利益を犠牲にしないかぎり」・「同等または一層大きな利益を救うばあいにかぎり」という意味であって，大きな利益を救うために小さな利益を犠牲にすることだけを許す優越的利益説を意味するものではないとされる。したがって，法益が同等のばあいにも緊急避難は違法性阻却事由となる。ところが，人格の根本的要素である生命または身体は，その本質において比較することはできず，人格はつねに自己目的とされるべきであり，けっして手段とされてはならない。したがって，たとえ緊急状態においてであっても，人格を侵害することは法の見地から許されず，違法である。しかし，行為者の動機決定の面で適法行為の決意に出ることが期待できないばあいには，責任が阻却されることになる。

この説の特徴は，法益が同等のばあいにも37条を根拠にして違法性阻却を当然視し，人格尊重の観点から，生命対生命，身体対身体が対立するばあい

だけを責任阻却事由と解するところにある。

(ii) 責任阻却を原則とする二分説

この説は、緊急避難の不可罰性の根拠を、原則として責任阻却事由として捉えながら、衝突する両法益の間に比較しがたいほど著しい差があるばあいには、例外的に違法性阻却事由と解する。すなわち、危難転嫁を本質とする緊急避難は、正当な第三者の法益を侵害するので、つねに違法であるが、適法行為の期待可能性がないので責任阻却事由となる。しかし、例外的に、著しく大きい利益を救うための避難行為は、その限度で優越的利益の原則が妥当することを国民観念が是認するから、違法性が阻却されるとする。

この説の特徴は、緊急避難を転嫁行為として違法視しながら、著しく大きい法益を救う行為については、「国民観念」を根拠にして例外的に優越的利益の原則を承認する点にある。

3 優越的利益の原則の貫徹

上に見たように諸説が主張されているが、緊急避難の本質を考察するに当たって決定的なのは、転嫁行為について「優越的利益の原則」の適用をみとめるか否か、である。法秩序は「価値」秩序であり、価値「秩序」は当然に価値の「序列」を内容とする。その序列の決定に当たっては、立法の段階で価値観の相互対決がなされ、これに勝ったものが立法作用をとおして実定化されることになる。

このようにして実定化された価値秩序を「保全」することこそが、刑法の任務なのである。整然とした価値の調和を破壊する行為に刑罰を科してこれを禁圧することによって、刑法はその任務をはたす。刑法の見地からすると、現存の価値序列を維持するための行為は、価値秩序に適合するものとして是認されるべきことになる(保全意思を必要とする)。したがって、危険にさらされた大きな価値を保全するために小さな価値を侵害する行為は、全体としての価値秩序の保全に役立っていることになるので、正当化されなければならない。このような観点から「優越的利益の原則」が正当化の原理として基礎づ

けられる。

　はたして「優越的利益の原則」をみとめると，同等法益のばあいの違法性阻却は説明できないのであろうか。答は否である。法益が同等であるということは，何れも法的保護を対等に受け得ることを意味するのであるから，法秩序はその何れをも優先的に扱ってはならないこととなる。つまり，積極的に何れかに与することを許されていないので，法秩序としては消極的な形でこれを是認するほかはない。

　すなわち，侵害利益と保全利益とは差引ゼロ（プラスマイナス・イコール・ゼロ）であるから，秩序破壊は存在せず，したがって，避難行為は違法ではない，という形でこれを是認するわけである。違法性の問題として考えるかぎり，「放任行為」という観念は否定される。なぜならば，行為は適法か違法かの何れかでなければならないからである。行為は，積極的に違法とされないかぎり，適法なのである。

　刑法37条が，他人のための緊急避難をみとめていること，および，法益の均衡性を要件としている点は，通説の立場を前提としていると解される。

　もし避難行為が違法であるとすると，これに対する正当防衛が可能となり不当である（団藤）。避難行為の違法性をみとめると，法秩序は，侵害された利益に優先権を与えたことになる。そうすると，ここで同等の保護を受けるべきである法益の衝突という前提がくずれてしまう。このばあいは，正当防衛ではなくて期待不可能性の問題として責任阻却を考慮すべきなのである。

4　結　論

　以上により，緊急避難を一元的に違法性阻却事由と解することができるのであり，責任阻却事由説は妥当でなく，二分説も責任阻却事由と解するかぎりにおいて妥当でないことになる。

　このようにして，個人的な「責任阻却」の問題とされてきた緊急避難も，法益の衡量をとおして一般的に違法性が阻却されることによって「社会化」されるのである。逆に，すでに個人の「権利」とされた正当防衛権は，その

濫用を是正するために(つまり，適用範囲を制限するために)「社会化」されることとなった。ここに両者の違いがある。

●〔択一式問題〕●

【問】 緊急避難の本質に関するA説によると，緊急避難は，危難にさらされた法益を救うために，法的に保護された他人の法益を犠牲にするのであるから，つねに(イ)である。法益と法益との衝突である点において(ロ)がみとめられるが，このような衝突は行為者が自己にふりかかってきた危難を自ら甘受することなく他人に転嫁することによって生じたものであるから，他人を犠牲にしてこれを解決することは許されないとされる。したがって，(ハ)がみとめられるばあいであっても行為は(イ)であるとされる。この意味において(ニ)が存在するので，この転嫁行為に対する(ホ)も肯定されることになる。

上の文中の空欄(イ)～(ホ)を補充するのに適切な語句を次の語群a～gから選んで配列した。正しいものはどれか。

　a―不正対正の関係　　b―適法　　c―法益の権衡　　d―違法
　e―正当防衛　　f―正対正の関係　　g―緊急避難

(1)　(イ)―b　(ロ)―c　(ハ)―f　(ニ)―a　(ホ)―e
(2)　(イ)―d　(ロ)―f　(ハ)―c　(ニ)―a　(ホ)―e
(3)　(イ)―a　(ロ)―a　(ハ)―c　(ニ)―a　(ホ)―e
(4)　(イ)―b　(ロ)―f　(ハ)―a　(ニ)―c　(ホ)―g
(5)　(イ)―b　(ロ)―a　(ハ)―f　(ニ)―c　(ホ)―g

☞ 解答へのプロセス

　穴うめ形式の問題も多いので，その解法に慣れておく必要がある。
　まず(イ)の欄の語句はb(適法)かd(違法)であるから，A説は一元的な違法性阻却説か一元的な責任阻却説かの何れかであるとの見当がつく。つまり，bならば違法性阻却説，dならば責任阻却説である。そこで，それぞれを想定して穴うめをしていけば，正しい答が得られる。このような作業は，選択肢が二者択一の関係にある(ニ)と(ホ)についても容易になされ得る。

第5節 正当化事由

このように，できるだけ確実な個所を確定してから，他の個所に押し進めていけば穴うめ式は解答しやすい。なお，A説とは責任阻却事由説にほかならない。緊急避難の本質の基本的考察において論述した知識が前提となっているので，それを熟読していただきたい。

以上により，正解は(2)。

●〔択一式問題〕●

【問】 Aは，Bの猛犬に追われ，逃げ場を失ったため，嚙まれたらいけないと考えて，Cの家の玄関の戸の鍵を壊して中に入って難をまぬがれた。
　Aの罪責はどうなるか。
(1) 住居侵入罪
(2) 器物損壊罪
(3) 器物損壊罪と住居侵入罪の併合罪
(4) 器物損壊罪と住居侵入罪の牽連犯
(5) 犯罪不成立。

☞ 解答へのプロセス

Aの行為は，器物損壊罪と住居侵入罪の構成要件に該当するが，緊急避難の要件を具備する。すなわち，Bの猛犬に追われているのは，自己の生命または身体に対する現在の危難にあたり，嚙まれたらいけないと考えてCの玄関に入り込んだのは，危難を避ける意思でやむを得ずにしたことである。また，自己の生命または身体を守ろうとしたのであるが，そのために犠牲にしたのはCの財物（鍵）と住居の平穏であり，これは，刑法上，最も重要な法益とされる生命・身体よりも価値的に低い法益であるから，法益の権衡は害されていない。緊急避難が違法性阻却事由なのか，それとも責任阻却事由なのか，については争いがあるが（2参照），しかし，緊急避難行為が犯罪を構成しないという点については争いはまったく存在しない。したがって，Aの行為は何ら犯罪を構成しない。

以上により，正解は(5)。

●〔択一式問題〕●

【問】 甲は、乙に殺されそうになったので難をのがれるため、やむを得ず隣りの丙の庭から座敷に入って隠れようとしたが、丙は事情を知りつつ、乙とかかわり合いになるのをおそれ、甲を殴打して無理やり甲を外に放り出した。

丙の罪責はどうなるか。ただし、緊急避難を違法性阻却事由と解する説をA説、これを責任阻却事由と解する説をB説とする。

(1) A説によると、丙の行為は正当防衛となり犯罪を構成しない。
(2) B説によると、丙の行為は正当防衛となり犯罪を構成しない。
(3) B説によると、丙の行為は緊急避難となり犯罪を構成しない。
(4) A説によると、丙の行為について暴行罪の成立をつねに肯定せざるを得ない。
(5) B説によると、丙の行為について暴行罪の成立をつねに肯定せざるを得ない。

☞ 解答へのプロセス

丙の行為は暴行罪の構成要件に該当する。しかし、甲の行為(丙宅への住居侵入行為)は緊急避難に当たる。緊急避難が違法阻却事由であるとするならば、いいかえるとA説によるならば、甲の行為は適法行為であるから、これに対する正当防衛はあり得ない。したがって、(1)は誤っている。

逆に、緊急避難を責任阻却事由と解するB説によると、甲の行為は違法であるから、これに対する正当防衛は可能となり、これに対する緊急避難はみとめられなくなる。したがって、(2)は正しく(3)は誤っている。

A説によっても、丙の行為について期待不可能性を理由にその責任(有責性)を阻却することをみとめることができるので(13参照)、(4)は誤っている。

(2)で述べたように、B説によれば、正当防衛として違法性が阻却され犯罪不成立となるのであるから、(5)は誤っている。

以上により、正解は(2)。

◆第6款　過失犯と緊急行為

緊急行為としての正当防衛・緊急避難は，通常，故意に基づいてなされることが多い。はたして過失による正当防衛や過失による緊急避難はみとめられるのだろうか。

〔解説〕
1　問題の所在

過失犯についても緊急行為としての正当防衛・緊急避難はみとめられるのであろうか。これまでこの問題は大きな争点とはされてこなかった。それは次の理由に基づく。すなわち，①従来，過失は故意とならぶ責任形式であるとされ，責任論においてはじめて議論されるべきものとされた。したがって，過失犯については，「違法性」阻却事由である正当防衛・緊急避難が問題となる余地はないとされたのである。②主観的正当化要素として「防衛意思」・「避難意思」を不要と解するならば，緊急状態（急迫不正の侵害・現在の危難），法益侵害，法益の均衡，補充性や相当性などの客観的要件の存在だけで正当防衛・緊急避難の成立を肯定できるから，過失犯についても正当防衛・緊急避難をみとめることが可能となる。しかし，防衛意思・避難意思必要説をとると，故意行為による正当防衛・緊急避難だけが問題となり得ると解された。③実際上，過失による緊急行為は，実際上，頻繁になされるわけではないので，議論しても実益に乏しいとされてきたわけである。

しかし，最近に至って事態が変わってきた。すなわち，まず①過失犯の構造論に大きな変化が起こり，現在では，構成要件的過失をみとめる立場が通説となっている。そうすると，この立場からは，構成要件該当性を具備する過失行為についても違法性阻却事由の存否を問題にしなければならなくてくる。それゆえ，過失犯についても緊急行為を肯定し得る余地が出て来たのである。

②たしかに，防衛意思・避難意思不要説の見地においては，過失による緊

急行為を肯定しやすい。しかし，必要説の見地においても肯定説をとれないわけではない。というのは，その意思内容の捉え方如何によっては過失による緊急行為もみとめられ得るからである。したがって，通説である必要説も，これを検討する必要に迫られている。

③自動車交通の普及にともない，他の交通関与者の危険運転によって生じた危難をとっさに避けようとしておこなった行為(過失行為)が原因となって，後続車両や隣接車線を走行中の車両との追突・衝突事故や歩行者との衝突事故を惹き起こすケースが増加している。したがって，少なくても過失による緊急避難の成否を論ずることは，実際上も大きな意義を有するのである。

緊急避難の法的性格をめぐって，大別すると，見解は違法性阻却事由説・責任阻却事由説・二分説に分かれており，この対立も過失と緊急避難との関係に影響を及ぼす。わたくしは，防衛意思・避難意思必要説をとり，緊急避難を違法性阻却事由と解している。

2 過失による正当防衛

過失による正当防衛には，①急迫不正の侵害の存在を知らずにおこなった過失行為によって，結果的に自己または他人の法益を保全したばあいと，②急迫不正の侵害の存在を知り，その侵害を阻止するためになされた行為に過失があるとされるばあいとがある。

たとえば，AがBを殺害しようとして路上で待ち伏せをしていたのを知らずに，自動車を運転して通りかかったBが過失によりAをはねて死亡させてしまったばあいが①の例である。XがYを殴打しようとしたので，それを止めさせるために威嚇の目的でYがXにピストルを向けたところ，安全装置がはずれていたため，弾が暴発してXの腕に当ってXに傷を負わせたばあいが②の例である。

防衛意思不要説の見地においては，BおよびYに正当防衛を肯定するについて問題はない。必要説の見地から，Bについて正当防衛が成立しないことは明らかである。なぜならば，防衛意思は当然に急迫不正の侵害の「認識」

を前提とするからである。Yについては見解が分かれ得る。防衛意思を厳格に法益保全の意思と解する見解をとれば，過失行為にはこれが欠けているので正当防衛はみとめられない。急迫不正の侵害に対応する意思で足りると解すれば，過失行為による正当防衛も可能である。わたくしは後説を支持する。

3 過失による緊急避難

　過失による緊急避難について見解は2つに分かれている。すなわち，①過失における客観的結果回避可能性と緊急避難における補充の原則とは内容的に一致するので，端的に過失の不存在を認定すべきであって緊急避難をみとめるまでもないとする説と，②過失行為による緊急避難を肯定すべきであるとする説が主張されているのである。

　過失犯においては，まず構成要件的過失を認定した後に，違法性論の次元でその過失行為の違法性阻却を問題にすべきであるし，客観的注意義務違反の判断は一般人を基準とする抽象的・類型的なものであるのに対して相当性・補充性の判断は具体的・実質的なものであるので（大塚），両者は一致しないから②説が妥当であるとおもう。

　判例は，約3.4メートル前方に，道路中央線を突破して時速約70キロメートルで対向して来る普通乗用車を発見し，これとの衝突を感じ，とっさに左にハンドルを切って約1メートル左に寄り，多少減速して離合し，そのために後続の単車と衝突して，その運転者に傷害を与えた過失行為について，緊急避難の成立をみとめている（大阪高判昭和45・5・1高刑集23巻2号367頁）。

◆第7款　誤想過剰防衛

> 　誤想防衛と過剰防衛が競合したばあいには，行為者の罪責はどうなるのだろうか。その取り扱いに関して学説・判例は多岐に分かれているが，それはなぜだろうか。

〔解説〕

1　問題の所在

　誤想過剰防衛は，その名が示すとおり，「誤想防衛」と「過剰防衛」が交錯する場面である。誤想防衛との関係では「正当化事情の錯誤」の問題となり，過剰防衛との関係では36条2項の適用ないし準用の可否が問われる。誤想過剰防衛の問題は，後に見る最高裁判決が機縁となって学説上も論議されるようになり，今なお決着を見ていない。

　この問題が紛糾する理由は，①誤想防衛の概念(その内容と外延)自体に争いがあること，②誤想防衛と過剰防衛の性格づけの理解が分かれていること，③故意阻却をみとめたばあいに生ずる刑の不均衡に求められる。

　①急迫不正の侵害がないのにあると誤認したばあいが誤想防衛に含まれる点では，見解は一致している。ところが，防衛行為の相当性の誤認・防衛結果が第3者に生じたばあいをもこれに含めるべきかは争われる。

　②誤想防衛は過失犯的性格を，過剰防衛は故意犯的性格を有するという従来の見地からは，誤想過剰防衛について36条2項の適用はみとめられないことになる。

　③誤想過剰防衛につき故意阻却をみとめると，現実に不正の侵害があったばあいには過剰防衛として36条2項により刑の任意的減免を受けるのに比べて，寛大に扱われすぎるのではないかが争われる。

　これらの諸論点が相互に関連するため，誤想過剰防衛の取扱いをめぐる理論状況は錯綜しているのである。

2　誤想過剰防衛の意義

　誤想過剰防衛は，本来，誤想防衛行為が過剰なばあいを意味する。すなわち，急迫不正の侵害が存在しないのに存在すると誤認して防衛行為に出たが，過剰な結果を惹起したばあいである。これは，さらに，①過剰性に誤認があるばあい，つまり過剰性の認識が欠如するばあいと，②過剰性の認識があるばあいとに分かれる。①が本来の誤想過剰防衛である。このばあいは，正当

化事情の錯誤と過剰性の錯誤が重畳する（二重の錯誤）。

広義では，③急迫不正の侵害に対する防衛行為について過剰性の認識が欠如するばあいも誤想過剰防衛と称されているが，これは除外されるべきであるとおもう。

３ 誤想過剰防衛の取扱い

誤想過剰防衛は，第一次的には誤想防衛と解されるべきであるから，正当化事情の錯誤（違法性阻却事由の事実的前提に関する錯誤）の理解の仕方によって，その取扱いにも違いが出て来る。

(1) **事実の錯誤説（通説）**

(ⅰ) 事実の錯誤説を貫けば，故意が阻却され過失犯の成否が問題とされるにとどまる。過剰性の誤認については問題にする必要はなく，36条２項の適用も否定されることになる。しかし，①につき故意阻却を肯定し，②につきこれを否定する説が有力である。過失の過剰防衛を肯定し，36条２項の適用を肯定する見解もある。

(ⅱ)①の誤想過剰防衛のばあいには故意がみとめられ，36条２項の適用ないし準用が肯定されるとする見解も有力である。なお，制限的責任説の見地からも，これと同じ結論が導き出されている。

(2) **法律の錯誤説（違法性の錯誤説）**

故意説によれば，法律の錯誤はただちには故意を阻却しないが（厳格故意説は故意阻却を肯定する），故意が阻却されるばあいには，(1)の(ⅰ)説と同じ結論になる。故意が阻却されないばあい，故意犯の成立が可能となり，36条２項が適用される。②厳格責任説によれば，二重の錯誤が回避不可能であれば責任がなく犯罪不成立となり，回避可能であれば責任が軽減され得ることになる。

(3) **独自の錯誤説**

正当化事情の錯誤は責任要素としての故意を阻却し，過失犯の成否が問題となるとする。誤想過剰防衛の①は過失犯となるが，②のばあいには，過剰性の認識がある以上，故意は阻却されず故意犯が成立するが，36条２項の適

用があるとされる。

(4) **違法性阻却説**（正当防衛説）

正当化事情の錯誤が避け得なかったばあいは正当防衛として扱われるので，相当性に誤信があれば過剰防衛となって36条2項が適用されることになる。

(5) **私見**（二元的厳格責任説）

正当化事情の錯誤が行為時において一般人を基準にして回避不可能であったばあいには正当防衛となるから，過剰性の誤認があれば過剰防衛そのものとして36条2項が適用される。過剰性の認識があると，防衛意思が欠如することとなって正当防衛はみとめられず，36条2項の適用も否定される。正当化事情の錯誤が回避可能であったばあいには，禁止の錯誤の問題となり，厳格責任説と同じように扱う。

4 判　例

最高裁の判例は，原判決が誤想過剰防衛は「誤想防衛であるがその防衛の程度を超えたものであるとし，刑法36条2項により処断したのは相当である」としている（最決昭和41・7・7刑集20巻6号554頁）。これは，誤想過剰防衛のばあいには故意阻却はみとめられず，36条2項が適用されると解するものであるが，その理論的根拠は明らかではない。

第3章
責 任（有責性）

1 責任能力

◆第1款 精神分裂病者の責任能力に関する判例
―最決昭59・7・3刑集38巻8号2783頁，昭58㈮第1761号―

> 裁判所は，精神鑑定の結果，ならびに，被告人の犯行当時の病状，犯行前の生活状態および犯行の動機・態様などを総合して，精神分裂病者を心神耗弱者と認定できるのだろうか。

〔事実の概要〕

被告人Xは，友人Aの妹Bに結婚を申し込んで断られたことから，AおよびBをはじめその家族を殺害して意趣を晴らそうと決意し，木に仮装した鉄棒を携え同家に上がり込み，A・Bの実姉CおよびCの子供3名の頭部と，駆けつけて来た近所の男性などの頭部をそれぞれ鉄棒で殴打し，よって，そのうち2名を即死させ，3名を病院で死亡させ，2名に重症を負わせた。

第1審・第2審は，完全責任能力を肯定した。第一次上告審は，精神分裂病の影響により，行為の是非善悪を弁識する能力またはその弁識に従って行動する能力が著しく減退していたとの疑いがあるとして，原判決を破棄し高裁に差戻した。差戻後の原審は，精神分裂病の状態にあったことをみとめて，1審判決を破棄した。さらに被告人側から無罪を主張して上告がなされたが，最高裁はこれを棄却した。

【関連条文】刑法39条，199条，204条。

> 被告人の精神状態が心神喪失または心神耗弱に該当するかどうか

は，法律的判断であるから，もっぱら裁判所の判断に委ねられており，裁判所は，精神鑑定の結果，ならびに被告人の犯行当時の症状，犯行前の生活状態および犯行の動機・態様などを総合して，被告人が精神分裂病の影響により心神耗弱の状態にあったと認定することができる。

〔決定要旨〕

「なお，被告人の精神状態が刑法39条にいう心神喪失又は心神耗弱に該当するかどうかは法律判断であるから専ら裁判所の判断に委ねられているのであって，原判決が所謂精神鑑定書(鑑定人に対する証人尋問調書を含む。)の結論の部分に被告人が犯行当時心神喪失の状況にあった旨の記載があるのにその部分を採用せず，右鑑定書全体の記載内容とその余の精神鑑定の結果，並びに記録により認められる被告人の犯行当時の病状，犯行前の生活状態，犯行の動機・態様等を総合して，被告人が本件犯行当時精神分裂病の影響により心神耗弱の状態にあったと認定したのは正当として是認することができる。」

〔解説〕

精神分裂病とは，思春期以降の青年が，はっきりした外因，心因性の原因なしに発病し，幻聴，妄想などの特異な精神症状の出現とともに，しだいに自閉状態に陥り，人格の統一を失い，しばしば慢性の経過で進行し，その多くはついに特有の精神荒廃に陥るような精神疾患をいうとされている。精神分裂病といっても，それは実に複雑であり，その症状は必ずしも一定しているわけではないようである(精神分裂病は，最近では，統合失調症と称される)。しかも，その診断は，日常の行動や反応などの症状によって判断されるため，診断者によって微妙に異なるといわれる。精神科医による鑑定に影響力があるだけに，心神喪失か心神耗弱かの法律判断も微妙に揺れ動かざるを得ない。それゆえ，精神分裂病者の責任能力の有無の判断は，困難な問題なのである。

　責任能力の有無の判断は法律判断であるから，精神鑑定書の意見に拘束されないとするのが，通説・判例であり，その判定は，精神の障害の程度という生物学的基準と事物の理非善悪を弁識する能力またはこの弁識に従って行

動する能力の程度という心理学的基準との混合的方法によってなされるべきであるとされる。

ところで，精神分裂病者の責任能力については，判例上，心神喪失・心神耗弱のいずれと判定すべきかは確立されていない。このような状況の下において，本決定は，精神分裂病の影響がみとめられるばあいでも，精神鑑定結果や他の証拠を総合考察して，当時の病状，犯行前の生活状態，犯行の動機・態様などから心理学的能力を判断し，心神耗弱の判定をなし得るとしており，「責任能力判定の指針を明確化」していると評価されている。

◆第2款　心神喪失と心神耗弱に関する判例
—大判昭6・12・3刑集10巻682頁，昭6(れ)第1305号—

心神喪失・心神耗弱とは何なのだろうか。両者はどういう関係にあるのだろうか。

〔事実の概要〕

被告人Xは，Yと耕地の境界を争って折り合いが悪かったところ，耕作田の草刈に行った際，隣接する所有田地で草刈をしていたYが昼食のため帰宅しようとして畔伝いにXの耕作田の付近に登ったのを見て，YがXの田の草刈をしていたものと誤信し，平素の反感が一時に爆発し，突如，Yの背後から鎌で同人の頭部などを強打し，駆けつけたYの長男Zの頭部などをも殴打してYおよびZに傷害を負わせた。

原判決は，犯行当時Xは心神耗弱の状態にあったと認定した。

これに対して，Xの側から犯行当時心神喪失の状態にあったとして上告がなされた。弁護人は，原判決は心神喪失者，心神耗弱者の意義を誤解し，心神喪失者とは自己の行為をまったく知覚しないものであると解していると見られるが，両者はともに精神障害があるものでその差異は程度の差異にすぎ

ず，被害妄想に基づいて意思の抑制力を欠いたばあいには，たとえ自己の行為を知覚していたとしても心神喪失者とみとめるべきである，と主張した。
【関連条文】刑法 39 条，66 条，204 条。

> 心神喪失とは，精神の障害によって事物の理非善悪を弁識する能力がなく，または，この弁識に従って行動する能力がない状態をいい，心神耗弱とは，精神の障害が上記の能力を欠如する程度に達していないが著しく減退した状態をいう。

〔判旨〕

「心神喪失ト心神耗弱トハ敦レモ精神障礙(しょうがい)ノ態様ニ属スルモノナリト雖(いえども)其ノ程度ヲ異ニスルモノニシテ即チ前者ハ精神ノ障礙ニ因リ事物ノ理非善悪ヲ弁識スルノ能力ナク又ハ此ノ弁識ニ従テ行動スル能力ナキ状態ヲ指称シ後者ハ精神ノ障礙未タ上叙ノ能力ヲ缺如(けつじょ)スル程度ニ達セサルモ其ノ能力著シク減退セル状態ヲ指称スルモノナリトス所論鑑定人Ａノ鑑定書ニハ被告人ノ犯行当時ニ於ケル心神障礙ノ程度ノ是非弁別判断能力ノ缺如(けつじょ)セル状態ニアリタリトハ認メラレス精神稍興奮状態ニアリ妄覚アリテ妄想ニ近キ被害的念慮ヲ懷キ知覚及判断力ノ不充分ノ状態ニアリ感情刺戟性ニシテ瑣事(さじ)ニ異常ニ反応シテ激昂(げきこう)シ衝動性行為ニ近キ乃至ハ常軌ヲ逸スル暴行ニ出ツルカ如キ感情ノ障礙ノ症状存シタリトノ趣旨ノ記載アリテ右ニ依レハ本件犯行当時ニ於ケル被告人ノ心神障礙ノ程度ハ普通人ノ有スル程度ノ精神作用ヲ全然缺如セルモノニハアラス唯其ノ程度ニ比シ著シク減退セルモノナリト謂フニアルカ故ニ其ノ精神状態ハ刑法ニ所謂心神耗弱ノ程度ニアリト認ムヘキモノニシテ所論ノ如ク心神喪失ノ程度ニアリト認ムヘカラサルモノトス果シテ然ラハ所論鑑定ノ結論ハ相当ニシテ又原判決カ右鑑定書ノ記載ヲ引用シテ被告人カ本件犯行当時心神耗弱ノ状況ニアリタリト判断シタルハ正当ナリ」

〔解説〕

刑法は，39 条において心神喪失と心神耗弱について積極的に概念規定をし

ないで，たんに前者を不処罰，後者に刑の減軽をみとめるという形で消極的に規定しているにとどまる。その内容は，もっぱら解釈に委ねられている。

本判決は，心神喪失・心神耗弱の意義に関するリーディングケースである。責任能力の内容として，①精神の障礙により，②理非善悪の弁別能力またはそれに従って行動する能力を要求して，「混合的方法」をとっている。これは，行為者の異常な精神状態を考慮するだけで責任能力を否定するのに十分であるとする「生物学的方法」と，異常な状態の心理学的経過の現象と関連させて責任能力を否定する「心理学的方法」のそれぞれの一面性を克服するために，両者を混合して責任能力を確定しようとする立場で，通説の支持を得ている。

本判決は，責任能力の観念がいわゆる「移行概念」であることをみとめるものであり，心神喪失と心神耗弱は量的な違いにすぎないものと解していることになる。

◇第3款　原因において自由な行為(1)——故意犯のばあいに関する判例

——名古屋高判昭31・4・19高刑集9巻5号411頁，昭30(う)第413号

> 薬物注射をすれば精神異常を招来して他人に暴行を加えることがあるかもしれないことを予想しつつ薬物を注射し，心神喪失の状態において他人を刺して死亡させたばあい，傷害致死罪の罪責を負うのだろうか。

〔事実の概要〕

被告人Xは，ヒロポンの中毒患者となったが，医療を受けて，いったん治癒した。しかし，Xは，家を出て諸所を転々した後に姉Yの婚家に寄寓するようになった際，塩酸エフェドリン粉末0.25グラム位を水溶液として，3回

に分けて自己の身体に注射した結果，中枢神経の過度の興奮を招来してヒロポンの残遺症状を急激に誘発し幻覚を生じ，これに伴って被害妄想を起こし自己および自己の一家が世間から怨まれて復讐されるものと思い込んで厭世的になり，まず自己の身辺におり日頃敬愛するYを殺害してから自殺しようと決意し，所携の短刀でYの頬部・頭部などを突き刺して，間もなくYを死亡させた。

　原判決は，被告人側の「心神喪失」の主張を斥けて心神耗弱を認定し，上記の事実に殺人罪を適用して被告人を懲役3年に処した。これに対して被告人側は，犯行当時心神喪失状態にあったとして控訴した。

【関連条文】刑法39条，205条。

> 薬物注射をすれば精神異常を招来し，あるいは他人に暴行を加えることがあるかもしれないことを予想しながら，あえてこれを容認して薬物注射をなし，心神喪失時に他人に暴行傷害を加え死に至らしめたばあいには，傷害致死罪が成立する。

〔判旨〕

「被告人の本件犯行の殺意の点については法律上心神喪失の状態に於いて決意されたものと認めざるを得ない。果して然らば本件犯行を心神喪失者の行為として刑法第39条第1項により無罪の言渡を為すべきか否かにつき更に審究するに薬物注射により症候性精神病を発しそれに基く妄想を起し心神喪失の状態に陥り他人に対し暴行傷害を加え死に至らしめた場合に於て注射を為すに先だち薬物注射をすれば精神異常を招来して幻覚妄想を起し或は他人に暴行を加へることがあるかも知れないことを予想しながら敢て之を容認して薬物注射を為した時は暴行の未必の故意が成立するものと解するのを相当とする。而して本件の場合……被告人は平素素行が悪く昭和28年1月頃からヒロポンを施用したが精神状態の異常を招来し如何なる事態となり又如何なる暴行をなすやも知れざりし為に同年8月以降之が施用を中止した処翌29年6月5日頃原判示Y方に於て薬剤エフェドリンを買い受け之が水溶液

を自己の身体に注射したのであるが其の際該薬物を注射するときは精神上の不安と妄想を招来し所携の短刀を以て他人に暴行等如何なる危害を加へるかも知れなかったので之を懸念(けねん)し乍(なが)ら敢て之を容認して右薬剤を自己の身体に注射し其の結果原判示の如き幻覚妄想に捉われて同判示日時前記短刀を以て前記 Y を突刺し因て同女を死亡するに至らしめた事実を認めることが出来るから被告人は本件につき暴行の未必の故意を以て Y を原判示短刀で突刺し死に至らしめたものと謂(い)うべく従って傷害致死の罪責を免(まぬが)れ得ないものと謂わなければならない。」

〔解説〕

　自己を責任無能力の状態におとしいれ，その状態において構成要件的結果を引き起こしたばあいに犯罪の成立を肯定する見解を「原因において自由な行為」の理論という。

　本件判決は，故意犯について「原因において自由な行為」の理論を適用している。最高裁の判例として一般的に故意犯についてこの法理の適用をみとめたケースが存在しないので，この判決がもつ判例としての意義はきわめて大きい。酒に酔えば暴力をふるう習癖のある者が，酒を飲んで心身喪失中に暴行を加え人を死傷に致したばあいには，すべて「原因において自由な行為」の法理が適用されることになるので，心身喪失の言い訳を許さず，暴行の未必の故意をみとめる方向を開いていく可能性が示されている点で，判例上，重要な意義があるとされる。

◆**第4款　原因において自由な行為(2)――過失犯のばあいに関する判例**

―最大判昭 26・1・17 刑集 5 巻 1 号 20 頁，昭 25 (れ) 第 548 号―

■　多量に飲酒すると病的酩酊に陥って心神喪失の状態で他人に危害を

及ぼす危険のある素質を有する者が，注意を怠って飲酒，心神喪失時に他人を死亡させたばあい，過失致死罪の罪責を負うのだろうか。

〔事実の概要〕

被告人Ｘは，某飲食店で，同店の使用人Ｙと飲食を共にし，同店の調理場において同店の女給Ａの左肩に手をかけＸの顔をＡの顔に近寄せたのに，すげなく拒絶されたため，Ａの顔を殴打したところ，Ｙら居合わせた者に制止されて憤慨し，とっさに傍(かたわら)にあった肉切包丁でＹを突刺して出血多量によりその場で死亡させた。

原審は，上記の事実につき，「被告人には精神病の遺伝的素質が潜在すると共に，著しい回帰性精神病者的顕在症状を有するため，犯時甚だしく多量に飲酒したことによって病的酩酊に陥り，ついに心神喪失の状態において右殺人の犯罪を行ったことが認められるので」被告人を無罪とすべきであると判示した。

検察官から上告がなされ，最高裁判所は原判決を破棄して差戻した。

【関連条文】刑法39条，199条，210条。

多量に飲酒すると病的酩酊に陥って心神喪失の状態において他人に犯罪の危害を及ぼす危険のある素質を有する者が，その素質を自覚し，かつ，事前の飲酒につき注意義務を怠ったばあいには，心神喪失時における殺害行為につき過失致死罪が成立する。

〔判旨〕

「本件被告人の如く，多量に飲酒するときは病的に酩酊に陥り，因って心神喪失の状態において他人に犯罪の害悪を及ぼす危険ある素質を有する者は通常右心神喪失の原因となる飲酒を抑止又は制限する等前示危険の発生を未然に防止するよう注意する義務あるものといわなければならない。しからば，たとえ原判決認定のように，本件殺人の所為であったとしても(イ)被告人にして既に前示のような己れの素質を自覚していたものであり且つ(ロ)本件事前の

飲酒につき前示注意義務を怠ったがためであるとするならば、被告人は過失致死の罪責を免れ得ないものといわなければならない。」

〔解説〕
　本判決は、酩酊中の犯罪について「原因において自由な行為」の理論の適用を明確にみとめた最高裁の最初の判例である。
　大審院の判例は、酩酊犯罪について心神喪失による無罪をみとめず、酩酊犯罪の大部分に対して故意犯の完全責任を肯定していた。大審院の判例がこのようにきわめて厳格な態度をかたくなに堅持していたのは、酩酊が精神病などと異なって、みずからの任意の意思に基づいてみずから招いたものであり、しかも一過性のものであることから、酩酊犯罪のばあいには酩酊に陥る行為そのものに、ある種の責任がみとめられるべきであり、そのためにただちに心神喪失を認定することを避けようとしたことに由来すると解されている。このような思考態度の下にあっては、原因において自由な行為の法理が発展する余地はほとんどなかったといえる。
　ようやく戦後になって、下級審判例が、「原因において自由な行為」の法理をみとめるに至った。事実認定の操作による具体的に妥当な結論を導き出すよりも、端的にこの法理による解決を図るのが実務上も必要であり、最高裁の決断が待たれていた。このような状況の下で、最高裁が「原因において自由な行為」の理論をとることを明らかにしたことの意義はきわめて大きい。
　過失犯のばあい、責任能力時における注意義務違反があり、かつ、それによって結果が発生すれば、「原因において自由な行為」の理論を用いる必要性に乏しいといえなくはないが、その実体は故意犯と異なるところがなく、また、学説上、広く承認されてきたのであるから、実務上もその理論的整序をおこなったことは高く評価されている。
　本判決は、リーディング・ケースとしてその後の判例に決定的影響を及ぼしてきている。すなわち、本判決は、実務においてこの理論を定着させるのに大いに貢献しているのである。

◆第5款　心神耗弱と原因において自由な行為に関する判例
―最決昭43・2・27刑集22巻2号67頁，昭42(あ)第1814号―

> 心神耗弱時の犯行に対して「原因において自由な行為」の法理を適用することができるのだろうか。

〔事実の概要〕
　Xは，バーで3〜4時間飲食した後，血液1ミリリットルについて0.5ミリグラム以上のアルコールを身体に保有し，その影響により正常な運転ができないおそれのある状態で自動車を運転した。
　第1審は，上記の事実につき，道路交通法65条，同施行令26条の2，道路交通法117条の2第1号を適用し，被告人が行為当時心神耗弱の状況にあったと認定して，刑法39条2項により刑を減軽した。
　第2審は，犯行当時Xは心神喪失の状況にあったとする弁護人の主張を斥けて，第1審の認定を支持したが，「被告人は，心神に異状のない時に酒酔い運転の意思があり，それによって結局酒酔い運転をしているのであるから，運転時には心神耗弱の状態にあったにせよ，刑法第39条第2項を適用する限りではない」とした。
　最高裁は，弁護人の上告趣意を事実誤認，単なる法令違反の主張にすぎないとして，上告を棄却した。
【関連条文】刑法39条，道交法65条，道交法117条ノ2第1号。

> 酒酔い運転の行為当時に心神耗弱の状態にあったとしても，飲酒の際，酒酔い運転の意思がみとめられるばあいには，刑法39条2項を適用して刑の減軽をすべきではない。

〔決定要旨〕

「本件のように，酒酔い運転の行為当時に飲酒酩酊により心神耗弱の状態にあったとしても，飲酒の際酒酔い運転の意思が認められる場合には，刑法39条2項を適用して刑の減軽をすべきではないと解するのが相当である。」

〔解説〕

酒酔い運転罪に刑法39条2項が適用されるか，ということをめぐって，判例・学説上，見解の対立があった。

否定説は，本罪の構成要件そのものが酩酊を理由とする責任無能力ないし限定責任能力の考慮を排除する規定であるとする。すなわち，本罪は酩酊運転のもつ危険性を行為の違法内容の中核としているのであるから，違法性の実質は責任能力の低下そのものに存し，違法性を基礎づける酩酊状態が同時に責任能力の障害として機能するのはおかしいので，本罪の特殊性から限定責任能力に関する39条2項の適用は排除される，というのである。

しかし，違法性と責任は別の原理であり，責任能力の低下が一方において加重されて他方において減軽されても，けっして背理ではないので，責任能力の減弱が違法性と責任の領域において二重に機能することの一事をもって，39条2項の適用の排除を基礎づけることはできない。

そこで，通説は，むしろ端的に限定責任能力状態の行為についても「原因において自由な行為」の理論を適用することによって，完全責任能力者と同様に処罰すべきであるとする。

ところで，心神耗弱者に対しても「原因において自由な行為」の理論を適用して，完全な責任能力者と同様に処罰することをみとめるためには，それが責任主義の要請である「行為と責任の同時存在の原則」に反しないことの論証が必要である。すなわち，行為時に完全な責任能力のある者だけが完全な責任を問われるのである。この点につき，見解が分かれるが，責任能力は実行行為を含む行為(1個の意思決定によって貫かれたもの，いいかえると，1個の意思実現過程)の開始時に存在すれば足りると解する立場が有力であり，わたくし

もこれを支持している。

　本判決は，理由を示さずに限定責任能力状態の行為につき「飲酒の際酒酔い運転の意思が認められる場合には」39条2項の適用を否定している。これは，酒酔い運転の特殊性を強調したうえで，刑法8条ただし書きを持ち出して39条2項の適用を排除する前述の否定説をとるものではなくて，通説と同様，「原因において自由な行為」の理論の適用をみとめたものであると解すべきである。

2 違法性の認識ないしその可能性

◇第1款　故意説と責任説

> 故意説と責任説の分岐点となるのは，何なのだろうか。両説の結論は，どういう点で異なるのだろうか。

〔解説〕
1 問題の所在

違法性の認識（意識）ないしその可能性を「故意」の内容と解する見解を「故意説」といい，これを独立の「責任」の要素と解する見解を「責任説」という。したがって，両説の対立は，違法性の認識（とくに断らないかぎり，その可能性を含む）の「位置づけ」をめぐる争いにほかならない。すなわち，故意説が，違法性の認識を責任形式の1つである「故意」に位置づけるのに対して，責任説はこれを故意とは別個の「責任」要素として位置づけるのである。

この対立は，観点を変えると，故意概念の内容は何か，故意責任・過失責任を基礎づけるものは何か，という争いになる。故意概念の捉え方のいかんによって故意の犯罪論体系上の地位にも変化が生ずる。

故意説と責任説を対置したのは，目的的行為論である。目的的行為論は，「目的性」を行為の本質的要素として把握すべきことを主張し，故意の内容を構成要件的結果を実現する意思（事実的故意）と解し，故意を構成要件要素として位置づけた。従来の有意行為論（因果的行為論）が，「意思の存在」と「意思の内容」を区別し，前者を行為論に（有意行為論），後者を責任論に帰属させて

いた（責任形式としての故意・過失）のに対して，目的的行為論は，行為における意思の存在と内容を区別すべきでなく，意思の内容（目的性）を行為論の次元で問題にすべきであるとする。しかも目的的行為論は，故意の内容を事実的故意（構成要件的結果の表象・認容）に限定したので，違法性の認識を故意概念から放逐して独立の責任要素となすことによって責任説に到達し，従来の見解を故意説と称したのである。

このように見てくると，責任説は目的的行為論と必然的な関係を有し，他の行為論とは結び付き得ないのではないか，という疑問が生ずるかもしれない。しかし，はたしてそのように解すべきなのであろうか。

次に，故意説と責任説とでは，行為者の責任の基礎づけが異なることになるのだろうか。現在では，規範的責任論が通説となっているが，両説はいかなる意味において規範的責任をみとめるのか，ということが問われなければならない。

故意説と責任説の内部においてさらに見解が分かれているが，その理由はどこにあるのであろうか。

2 行為論との関係

前述のとおり，責任説は目的的行為論によって推進されてきたが，必ずしも目的的行為論によってしか基礎づけられ得ないわけではない。なぜならば，責任説は違法性の認識を故意の概念要素としないことを主張するものであって，行為をどのように捉えるかという観点とは異なるからである。したがって，社会的行為論を前提にしつつ責任説をとることも可能なのである（西原など）。逆に目的的行為論の見地から責任説を主張することも（木村（亀）・福田），故意説を主張することも（平場）可能である。

従来，目的的行為論＝責任説という図式化がなされがちであったが，これはドイツの学説史から導かれたものであって，わが国においては妥当しないと見るべきである。なぜ，このような違いが出て来るのかというと，わたくしは，責任説と故意説の対立においては故意の「規範的側面」を重視するか

否かという観点が存在するからであると考える。すなわち，目的的行為論の主唱者であったヴェルツェルが，故意の事実的側面のみを重視したのに対して，平場博士は，目的性を故意「行為」の要素として把握し，故意「責任」の要素として規範的側面を重視されたのである。ただし，わたくし自身は，そこにおいて故意の規範的側面として把握されているものは，故意犯に特有のものではなく，故意犯・過失犯に共通する要素，すなわち責任要素として解すべきであると考える。

因果的行為論の立場から故意説をとるのが，わが国の通説である。しかし，因果的行為論を前提として責任説をとることも不可能ではないであろう。そのような内容を有する平野博士の所説は「修正責任説」と称されており，本来の責任説とは異なる。その相違点は，本来の責任説が故意を責任の要素としないのに対して，修正責任説は故意を責任の要素と解していることにある。しかし，違法性の認識の可能性を故意ではなくて責任の要素とする点では両説は一致しているのである。

このように故意説・責任説の対立といずれの行為論をとるかということとの間には，必然的関係はないことになる。

③ 故意責任・過失責任の捉え方

故意説の基本的発想は，次のとおりである。すなわち，行為者は，自己の行為の違法性を認識していながら，あえて違法行為をおこなったばあいに，最も重い責任非難を加えられる(故意責任)。違法性の認識が欠けているばあいには，その非難の程度は質的に異なるので量的にも軽いものでなければならない(過失責任)。違法性の現実的認識は故意犯と過失犯を分ける「分水嶺」であるとされる。

ところが，この立場を貫くと，違法性の現実的認識が欠けその可能性が存するにとどまるばあいには，改めて過失犯の成否が問題となるが，過失犯を処罰する規定がないときには，行為は不可罰となって実際上，不都合が生ずる。そこで，現実的な認識を要求する厳格故意説（植松・大塚など）に対して，

違法性の認識の可能性があれば足りるとする制限的故意説（団藤・藤木など）が主張されている。

本来の責任説の思考は，次のとおりである。すなわち，故意犯と過失犯は構成要件の段階ですでに類別されており，違法性の認識の可能性は故意犯・過失犯に共通する責任を基礎づける要素である。つまり，違法性の認識の可能性があれば，行為者には適法行為を決意する可能性，いいかえると，反対動機を形成する可能性があったわけであるから，規範的な責任非難を加えることが可能であるとされるのである。修正責任説は，違法要素としての故意・過失をみとめない点で本来の責任説と異なるが，責任の基礎づけに関しては上に述べたのとまったく同じと見てよい。責任説は，その内部において，違法性阻却事由の事実的前提の錯誤（正当化事情の錯誤）を違法性の錯誤と解する立場（厳格責任説）とこれを構成要件的錯誤と解する立場（制限的責任説）に分かれる。これは消極的構成要件要素の理論をみとめるか否かに関わる対立である。前者はこれを否定し（木村・福田・西原・阿部など），後者はこれを肯定する（中・植田・青柳など）。

わたくしは，基本的には厳格責任説に拠りながら，正当化事情の錯誤が一般人の見地において回避できなかったばあいには違法性阻却をみとめる二元的厳格責任説を主張している。

4 故意説と責任説の結論の相違点

違法性の認識がなかったばあい，故意説によれば，「故意」が阻却され，さらに過失犯の成否が問題にされる。これに対して責任説によれば，違法性の認識の可能性がなかったばあいには，責任そのものが阻却されることになる。故意行為についていえば，責任が阻却され，改めて過失犯の成否を問題にするまでもないのである。

故意説によれば，過失犯については違法性の認識はそもそも問題となり得ないが，責任説にあっては，過失犯についてもこれを問題にする。

故意説は，違法性の認識の有無によって故意責任と過失責任を質的に異な

るものとして区別する。責任説によれば，故意犯と過失犯は，事実認識の点に関して質的に異なるのであって，責任に関しては量的に異なるにすぎないとされる。すなわち，責任非難の量は，違法性の現実的認識のあるばあいが最も重く，認識の可能性があるばあいにはそれより軽くなり，その可能性さえないばあいには，そもそも責任がない（責任阻却）のである。

故意説と本来の責任説とでは，故意の犯罪論体系上の地位が異なる。すなわち，故意説が，故意を責任形式の1つとしてこれを責任に位置づけるのに対して，本来の責任説は，故意を構成要件に位置づけるのである。この対立は，従来，根本的なものとされてきたが，修正責任説が主張されるに及んでその重要性が若干減少した。なぜならば，修正責任説は故意をなお責任要素と解するからである。

〔応用問題〕 ①故意説の根底には道義的責任論があり，それは，悪意の理論の影響下にあるのではないか。②消極的構成要件要素の理論は妥当か。
《ヒント》 ①悪意（dolus malice）の理論は，故意の中核に悪しき意思としての「悪意」・「害意」をすえる見解である。②消極的構成要件の理論は，構成要件と違法性の関係を正当に捉えているか。

◇第2款　違法性の認識に関する判例(1)［羽田空港デモ事件］

―東京高判昭 51・6・1 高刑集 29 巻 2 号 301 頁,

昭 50 (う) 第 2293 号―

> 従来の慣例からいって，自己の行為が法律上許されないものであるとまでは考えなかったことが無理からぬばあい，犯罪の成立は否定されるのだろうか。

〔事実の概要〕

昭和 42 年 11 月 12 日午後,羽田空港ターミナルビル国際線出発ロビーにお

いて，約300名が，時の総理大臣の訪米に反対して無許可の集団示威運動をした際，被告人XおよびYはこれを指導したとして，東京都公安条例5条の罪（無許可集団示威運動の主催者・指導者などの処罰規定）で起訴された。

第1審は，都条例が刑罰による規制の対象として予想している集団示威運動の定型的行為に合致した行動にまで進展していなかったとして，XおよびYを無罪とした。

第1次第2審判決は，「集団示威運動の可罰的な違法性が未だ明確であったとまではいえない」として，控訴を棄却した。

上告審判決は，無許可の集団行動は「それ自体実質的違法性を有するもの」であると解し，原判決を破棄し，これを原審に差し戻した。本判決は，これを受けて，改めて裁判したものである。

【関連条文】刑法38条，公安条例5条（東京都）。

> 行為者が行為当時の意識において，自己の行為が従来の慣例からいっても法律上許されないものであるとまでは考えなかったのも無理からぬばあいには，かように誤信するについては「相当の理由」があるから，その違法性の錯誤は犯罪の成立を阻却する。

〔判旨〕

「本件集団示威運動は従来の空港ビル内でのそれと比較して特に激烈悪質なものではなく，むしろ，その服装や所持品及び継続時間の点からすれば比較的平穏なものであったと認めるのが相当である。このことと，当時すなわち昭和42年11月12日までの時点では全国各地の裁判所において，無許可集団示威運動につき可罰的違法性がないとされた裁判例がかなり出されており，本件につき東京高等裁判所第9刑事部が宣告した判決においても，本件集団示威運動には可罰的違法性がないとするのが相当であると判示されていること，及び，本件につき最高裁判所第2小法廷がした判決に対しては，一応民意を代弁するものとみて不可ない朝日新聞及び毎日新聞がその社説で，無許可集団示威運動の可罰的違法性をむやみに肯定するのは疑問であると批

判していることなどに徴すると，被告人Xが行為当時の意識において，本件の集団示威運動は，従来の慣例からいっても法律上許されないものであるとまでは考えなかったのも無理からぬところであり，かように誤信するについては相当の理由があって一概に非難することができない場合であるから，同被告人については，右違法性の錯誤は犯罪の成立を阻却すると解するのが相当である。」

〔解説〕
　本判決は，違法性の錯誤につき「相当の理由」があるばあいには，犯罪の成立を否定すべきであるとするものであり，従来の大審院および最高裁の基本的立場と異なっている。
　すなわち，判例の主流は，違法性の認識不要説をとって，違法性の認識の有無は犯罪の成否に影響を及ぼさないと解してきた。にもかかわらず，本判決が上記のように解しているのは，1審・2審で可罰的違法性の理論に依拠して無罪となったものが破棄差戻されたため，これと異なる理由で無罪とすべく，違法性の錯誤の問題として扱ったからであると解されている。
　違法性の錯誤について「相当の理由」があるばあいには，故意の阻却ではなくて犯罪の成立を阻却するとしている点は，責任説の見地をも容認するものであり，重要な意義を有するといえる。すなわち，従来の判例の立場は，違法性の認識不要説をとっていたため，責任主義の徹底という見地から批判されていたので，本判決のもつ意味はきわめて大きいのである。

◇第3款　違法性の認識に関する判例(2)　［黒い雪事件］
――東京高判昭44・9・17高刑集22巻4号595頁，

昭42(う)第1926号――

　わいせつ性を具備する映画であっても，映倫管理委員会の審査を通過しているので，その上映は法律上許容されていると誤信したばあい，

わいせつ物陳列罪の故意は阻却されるのだろうか。

〔事実の概要〕

劇映画「黒い雪」の製作監督者 X および配給上映の責任者たる A 社の配給部長 Y は，男女の性交および性戯の姿勢を連想させ，かつ，女性の身体の裸像を露骨に撮影した場面から成る劇映画「黒い雪」を，有料試写会の形式で公開映写して観客に観覧させた。この行為は，わいせつ図画を公然と陳列したことにあたるとして，起訴された。

これに対して，第 1 審判決は，本件映画は「わいせつの図画」ではないとして X および Y を無罪とした。

控訴審判決は，本件映画はわいせつ性を具備するが，X および Y が本件映画の上映は法律上許されていると信じたことに「相当の理由」があるとして，やはり X および Y を無罪にしている。

【関連条文】刑法 38 条，175 条。

> 映倫審査の通過によって，本件映画の上映は，刑法上のわいせつ性を帯びるものであるなどとはまったく予想せず，社会的に是認され法律上許容されたものと信じてこれを上映したばあいには，法律上許容されたものと信ずるにつき「相当の理由」があるから，わいせつ物陳列罪の故意を欠く。

〔判旨〕

「本件映画の上映が客観的には同法条に定める猥褻(わいせつ)性を具備する図画と解すべきことは前記のとおりである」るが，「被告人らはいずれも映倫管理委員会の審査の意義を認めて本件映画をその審査に付し，……一部修正，削除して右審査の通過に協力し，本件映画は原判示のように，昭和 40 年 6 月 4 日いわゆる確認審査を経て映倫管理委員会の審査を通過したものであり，被告人両名等本件映画の公開関係者は右審査の通過によって，本件映画の上映が刑法

上の猥褻性を帯びるものであるなどとは全く予想せず，社会的に是認され，法律上許容されたものと信じて公然これを上映したものであることは一件記録に照らして明白であり，映倫管理委員会発足の趣旨，これに対する社会的評価並びに同委員会の審査を受ける製作者その他の上映関係者の心情等，前叙のごとき諸般の事情にかんがみれば，被告人らにおいて，本件映画の上映もまた刑法上の猥褻性を有するものではなく，法律上許容されたものと信ずるにつき相当の理由があったものというべきであり，……映倫審査制度発足以来16年にして，多数の映画の中からはじめて公訴を提起されたという極めて特殊な事情にある本件においても，なおこれを単なる情状として解し，被告人らの犯意は阻却しないものとするのはまことに酷に失するものといわざるをえない。してみれば，被告人らは，本件所為につき，いずれも刑法第175条の罪の犯意を欠くものと解するのが相当である。」

〔解説〕

　本判決は，本件映画が「わいせつの図画」であるとみとめたうえで，本件映画が映倫審査を通過している事実および映倫の性格を考慮して，被告人らが本件映画の上映は刑法のわいせつ性を有するものでなく，法律上許容されたものと信ずるにつき「相当な理由」があり，刑法第175条の罪の犯意を欠くと解している点で，判例上，重要な意味を有する。

　すなわち，従来，判例は，故意の要件として違法性の認識ないしその可能性は不要であると解してきた。しかし，本件のように，行為の違法性の錯誤につき，「相当の理由」があれば故意阻却をみとめる立場は，もはや違法性の認識不要説とはいえず，制限的故意説に接近することになる。

3 違法性の錯誤（法律の錯誤）

◆第1款　違法性の錯誤と構成要件的事実の錯誤との区別

> 違法性の錯誤と構成要件的事実の錯誤は、どのように区別されるのだろうか。

〔解説〕
1　法律の錯誤・禁止の錯誤の意義

違法性の錯誤（法律の錯誤・禁止の錯誤）とは、自己の行為が法律上許されている、つまり、禁止されていないと誤信することをいう。従来、この錯誤が故意を阻却するのかどうかが、問題とされてきた。これは、違法性の認識（意識）ないしその可能性が故意の要件となるのかどうか、という問題の裏返しであるとされてきたのである。

この点につき「違法性の認識は故意の要素である」と解する説を故意説といい、「違法性の認識は故意の要素ではなくて独立の責任要素である」と解する説を責任説という。

違法性の錯誤は、「故意」・「過失」の概念、「責任」の内容と故意責任と過失責任の「程度」の差をいかに基礎づけるのか、という根本問題と関連する。違法性の錯誤（禁止の錯誤）は構成要件的事実の錯誤（構成要件的錯誤）と対をなすものであり、その限界・区別については見解が分かれている。とくに誤想防衛を代表とする「正当化事情の錯誤」（違法性阻却事由の事実的前提の錯誤）をそのいずれに属させるかについては、厳しい見解の対立がある。

2　故意説

故意説は，(1)厳格故意説と(2)制限（的）故意説に分かれる。

(1)　厳格故意説

厳格故意説は，違法性の「現実的認識」を故意の要素であると解する立場である。この説によれば，違法性の認識こそが「故意と過失とを分かつ分水嶺」であるから，違法性の錯誤があるばあいには，違法性の認識が欠けるため，故意犯の成立をみとめない。過失犯を処罰する規定があれば，あらためて過失犯の成否が問題とされる。

自然犯については違法性の認識は不要であるが，法定犯については必要であるとする説や故意の成立には違法性の認識を必要とするが，違法性の認識のないことに過失が存在するばあいには，これを故意と同一に扱う説も厳格故意説の一種と解され得る。

(2)　制限(的)故意説

制限故意説は，故意の要件として違法性の現実的認識は必要でなく，違法性の「認識の可能性」があれば足りると解する。行為者が違法性の認識を有していなくても，それまでの人格形成に即して違法性の認識の可能性がみとめられるかぎり，行為者の直接的な反規範的人格態度が看取され得るので，故意責任を肯定できるとされる。制限故意説によれば，違法性の錯誤があるばあい，違法性の認識の可能性があるときには故意犯が成立し，それがないときには，過失犯処罰規定が存すれば，さらに過失犯の成否が問題となる。

3　責任説

責任説は，(i)厳格責任説，(ii)二元的厳格責任説，(iii)制限（的）責任説，(iv)修正責任説に分かれる。

(i)　厳格責任説

厳格責任説は，違法性の認識ないしその可能性は故意の要素ではなくて独立の責任要素であると解し，「正当化事情の錯誤」も違法性の錯誤であるとする。この説によれば，違法性の錯誤があるばあい，その錯誤を避けることが

できたときには，違法性の認識の可能性があり故意犯の成立が肯定され，それを避けることができなかったときには，責任が阻却されて故意犯はもとより，過失犯も成立しないことになる。

(ⅱ) 制限(的)責任説

制限的責任説は，違法性の認識ないしその可能性を独立の責任要素であると解している点で厳格責任説と同じであるが，「正当化事情の錯誤」を事実の錯誤（構成要件的事実の錯誤）と捉えて故意阻却をみとめる点で異なる。

(ⅲ) 二元的厳格責任説

二元的厳格責任説は，「正当化事情の錯誤」について，一般人の見地から事前判断（行為時基準判断）により錯誤が避け得なかったばあいには，正当化の効果を肯定し，そうでないばあいには，厳格責任説と同様に，違法性の錯誤と解する立場である。わたくしは，この説を支持している。

(ⅵ) 修正責任説

修正責任説は，故意を責任要素と解しながら，違法性の認識の可能性は故意とは別個の責任要素であるとし，故意を責任の要素とする点で純粋の責任説と異なる。

4 判例の立場

判例の主流は，大審院時代から最高裁に至るまで違法性の認識不要説をとっている。しかし，法律の錯誤に「相当の理由」があるばあいに故意阻却をみとめる判例もあり，最近，最高裁は，いわゆる百円紙幣模造事件において違法性の認識不要説から一歩踏み出す姿勢を見せる判断を示しており（最判昭62・7・16刑集41巻5号237頁），今後の発展が期待される。

◆第2款　違法性の錯誤に関する諸説と「相当の理由」

法律の錯誤に関してなぜ学説は多岐に分かれるのだろうか。刑法38

条3項はどのように解釈されるべきなのだろうか。法律の錯誤における「相当の理由」とは何なのだろうか。

〔解説〕
1　問題の所在
(1)　意義

違法性の錯誤とは，行為が法律上許されないことについての錯誤をいう。これは，法律の錯誤・禁止の錯誤ともいわれ，構成要件的「事実」の錯誤（構成要件的錯誤）に対応するものである。厳密にいえば，事実の錯誤↔法律の錯誤，構成要件的錯誤↔禁止の錯誤，という2個の概念対は完全に対応するわけではないが，ほぼ同じなので本書では同一のものとして扱う。法律の錯誤があるばあい，行為者は違法性の認識を欠くことになる。したがって，違法性の錯誤は，違法性の認識の問題の裏返しとしての性質を有するのである。そこで，違法性の錯誤の取扱いに関して故意説と責任説の対立が投影されることになる。

違法性の錯誤に関して刑法は，38条3項で「法律を知らなかったとしても，そのことによって，罪を犯す意思がなかったとすることはできない。ただし，情状により，その刑を減軽することができる」と規定しているにとどまる。本条項の解釈が多岐に分かれるのは，結局，違法性の認識と故意の関係を整合的に明らかにしなければならないという困難な課題を各説が抱えているからにほかならない。

(2)　学説が分岐する理由

違法性の錯誤の取扱いについて，実質的に考慮されなければならない問題点は何だろうか。いいかえると，学説が分岐する理由は，いったいどこにあるのだろうか。

従来，「違法性の現実的認識は，故意の内容をなす」と解する厳格故意説が通説であった。この立場を貫くと，法律の錯誤があるばあいには，ただちに故意が阻却され，過失犯処罰規定があるときを除いて，不可罰となる。これ

は，政策的に見て可罰性の間隙(かんげき)をもたらし不都合であると解される。

そこで，ローマ法以来の法原則である「法の不知は宥恕(ゆうじょ)せず」を援用して，違法性の認識は罪責にとって不要であるとする違法性の認識不要説も主張される。後にも見るように，わが国の判例の基本的立場がそうである。しかし，この見解は責任主義に違反し妥当でないと厳しく批判されている。

そこで，両極をなすこの2つの説の中間において諸説が展開されることになる。その際の実質的課題は，「現実に違法性の認識がないのにそれがあるのと同様に扱うこと，いいかえると，故意犯として処罰すること」を理論的に根拠づけるにはどうすればよいか，ということである。

2 判 例

大審院の判例は，「刑法上罪ヲ犯スノ意アル行為トハ犯罪事実ヲ認識シテ為シタル行為ヲ指称シ違法ノ認識ハ一般的ニ犯意ノ要素ニ属スルモノニ非ス」（大判昭8・10・10新聞364号10頁など）として違法性の認識不要説をとり，最高裁の判例もこれを踏襲している（最判昭25・11・28刑集4巻12号2463頁）。

この説は，38条3項は違法性の錯誤が故意を阻却しないことを定め，ただし書きは宥恕(ゆうじょ)すべき理由があるばあいには刑を減軽し得る旨を定めたものと解している。この立場は責任主義に適合しないので，判例が認識必要説に移行することが望まれる。

判例の中にあっても，違法性の錯誤に「相当の理由」があるばあいには故意阻却をみとめるものがあり（大判昭7・8・4刑集11巻1153頁，東京高判昭27・12・26高刑集5巻13号2645頁，東京高判昭44・9・17高刑集22巻4号595頁など），その発展が期待される。

3 諸説と38条3項の解釈

(1) **違法性の現実的認識説**（厳格故意説）は，違法性の「現実的認識」を故意の要素と解する。この説によれば，38条3項は，個々の法規の明文を知っていることは故意の成立にとって不要である旨を定め，ただし書きは法規の明

文を知らないことが違法性の判断を困難にするばあいを規定したものとされる。

この説に対しては，前述の批判のほかにも，激情犯・確信犯の可罰性を合理的に説明できないとか，常習犯人を重く処罰することの根拠を明らかにできないとかの批判がある。

(2) 自然犯法定犯区別説は，自然犯については故意の成立に違法性の現実的認識を必要としないが，法定犯についてはこれを必要と解する（牧野・市川・八木）。この説によれば，38条3項は，自然犯について法律の錯誤は故意を阻却しない旨を定め，ただし書きは，自然犯において違法性の錯誤が過失によるばあい，または過失がなかったばあいに刑を減軽し得る旨を定めたものとされる。

この説は，社会的責任論を基礎に主張されるものであるが，自然犯にかぎってではあるにしても，違法性の認識を不要とする点で責任主義に反すると批判されている。

(3) 法律の過失準故意説は，違法性の認識を故意の要素と解しつつ，違法性の認識を欠いたことに過失があるばあい（「法律の過失」）には，これを故意と同一に扱う（宮本・草野・佐伯・斉藤（金）・下村・立石）。この説によれば，38条3項は，故意の成立にとって刑罰法規の認識は必要ない旨を定めると同時に，違法性の不知についての過失を故意に準じて取り扱う旨を定めたものであるとされる。

この説は，違法性の認識が欠如しているばあいであっても，端的にこれを故意犯として扱おうとする政策的主張をする立場であるが，それだけにその理論的根拠づけは困難になる。この説に対して「罪刑法定主義に違反する」との批判が加えられる理由はここにある。

この説は，厳格故意説が違法性の錯誤において過失犯としての処罰の可能性をみとめるのに対して，故意犯としての処罰を肯定している点で，現在の制限的故意説ないし責任説の結論を先取りしていたのである。その意味において，この点は学説史上，高く評価されなければならない。

(4) これまで見てきた諸説は，すべて故意の要素として違法性の「現実的認識」を必要とするか否かを問題にするものであった。現実的認識を故意の要件とするかぎり，違法性の錯誤のばあいに故意の成立をみとめるのはきわめて困難である。

そこで，故意の要件としては違法性の認識の可能性があれば足りるとする見解が主張されるに至る。これが「可能性説」としての制限的故意説である（団藤・藤木）。この説によれば，38条3項は，法律の規定を知らなくても故意が成立し得る旨を定め，ただし書きは違法性の認識の可能性があっても，それが著しく困難であるばあいに責任の減少をみとめる趣旨の規定であるとされる。

この説は，人格（形成）責任論（ドイツでは行状責任論）を基礎に主張されるもので，厳格故意説の欠陥を是正するものとされる。

この説に対しては，故意概念に過失的要素を混入させるのは妥当でなく，違法性の過失についてのみ人格形成責任をみとめ，事実の過失についてこれを否定するのは不当であるとの批判がある。

(5) 責任説は，違法性の認識の可能性を責任の要素と解し，違法性の錯誤があるばあい，それが避け得なかったときは責任が阻却され，避け得たときは責任が肯定されると解する（木村〔亀〕・福田・大谷・阿部・井田・平野・香川・曽根など）。この説によれば，違法性の錯誤は故意の成立には無関係である旨を明らかにし，ただし書きは，法律の錯誤があるばあい，違法性の認識の可能性があるときはその現実的認識があるときよりも責任が軽く，認識の可能性さえないときは責任が阻却される旨を定めたものとされる。ただし，刑法は38条3項の本文において「あてはめの錯誤」は事実的故意の成否に無関係である旨を明らかにし，ただし書きにおいて，「あてはめの錯誤」の結果，違法性の認識を欠いたばあいは刑を減軽し得る旨を明らかにしていると解する見解（福田）もある。

責任説に対しては，故意説から，違法性の認識を故意から放逐するのは伝統的な故意概念に適合しないと批判されるが，わたくしは責任説を妥当と解

する。なぜならば，故意と過失の決定的な相違点は，違法性の認識の有無ではなくて，構成要件的結果を「意図的に」実現したか否かにあるからにほかならない。

4 法律の錯誤における「相当の理由」

　判例の一部は，違法性の錯誤に相当の理由があるばあいに故意阻却をみとめ，改正刑法草案12条2項は「相当の理由があるときは，これを罰しない」とする。「相当の理由」があるときは，故意説においては，違法性の錯誤につき「過失」がなかったことを意味し，責任説にとっては，法律の錯誤が避け得なかったこと（禁止の錯誤の回避不可能性）を意味する。「相当の理由」があるばあいには，犯罪の成否に決定的な影響を及ぼすことになるので，どの説にとってもその内容を明らかにすることは重要な課題となる。その内容を類型化して責任の存否を明確にしていかなければならない。

第4章
未遂犯・不能犯

1 実行の着手の意義

未遂と予備とを限界づけるものが「実行の着手」である。実行の着手時期をめぐって，見解は分かれているが，その理由は何なのだろうか。

〔解説〕
1 問題の所在

「実行の着手」は，未遂と予備を限界づける概念である。同時にそれは，不能犯論における具体的危険説をとると，未遂と不能犯を分けるメルクマールともなる。というのは，未遂犯が結果発生の具体的な危険性を有する行為であるのに対して，不能犯はその危険性のない行為を意味するからである。すなわち，「実行の着手」は，何らかの意味で結果発生の危険性をもたらす行為を開始することにほかならない。

従来，実行の着手時期を決定するについて，主観説と客観説とが対立してきた。主観主義刑法学の立場から主観説が，客観主義刑法学の立場から客観説がそれぞれ主張されてきたのである。その対立は，一見すると，きわめて厳しいものであるかの観を呈するが，しかし，現実の適用場面においては，さほど違いは生じないとされる。というのは，主観説といえども，行為の客観的側面を度外視することはできないし，客観説も純粋な形では維持しにくいからである。そこで，主観面と客観面を総合的に判断しようとする折衷説が有力に主張されるに至った。

ところで，実行の着手は，未遂犯の処罰根拠にかかわる重要問題の1つである。未遂犯の処罰根拠に関して，人的不法論と物的不法論（客観的違法性説）

とでは，その理解に相違が生ずる。そこで，実行の着手の問題を考えるにあたって，人的不法・物的不法または行為無価値・結果無価値の観点が重要な意味を有することとなった。むしろ現在，実行の着手については，人的不法論・物的不法論の見地からどのように解されるべきか，が新たな論点となっているのである。

2 学 説
(1) 主観説

主観説は，根本的には，未遂犯において「行為者の危険性」が処罰根拠であると考える立場である。行為者の危険性を「徴表」するものは故意にほかならず，したがって，その存在が確定的に認定できる時点を実行の着手時期と解することになる。その時点は論者によって異なるが，実質はまったく同一であるといってよい。たとえば，宮本博士においては「犯意の飛躍的表動」があった時，牧野博士においては犯意の成立がその「遂行的行為」によって確定的にみとめられる時に，それぞれ実行の着手があるとされた。

現在，主観主義刑法学の退潮にともない主観説を主張する学者はほとんどいない。

(2) 客観説

客観説は，根本的には，未遂犯処罰に関して行為がもたらす「結果発生（法益侵害）の危険性」を重視する立場である。客観説は，何をもって結果発生の危険性があると解するかをめぐって，形式的客観説と実質的客観説とに分かれる。

(i) 形式的客観説

この説は，構成要件を基準にして法益侵害の危険性を形式的に把握するもので，構成要件の一部の実現があった時(小野)，全体として見て定型的に構成要件の内容をなすと解される行為があった時(団藤)に，それぞれ実行の着手をみとめる。

この説に対しては，問をもって問に答えるものであり，定型性判断の基準

によっては実行の着手時期が不明確となるとの批判がある。

　(ii) 実質的客観説

　この説は，法益侵害の危険性を実質的，現実的に把握するもので，その判断の基準に，行為者の意思内容を入れる見解（平野）とこれを排除する見解とがある。

　この説に対しては，行為者の主観面を考慮に入れるならば，もはや客観説とはいえないし，逆にこれを考慮に入れないならば実質的危険の存否は判定できないとの批判がある。

(3) 折衷説

　折衷説は，行為者の主観面と行為の法益侵害の危険性という客観面とを総合的に判断して実行の着手時期を定める立場であるが，主観面と客観面の何れに重点を置くかによって見解が分かれる。

　(i) 主観的客観説

　この説は，主観的見地から，行為者の「全体的企図」を基礎として当該構成要件の保護客体に対して直接危殆化に至る行為の中に犯罪的意思が明確に表現された時に，実行の着手があるとする（木村〔亀〕）。

　(ii) 個別的客観説

　この説は，客観的見地から，行為者の「犯罪の計画」によれば直接的に犯罪の構成要件の実現を開始する時に，実行の着手があるとする（西原）。

　折衷説に対しては，行為者の「全体的企図」・「犯罪の計画」という不明確な主観的要素を基礎にして行為の危険性を判断するのは妥当ではない，との批判がある。

(4) 検　討

　未遂犯は，法益侵害（結果発生）の危険性を惹起する行為を処罰するものである。結果発生の危険性は，本来，客観的事実を基礎にして判断されるべきものであるが，それは行為者の主観を離れて存在するものではない。たとえば，AがBにピストルを突きつけているばあい，Aの主観を考慮に入れなければ生命侵害に対する危険性は判定できない。すなわち，Aに殺意があれば

殺人の実行の着手があり，たんに冗談であれば殺人の実行の着手はみとめられないのである。実行の着手時期は，個別的客観説の見地から決定されるべきである。これが二元的人的不法論からの帰結であるとおもう。

3 判　例

窃盗罪の実行の着手に関して，従来，判例は，「密接行為」説の立場に立っていたが，最近では，折衷説ないし実質的客観説の立場に近いものもある。すなわち，「店舗内において，所携の懐中電燈により真っ暗な店内を照らしたところ，電気器具類が積んであることが判ったが，なるべく金を盗りたいので自己の左側に認めた煙草売場の方に行きかけた」時に実行の着手を肯定した判例が，そうである（最決昭和40・3・9刑集19巻2号69頁）。

2　中止犯（中止未遂）

◇第1款　中止犯の法的性格

> 中止犯は中止未遂ともいわれる。中止犯については特別の扱いがみとめられているが，それはなぜだろうか。中止犯の法的性格の解明がその問題を解く鍵となるのはなぜだろうか。

〔解説〕
1　問題の所在

　犯罪の実行に着手した後に，自己の意思により犯罪の遂行を止めたばあいを中止犯（中止未遂）といい，その刑はつねに免除または減軽される（43条ただし書き）。障害未遂のばあいの刑は，任意的に（裁量的に）減軽され得るにすぎないのに対して，中止犯のばあいは必要的減免がみとめられているのはなぜか。それは，中止犯の法的性格が刑の減免に影響を及ぼしているからにほかならない。いいかえると，刑の必要的減免の根拠を合理的に説明するためには，中止犯の性格を理論的にどのように把握すべきか，が問題となるのであり，その理解に相違が生ずるのである。これが「中止犯の法的性格」の問題の中核にほかならない。

　中止犯の法的性格をどのように解するかは，古くから争われ，今なお決着を見ていない。これは古くして新しい問題なのである。

　このように見解の一致が見られない理由は，次のような事情に求められる。すなわち，未遂犯は，構成要件の「実現態様」の問題である。つまり，構成要件的結果を完全に実現するばあいが既遂犯であり，これを不完全に実現す

るばあいが未遂犯なのである。

　ところで，構成要件は違法行為が定型化されたものであるから，未遂犯の処罰根拠は，本来，違法性論の次元で議論されなければならない。違法性論においては，もっぱら客観的要素を判断の対象とすべきであると解する物的不法論(客観的違法性説)をとると，中止犯における主観的要素の取扱いについて見解の相違が生ずる。すなわち，中止犯においては，行為者の意思の任意性という主観的要素が決定的な意義を有するのである。これを主観的違法要素と解するのか，それとも主観的なものであるから責任要素と解するのか，という点だけでも，すでに中止犯の法的性格の理解に重大な差異をもたらすことになる。

　さらに，これとの関連で中止犯の刑の必要的減免をいかに合理的に説明するか，が重要な問題として提起されるのである。

　中止犯の法的性格の捉え方によって，中止犯の「要件」および「適用範囲」に違いが生ずる。すなわち，要件については，「自己の意思により」の内容，中止行為と結果不発生との間の因果関係の要否に差が生ずる。適用範囲については，既遂犯，予備罪または不能犯にも中止犯の規定を類推適用ないし準用をみとめるべきかどうか，共犯における中止犯，加重的未遂と中止犯の関係をめぐって，見解が分かれることになる。

2　学説の状況

　中止犯の法的性格に関する学説は，(1)刑事政策説，(2)法律説，(3)両者の併用説に大別される。

(1) 刑事政策説

　この説は，ひとたび成立した未遂犯を中止行為によって覆滅させることはできないが，任意に中止したばあいには，そのことに対する褒賞として刑を免除することが，犯罪の防止という刑事政策の目的に合致するものであると解する。ドイツにおいては，この説は，フォイエルバッハによって提唱されて以来，今なお，通説となっている。

この説の特徴は,「退却のための黄金の橋」(リスト)という有名な標語によって語り尽されているといえる。

刑事政策説に対しては次のような批判がある。すなわち,①ドイツ刑法24条のように中止犯を不処罰とするのであればともかくとして,わが刑法のように刑の必要的減免をみとめているにすぎないところでは,犯罪防止の目的は達成しがたい。②刑事政策的見解からは,刑が免除されるべきばあいと刑が減軽されるべきばあいとを区別する根拠が見出されない。③犯罪防止の目的を達成するためには,刑の免除または減軽という具体的な特典が事前に行為者に知られている必要があるが,現行法上,それは要件とされていない。

(2) 法律説
(i) 違法性減少消滅説

この説は,中止犯の刑の必要的減免の根拠を違法性の減少消滅に求めるべきであるとする(平場)。すなわち,実行の着手によって生じた行為の危険への方向がまだ「客観化」されない内に中止されたばあいは,主観的違法要素の消滅による計画の危険性の喪失に根拠が求められるべきである,とされる。また,ひとたび危険状態が「客観化」されたばあいは,このような危険状態の消滅による現実の危険性の喪失に根拠が求められるべきである,とされる。中止行為によって違法性の滅失がみとめられる前提には,刑の免除の判決を無罪判決と同視すべきであるとする理解が存在する。しかし,わが国の刑事訴訟法上,刑の免除は有罪判決の一種であると解すべきであるから,その前提には疑問がある。したがって,違法性が消滅してしまうならば,犯罪自体が不成立となるはずである。しかし,わが刑法は,犯罪の成立をみとめ,刑だけを減軽免除するにとどめている。刑の免除を無罪判決と解する説は,わが訴訟法のもとでは採用し難いので,わが刑法のもとでは違法性の消滅をみとめることはできないと批判されている。

次の違法減少の点については,以下のような批判がある。この説の特徴は,「危険状態が客観化」される前後で,違法性が減少することの根拠に違いがあるとする点に存在する。しかし,「危険状態の客観化」という観念は必ずしも

明らかではない。かりに，着手未遂と実行未遂による区別として理解したとしても，実行の着手によってすでに危険性は発生したと見るべきであるから，このような区別は妥当でないとされるのである。

(ii) 違法性減少説

この説は，未遂犯における故意を主観的違法要素と解し，中止犯のばあい，「自己の意思により」犯行を止めたときには違法性を基礎づける主観的違法要素としての故意が事後的に放棄されたのであるから，違法性が減少すると解する。すなわち，「違法性も一つの評価であるとするならば，違法性が後にいたって消滅することも，また可能であ」り，「一度故意を生じた後にこれを放棄し，あるいは自らの結果の発生を防止した場合は，違法性の減少を認めることができる」とされるのである。

平野説は，通常，刑事政策説と違法性減少説とを併用する学説に分類される。もちろんそれは誤りではない。しかし，「違法減少説は，厳格にいえば若干のちがいはあるが，おおむねこの政策説を理論的に表現したものだといってよい」とされるので，この「理論的表現」の側面を重視して，法律説に組み入れることにする。

違法性減少説に対しては，次のような批判が加えられている。すなわち，①未遂犯における故意を主観的違法要素とはみとめない見解からは，主観的違法要素の事後的消滅はあり得ないとされる。②一つの事実に対する違法性の評価は，本来，固定的なものであり，変化した事実に対する違法性の評価は先のものとは別個独立のものであるから，先の事実に対する違法性の評価に影響を及ぼし得ないはずである，とされる。いいかえると，違法性は実行行為またはそれをしたことに対する評価であるから，すでになされた行為の違法性そのものが事後的に減少することはないとされるのである。③違法性減少説をとると，共犯と中止犯との関連で難点が生ずるとされる。すなわち，中止犯の違法性減少をみとめると，通説である制限的従属性説によるかぎり，正犯の中止行為の効果が共犯者全員に及ぶことを承認せざるを得なくなる。しかし，これを承認してしまうと，中止犯の「一身専属的効果」と明らかに

矛盾することになると批判されるのである。
　(iii)　責任減少説
　この説は，中止犯の刑が必要的に免除・減軽される根拠を，中止行為によって行為者の責任が減少する点に求める。しかし，どういう観点から責任が減少するのか，という点については理解が分かれている。すなわち，刑の減免の根拠は，「自己の犯罪の実行の着手を不可なりとする感情即ち自己の行為の価値を否定する意識（規範意識）」，「中止行為に示される行為者の人格態度」，「規範感情の覚醒」，「すでに破った法的義務にふたたび合致しようとする意欲」などによる責任非難の程度の減少に求められている。
　責任減少説に対しては，次のような批判が加えられている。①責任減少説をとると，「自己の意思による」というのは，悔悟その他の倫理的に是認すべき動機によるばあいと解することになる。しかし，このように「悔悟」その他の動機を要件とするのは，法の規定以上のことを要求することとなって不当である。②責任減少説をとると，悔悟その他の倫理的に是認すべき動機に基づいて中止行為をしたばあいは，それが成功せず結果が発生してしまったときも，同じ取扱いをすべきことになる。しかし，現行法は，中止犯を未遂犯の一種として規定しているから，これを既遂に達したばあいにまで類推適用するのは困難である，と批判されているわけである。
　(iv)　違法性減少・責任減少説
　この説は，中止行為によって違法性および責任の減少をみとめる立場である。すなわち，中止犯のばあい，行為者は，みずから正道に立ち戻るための努力をしており，法的には，着手によって一度は生じた「違法（法益侵害の危険）および責任」が中止行為によって減少させられることになり，また主観主義的に考えても「行為者の反社会的性格（悪性）」が減少すると解するのである（佐伯）。あるいは，何らかの意味で「自分の行為の価値否定的動機にもとづく中止」は，一たん生じた違法性にも無影響ではないが，それが必要的な刑の減免をもたらす主たる理由は非難可能性の減少にあるとする。
　この説に対しては，①違法性および責任の消滅をみとめるのは現行法に適

合しない，②違法性と責任の区別があいまいであるとの批判がある。

(3) 併用説（結合説）

この立場は，刑事政策説と法律説とを併用ないし結合して，中止犯の刑の必要的減免を説明しようとするものである。中止犯の「刑の減軽と免除との二段構えをとっているわが刑法は，理論的になお貫きとおせない一点を政策的考慮によってカヴァーしている」とされる。法律説との結合のいかんによって，学説は次のように分かれる。すなわち，(i)政策説と違法減少説との併用説，(ii)政策説と責任減少説との併用説，(iii)政策説と違法性減少説および責任減少説との併用説が主張されている。

併用説に対しては，刑事政策説と法律説との二元的理解によると，同じ中止未遂でありながら，なぜ二様にその性格を捉えなければならないかの説明に窮するとの批判がある。

③ 私 見

わたくしは，中止犯の法的性格を「違法性の減少および責任の減少」に求めるべきであると解する。現行法上，刑の免除は有罪判決の一種と解すべきであるから，中止行為によって違法性または責任の消滅ないし滅失はみとめられない。故意は主観的違法要素であるから，中止行為によって故意が放棄されたと見られる以上，その限度で違法性が減少する。しかし，それに尽きるのではない。一たん違法行為をなしたとしても，中止行為を決意した点に，「法的義務にふたたび合致しようとする意欲」(香川)がみとめられる。この意欲は，行為者の反規範的性格，すなわち「法敵対性」を緩和するものと解されるので，責任の実質を減少させるのである。

このように違法減少および責任減少があってはじめて中止犯の法的効果がみとめられるのであるから，共犯の制限的従属性説をとったとしても，正犯の中止行為の効果は共犯には及ばないことになる。

●〔択一式問題〕●

【問】 中止犯の刑は必ず免除または減軽される（刑法43条ただし書き）。その理由をめぐって見解が分かれている。(1)は，これを犯罪防止のために設けられたものと解するが，この見解に対しては，中止犯を(2)としていない現行法に適合しないとの批判が加えられている。(3)に対しては，刑の免除を(4)の一種と解しないかぎり維持できないとの批判がある。さらに(5)に対しては，共犯従属性説と矛盾するとする批判が加えられている。

上の文章の空欄を補充するのに適切な語句をそれぞれ挙げた。正しくないものはどれか。

(1) 刑事政策説
(2) 不処罰
(3) 違法性減失説
(4) 無罪判決
(5) 責任減少説

☞ 解答へのプロセス

本問は，中止犯の法的性格に関する学説の理解を問うものである。

(1)・(2) 刑事政策説の論理を貫くのであれば，中止犯を不処罰としなければならない。そうでなければ，犯罪防止の目的は十分に達成できないからである（②1）。したがって，この選択肢は正しい。

(3)・(4) 違法性の減失がみとめられるとすると，犯罪不成立となり無罪判決が下されなければならない。そうすると，刑の免除は無罪判決の一種と解さざるを得なくなるので（②(2)(i)），この選択肢は正しい。

(5) 違法性減少説をとったうえで従属性説をとると，正犯の中止行為の効果を共犯にも肯定せざるを得なくなる（基本的考察②(2)(ii)）が，責任減少説についてはこの矛盾は生じない。したがって，この選択肢は誤り。

以上により，正解は(5)。

● 〔択一式問題〕●

【問】 Aは，かねてから恨みを抱いていたBを一思いに殺してしまおうと考えてBにピストルを突きつけたが，真剣に命請いをするBをみて，ハッと我に返り後悔の念にかられて犯行をとりやめた。
　Aの罪責として正しいものはどれか。
(1) 殺人予備罪の障害未遂
(2) 殺人予備罪の中止未遂
(3) 殺人予備罪
(4) 殺人罪の中止未遂
(5) 殺人罪の障害未遂

☞ 解答へのプロセス

　Aは殺意をもってBにピストルを突きつけているので，どの説によっても殺人罪の実行の着手がみとめられる。したがって，殺人予備罪の問題は生じないので，(1)・(2)・(3)は誤っている。
　次に，Aは後悔の念にかられて殺人行為の遂行をとりやめているので，どの説によっても，任意性がみとめられ，中止未遂が成立する。
　以上により，正解は(4)。

● 〔択一式問題〕●

【問】 次の文章は大審院の判決文の一部である。これを読んで後の設問に答えよ。
「刑法第43条但書ニ所謂中止犯ハ犯人カ犯罪ノ実行ニ着手シタル後其ノ継続中任意ニ之ヲ中止シ A 結果ノ発生ヲ防止スルニ由リ成立スルモノニシテ結果発生ニ付テノ防止ハ B 犯人単独ニテ之ニ当ルノ要ナキコト C ナリト雖其ノ自ラ之ニ当ラサル場合ハ D 犯人自身之カ防止ニ当リタルト同視スルニ足ルヘキ程度ノ努力ヲ払フノ要アルモノトス」。
　上の空欄A～Dを補充するのに適切な語句を挙げたが，最も妥当でないものはどれか。

(1) 勿論（もちろん）
(2) 且（か）ツ
(3) 少クトモ
(4) 必スシモ
(5) 若（もしく）ハ

解答へのプロセス

空欄にそれぞれ，A—「若ハ」，B—「必スシモ」，C—物論，D—「少クトモ」を補充すれば，判決文は完結する（大判昭和12・6・25刑集16巻998頁）。

判決文においてはAは「若ハ」となっているが，内容的には「又ハ」の方が妥当である。しかし，「若ハ」でも意味は通っている。中止未遂は，着手未遂と実行未遂の双方についてみとめられるのであるから，Aの空欄に「且ツ」が入いることはあり得ない。そうすると，「且つ」はまったく使用されることはないので，最も妥当でない語句ということになる。

以上により，正解は(2)。

◇第2款 中止犯の法的性格の概要

中止犯の「法的性格」に関して学説は多岐に分かれているが，その概要は，どうなっているのだろうか。

〔解説〕
1 問題の所在

中止犯（中止未遂）とは，行為者が犯罪の実行に着手して後，自己の意思によって犯罪の遂行を止めることをいい，刑がつねに減軽または免除される（43条ただし書き）。中止犯は，結果不発生の点で障害未遂と同じであるにもかかわらず，なぜ刑の必要的減免がみとめられるのであろうか。行為者の「意思に基いて」結果発生が防止されたことが，刑の必要的減免の根拠となっている

ことは明らかである。問題は，それを犯罪論体系の観点からいかに説明するか，にある。これが「中止犯の法的性格」の問題にほかならない。

　中止犯の法的性格は古くから議論され，今なお争われている重要問題の1つである。最近では，人的不法論と物的不法論(客観的違法性説)との厳しい対立が投影され，新たな様相を呈するに至っている。その背景には次のような事情が存在する。

　すなわち，未遂犯の処罰根拠は，本来，違法性論（不法論）の次元で検討されるべきものである。犯罪現象の観点からは，未遂犯は，構成要件の「実現態様」の問題として構成要件該当性の次元で扱われる。しかし，その当罰性の実質的根拠の問題は，構成要件に定型化される前の「違法行為」の領域で考察されなければならない。違法性論において，物的不法論は，もっぱら客観的要素を判断の対象とすべきであると解しているので，中止犯の本質的要素である「自己の意思により」という主観的要素をいかに取り扱うかという問題に直面する。すなわち，これを主観的違法要素として違法性論に取り込むのか，それとも純然たる責任要素として責任論に帰属させるのか，が問題となるのである。

　一方，人的不法論においては，行為無価値の観点から主観的要素を違法論に取り込むことについては格別の困難は生じない。しかし，それがいかなる意味において違法要素なのかということは，理論的に明確に基礎づけられなければならない。ここにおいて人的不法論の見地からも，中止犯の法的性格は重要な問題として解決を迫られることになる。

　ところで，「自己の意思」によることを違法性論または責任論のいずれに配分すべきかは，たんに「未遂犯論」だけの視点から考察されるべきではない。「共犯論」の観点もからんでくることに注意する必要がある。すなわち，共犯関係にある者の一部が中止行為をしたばあい，その効果はどの範囲に及ぶかということも問題となるのである。ここでは，「違法は連帯的に，責任は個別的に作用する」というテーゼが妥当することを一応の前提としておく。

　以上の諸点を念頭におきながら，中止犯の法的性格に関する学説を見てい

くことにしよう。

2 刑事政策説

刑事政策説は、いったん成立した未遂犯を中止行為によって覆滅させることはできないが、任意に中止したばあいには、それに対する褒賞として刑を免除することが、犯罪の防止という「刑事政策」の目的に合致すると主張する（木村〔亀〕・中野）。

この説に対しては、①中止犯の不処罰ではなくて、刑の必要的減免だけでは犯罪防止の目的は達成できない、②刑の免除と減軽を区別する根拠が不明である、③刑の減免が事前に行為者に知られていることは現行法上、要件とされていない、という批判がある。

3 法律説

法律説は、たんに刑事政策的観点からではなくて、犯罪の成立要件との関連において中止犯の性格を把握する立場であり、次のように見解が分かれる。

(1) 違法性減少消滅説

この説は、中止犯の刑の減免の理由を違法性の減少消滅に求める。すなわち、実行の着手により生じた行為の危険への方向が客観化されない前に中止されたばあいは、主観的違法要素の消滅による「計画の危険性の喪失」に、いったん危険状態が客観化されたばあいには、危険状態の消滅による「現実の危険性の喪失」にその根拠があるとされる。

この説に対しては、本説がいう危険状態の客観化という観念は不明瞭であるとの批判がある。

(2) 違法性減少説

この説は、「自己の意思により」犯行を中止したばあいには、主観的違法要素としての故意が放棄されたことにより違法性が減少すると解する（平野。ただし、平野説は併用説の１つと解されることがある）。

この説に対しては、共犯における制限従属性説をとるかぎり、正犯の中止

行為の効果が他の共犯者全員に及ぶことを承認せざるを得なくなるとの批判がなされている。

(3) 責任減少説

この説は，刑の必要的減免の根拠を行為者の責任の減少に求める。ただし，いかなる観点から責任減少を基礎づけるかについては，見解が分かれている。

この説に対しては，悔悟(かいご)その他の倫理的要素を刑法に取り込むことになるとの批判がある。

(4) 違法性・責任減少説

この説は，中止行為によって違法性および責任が減少することをみとめる。わたくしの立場も結論的にはこれと同じである。

この説に対しては，違法性と責任の区別が不明確になるとの批判が加えられている。

4 併用説（結合説）

この説は，刑事政策説と法律説との併用ないし結合をみとめる。これには，①政策説と違法減少説との併用，②政策説と責任減少説との併用，③政策説と違法性・責任減少説との併用（大塚・藤木など）をみとめる説がある。

併用説に対しては，それぞれの説の難点を相乗的に拡大するものである，との批判がある。

◆第3款 中止犯の成否(1)

> 甲は，乙を毒殺しようとして，毒物入りの酒を飲ませたところ，致死量に至らなかったので，殺すことができなかったが，乙の苦しみがあまりに激しいので，かわいそうになり，医師に手当をしてもらおうと思い，医師丙のところに連れていった。ところが，丙が処置を誤ったため乙は死亡した。甲の罪責を論ぜよ。　（司法試験昭和48年第1問）

〔解説〕
1 出題の背景

中止犯は,「未遂」についての問題であり,当然,不能犯との関連,結果犯における結果不発生の一形態としての因果関係の不存在との関連,着手未遂と実行未遂との関連などが錯綜する領域であるから,これらの諸問題についての総合的な理解の有無を試すのに格好の材料を提供する。

2 論点

①甲が致死量に達しない毒を乙に飲ませた行為は,殺人罪における実行行為性を有するか,②医師丙の誤った処置による乙の死亡の結果は,甲の行為に基づくものと評価できるか,③結果発生がたまたま不能であったばあいにも,中止犯の成立を肯定できるか,④中止行為といえるためには,動機が広義の悔悟に基づく必要があるか,が問題となる。①②は未遂犯の肯否,③④は中止犯の成否の問題である。

3 論点の解説

(1) 未遂か不能犯か

不適量の毒物施用には,(i)行為者がその量を認識しながら,それが不適量であることを無知にして知らないばあいと,(ii)その適量を知りつつ計量に失敗したばあいがあり,不能犯学説によって,それぞれ結論が異なり得る。しかし,判例・通説は,(ii)のばあいにはつねに不能犯をみとめず,殺人罪の実行行為性を肯定する。

(2) 因果関係の有無

甲が毒を飲ませた乙は,医師丙の誤った処置により死亡しているが,甲の行為と乙の死亡との間には相当因果関係はないといえる。なぜならば,医師としては適切な処置をするのが通常であるからである。条件説によっても第三者の行為の介入により因果関係は否定され得よう。

(3) 結果発生の不能のばあいと中止犯

甲との関係において，乙は死亡しなかったものとして扱われるとしても，その結果不発生は，当初から不適量の毒物施用により確定していたわけである。このばあいにも，中止犯の成立をみとめるべきかが争われるが，真摯な中止行為とみとめられるかぎり肯定的に解すべきである。医師のところに連れていくのは，真摯な中止行為といえる。なぜならば，甲にとって解毒のためには，医師の助力を求めること以外に，有効適切な手段はないと考えられるからである。この問題は，真摯な中止行為とみとめられるべき行為をおこなったにもかかわらず，他の原因で結果が発生してしまったばあいに，中止犯が成立するか，という形で論じても差支えない。

(4) 中止行為と動機

乙の苦しみが激しいために同情したばあいでも任意性がみとめられる。このばあい，広義の後悔があると解されるので，学説上，異論はない。

以上の検討の結果，甲は殺人罪の中止犯ということになる。

4 解答への道すじ

問題文に即しながら端的に論点を指摘しつつ事実関係を分析し，中止犯の法的性格に関連づけて基本問題に還元して一貫した立場から，理由づけるように努めるとよい。

◇第4款　中止犯の成否(2)

甲は，Aを殺害しようと考え，Aの自宅に毒入りウィスキーを郵送したが，Aの家族が当該ウィスキーを飲んではいけないと思い，Aの妻乙に電話をし，当該ウィスキーには毒が入っているから投棄するよう告げた。

しかし，乙は，Aと不仲であったので，Aが飲んで死んでしまえばよいと思い，そのまま放置しておいたところ，長男Bが右ウィスキーを飲

もうとしたので、これを取り上げて投棄した。
　　甲および乙の罪責を論ぜよ。　　　　　（司法試験昭和52年第1問）

〔解説〕
1　出題の背景
　未遂と予備とを区別する「実行の着手時期」に関して学説が分かれ、間接正犯については判例と学説は今なお見解の一致を見ない。本問では、あまり議論されていない「不真正不作為犯の未遂」が問われている。甲および乙の行為について殺人罪の実行の着手があると解するならば、中止犯の成否が問題となるが、それは予備にすぎないと解すると、予備の中止犯の肯否という別個の問題に直面する。

2　論　点
　甲の罪責については、①「間接正犯」における実行の着手時期・実行未遂、②①との関連で、「予備罪」について中止犯がみとめられるか、③甲の行為は「中止行為」といえるか、が問題となる。乙の罪責については、④「不作為」による殺人罪の実行の着手時期、⑤乙の行為は「中止行為」といえるか、が問題となる。

3　論点の解説
(1)　甲の罪責について
(ⅰ)　間接正犯の実行未遂と予備の中止犯
　間接正犯における実行の着手を、利用者が被利用者に働きかけた時点にみとめる通説によれば、甲がAを殺す意図をもって毒入りウィスキーを郵送に付した時点で、殺人罪の実行の着手があり、かつ、実行行為は終了することになる。ところが判例は、Aがこれを受領した時点で実行の着手および実行行為の終了があるとする（大判大7・11・16刑録24輯1352頁など）。甲が電話をかけた時点は不明であるが、判例の見地からは、到着前のばあいには、予備の

中止が問題となり得る。判例は，予備罪について中止犯の準用をみとめないが（最判昭29・1・20刑集8巻1号41頁など），中止犯と均衡をもたせるために予備について準用をみとめるべきである（団藤など）。

(ii) 中止行為

通説に従って，ウィスキーを郵送に付した時点で実行行為の終了があるものとして論ずると，次のようになる。

甲が，乙に電話をかけ，郵送したウィスキーには毒が入っているから投棄するように告げた行為は，中止行為といえるか。甲が乙に電話をかけたのは，Aの家族が上記のウィスキーを飲んではいけないと思ったからで，別段，後悔したからではない。このような動機であっても任意性は否定されない（広義の悔悟を要する立場からは任意性が否定される）。甲は，A殺害の手段であるウィスキーそのものの投棄方を依頼しているので，甲のAに対する故意は放棄されたものと見てよい。

そして，甲としては，ウィスキーが郵送に付された時点から，それを自由に廃棄できないので，AまたはAの家人にそれを飲まずに廃棄することを依頼する以外に，有効適切な手段はないと考えられるから，真摯性がみとめられる。青酸カリ混入の胃腸薬を取り戻さなかったばあいに真摯な態度がなかったとする判例があるが（大判昭13・4・19刑集17巻336頁），本問はその事案と異なり，毒入りであることを告白し投棄方を依頼しているので，判例の見地からも真摯性は肯定されるであろう。

乙がウィスキーを投棄したのは，AではなくてBが飲もうとしたのを阻止するためであったのであるから，Aについては，甲が電話をかけたことは結果発生を阻止する直接の原因とはなっていないが，なお中止行為といい得る。結果発生を防止するために必要な行為を真摯な態度でおこなえば足り，その行為によって阻止の効果を生じたことを要しないのである。このように解すべき理由は，中止犯の法的性格をいかに解するかによって異なる。違法性減少説によれば，上記のような行為により結果発生の危険がなくなり違法性が減少するからであるとされ，責任減少説からは，責任を減少させる行為それ

自体を行えば結果の不発生とは関わりなく，責任の減少をみとめ得る。

なお，甲が乙に電話をかけたために，Aと不仲である乙がAに対する殺意を生じたのであるが，理論上，過失による教唆犯の成立をみとめる立場をとったとしても，本問のようなばあい，甲について過失をみとめるのは無理であると解される。

このようにして甲は，殺人罪の中止犯として処断されることになる。

(2) 乙の罪責について

(i) **不真正不作為犯における実行行為**

乙がAを殺す意図をもって，郵送された毒入りウィスキーをそのまま放置する不作為は，殺人罪の実行行為性を有するといえるか。行為の定型性に欠ける不作為については，予備との限界が不明確であるから，不真正不作為犯における未遂犯の成立時期は重要な意味をもつ。乙の不作為が実行行為性をもつに至る時期いかんにより，乙に関しても予備の中止の問題が生ずる。

不真正不作為犯にあっては，作為義務違反がなければならないが，乙についていかなる作為義務がいかなる根拠によってみとめられるのだろうか。通説によれば，民法上の協力扶助義務（民法752条）から乙の配偶者Aについて結果発生を防止する義務がみとめられる。事実上の引受け行為に作為義務の根拠をみとめる見地からは，乙の作為義務はすぐには肯定され得ないことになる。

作為義務に違反する不作為が「作為との同価値性」を有するかが問題となるが，毒入りのウィスキーを殺意をもって放置するのは，毒殺行為としての作為と同視され得るであろう。Aが上記のウィスキーを飲む蓋然性は高いので，電話を受けた後，殺意を生じて放置した時点から，殺人罪の実行の着手があったといえる。

(ii) **不真正不作為犯における中止行為**

乙は，Bがウィスキーを飲もうとしたので，これを取り上げて投棄したのであって，Aの殺害を思いとどまった結果，これを投棄したのではない。しかし，ウィスキーの投棄は，同時にAに対する毒殺の意図（殺意）の放棄を意

味し，不作為犯のばあいには，結果発生を防止する作為に出れば，容易に結果発生が阻止されることが多いので，中止犯が成立すると解すべきである。

したがって，乙についても殺人罪の中止犯がみとめられることになる。

4 解答への道すじ

本問では，間接正犯と不真正不作為犯における中止犯が重要な論点をなしているので，この点を中心に論述する必要がある。その際，間接正犯論，不真正不作為犯論そのものに深入りしないで，中止犯の成立を議論するために必要な範囲内で要領よく問題点を整理することが望まれる。

3 不能犯・事実の欠缺

◆第1款　不能犯の意義および未遂犯との区別

不能犯の意義を明らかにし，かつ，未遂犯との区別の基準に関する諸学説について検討せよ。

〔解説〕

1　出題の背景

犯罪の実行に着手した外観を呈するが，行為の性質上，構成要件の内容を実現する可能性（危険性）がないばあいは，不能犯であり不可罰とされる。しかし，その危険性の判断基準をめぐっては見解が対立している。不能犯論が錯綜するのは，未遂犯の処罰根拠に関して，行為の危険性のほかに，行為者ないし法秩序の危険性という別個の視点が導入されるからである。すなわち，客観主義と主観主義の対立が根底に横たわっているのである。

従来，否定的に評価されていた絶対不能・相対不能説が，新たな角度から見直されるに至っている。

2　論点

①客観主義・主観主義の対立が不能犯の理解にどういう影響を及ぼすか，②諸学説の特徴とその批判的検討が，本問の主題である。

3　論点の解説

(1)　不能犯と客観主義・主観主義との関係

　客観主義の見地からは，不能犯は，外観上は実行の着手と見られ得る行為がなされたにもかかわらず，その行為の性質上，結果発生の危険がないばあいであるとされる。未遂犯のばあいは，結果発生（法益侵害）の危険性が存在するので違法性・当罰性がみとめられるが，不能犯のばあいには，そのような危険性が当初から欠けているから，不可罰とされるのである。

　主観主義の見地からすれば，行為者の認識・予見したとおりの客観的事情が存在したならば，その行為は，本来，結果を惹起する可能性を有する（「抽象的危険」）ものであると解され，行為者の危険を徴表するものとして可罰的とされることになる。かつて主観説は，迷信犯だけを不能犯とし，未遂の範囲を広くみとめていた。しかし，なぜ迷信犯を不能犯とするかの根拠が明らかでなく，不能犯をみとめる範囲が狭すぎるので，この説は今日ではまったく主張されていない。

(2)　不能犯学説の特徴と各説の検討

　不能犯については，行為の危険性をいかに解するかによって学説が分かれているが，大まかに分類すると次の通りである。

　(i)　絶対（的）不能・相対（的）不能説（古い客観説）

　この説は，客観主義を基礎としており，客体および手段に抽象的・客観的危険が絶対的に存在しないばあい（絶対的不能）を不能犯とし，相対的に存在しないばあい（相対的不能）を未遂犯とする（勝本・大場など）。この説の特徴は，なされた行為を事後的に観察し，行為者の主観をまったく排除して，もっぱら行為の客体または手段の性質だけから，結果発生の可能性を判定しようとする点にある。この説は，何が絶対的か相対的かが不明確であるとして，一般に否定されてきたが，判例はこの立場を固守している（最判昭25・8・31刑集4巻9号1593頁など）。

　最近では，違法性論における結果無価値論（物的不法論）を徹底する立場から，この説は再評価されている。すなわち，結果無価値論の立場からは，行為者

の主観を除外して事後的判断を加えたうえで，科学法則から見て法益侵害の危険のない行為を処罰すべきでないと主張される。しかし，事前において一般人の予見可能な事情および行為者が知っていた事情を考慮しても，ただちに結果無価値論に反するとはいえない。

なお，法律的不能を不能犯，事実的不能を未遂犯と解する法律的不能・事実的不能説がかつて主張された。この区別を絶対不能・相対不能と同義に解する立場と，法的不能を事実の欠缺(けんけつ)と同義に解する立場とに分かれたが，前述のそれぞれに対する批判がそのままあてはまる。

(ii) 具対的危険説（客観的危険説・新しい客観説）

これは，客観主義の見地から主張され，行為当時に行為者が認識した事情および一般人にとって予見可能な事情を危険判断の基礎とし，そのような事情の下に行為がなされたならば，一般人の見地において結果発生の可能性があるばあいは未遂，その可能性がないばあいは不能犯とする学説で，わが国の通説である。

この説は，行為者の予見を考慮するが，行為後の事情を除外して一般人の危険感を基準とする点で，古い客観説と対照をなす。また，行為時の具体的事実に即して危険性の判断をする点で，抽象的危険説と異なる。

(iii) 抽象的危険説（主観的危険説・法秩序に対する危険説・行為者の危険説・折衷説）

これは，行為者が行為時に認識した事情を基礎とし，その事情の下で行為がなされたならば一般的見地において結果発生の危険があるとされるばあいは未遂犯，そうでないばあいは不能犯であるとする（木村〔亀〕）。

この説は，行為者の認識した事情だけを危険性判断の基礎とし，一般人が危険感を抱くかどうかを基準にして，具体的な客体・法益に対する危険ではなくて抽象的な危険を認定しようとする点に特徴がある。これは，行為者の主観を重視するものであり，主観主義の立場から主張される。

(iv) 諸説の検討

具体的危険説と抽象的危険説を検討してみると，まず，抽象的危険説は，行為者の認識に拘泥するあまり，行為の客観的性質を軽視するきらいがある。

行為者の危険は，責任論において問題にすべきであって，未遂犯の領域では取り上げるべきではない。

次に，元来，未遂犯は，通常，侵害犯である既遂犯を具体的危険犯としたものと解すべきであるから(平野)，危険性の判断は，具体的事実関係に即してなされるべきであり，抽象的危険を問題にすべきではない。このように解するのは，実行の着手時期に関する実質的客観説から導かれる結論であるといってもよい。

以上の検討の結果，未遂犯における危険概念を正しく理解している具体的危険説が妥当である。

4 解答への道すじ

不能犯学説が多岐に分かれているため，難解とおもわれがちであるが，未遂犯論の根本にまで立ち返って考察すれば，学説の分岐点が明らかとなり，けっして理解しがたいものではないことを実感できるはずである。

◆第 2 款　事実の欠缺

> 甲は遊興費に窮し，繁華街の裏通りで通行人を恐喝し金品を喝取しようと考え，折から通行中の乙に対し所持する金品を提供しなければいかなる危害を加えるやもしれない虚勢を示して同人を脅迫し，交付方を求めたが，同人が懐中無一物であったため，その目的を遂げることができなかった。
> 　上記の事実関係を前提にして，いわゆる「事実の欠缺」の意義を明らかにし，甲の刑事責任に論及せよ。

〔解説〕

1 出題の背景

事実の欠缺（欠如）は，構成要件の欠缺（欠如）ともいわれ，未遂でも不能犯

でもない特別の不可罰のばあいであると解されていた。通説によれば，事実の欠缺(けんけつ)は不能犯論に吸収されるが，本問のような客体の欠缺(けんけつ)のばあい，錯誤との関連，行為の可罰性が問題となる。

2 論　点

①事実の欠缺(けんけつ)の概念を幻覚犯，未遂犯，不能犯との違いを通して明らかにし，とくに客体の欠缺について論述して甲の罪責を問題にすること，および，②事実の欠缺(けんけつ)の理論の当否を検討すること，が主たる論点である。

3 論点の解説

(1) 事実の欠缺(けんけつ)の概念

事実の欠缺(けんけつ)とは，構成要件要素のうち，行為の主体(たとえば，197条における「公務員」)，客体(たとえば，177条における「13歳未満の女子」)，行為の手段(たとえば，殺人力のない物質に殺人力があると誤信して使用したばあい)，行為事情(たとえば，94条の「外国が交戦している際に」，114条の「火災の際に」)などの要素が現実には欠如しているにもかかわらず，行為者がその存在を誤信して行為するばあいをいう。幻覚犯が，たとえば，姦通罪のように，構成要件そのものが存在しないのに存在すると誤信するばあいであるのに対して，事実の欠缺は，構成要件じたいは存在するが，その性質を具備する事実が存在しないのに存在すると誤信するばあいなのである。したがって，構成要件該当事実の認識としての故意は，幻覚犯においては存在し得ないが，事実の欠缺のばあいには明白に存在する。それゆえ，未遂犯に関する主観説によれば，事実の欠缺は当然に未遂犯に包括され，別個の範疇(はんちゅう)としてみとめる必要がなくなる(牧野)。

事実の欠缺をみとめる立場は，次のように主張する。すなわち，未遂犯は，構成要件要素である因果関係に錯誤があるために，将来，発生すべき事実が発生しなかったばあいである。ところが，事実の欠缺は，因果関係以外の付随的構成要件に関する錯誤があるために結果がそもそも発生しないばあいであるから，不可罰とされるべきである。つまり，未遂犯は，因果関係が不十

分であるために結果が発生しないにとどまるが，事実の欠缺は，因果関係につきその経過を進めることによって功を奏すべき事実がそもそも成立していなかったので，構成要件の実現が不完成に終わるという特徴をもっているとされるのである。

それでは，事実の欠缺の理論から本問を見るとどうなるのであろうか。甲は，通行人乙から金品を喝取しょうとしたが，乙は懐中無一物であったので，その目的を遂げることができなかった。このばあい，従来の事実の欠缺の理論によれば，客体について事実の欠缺が存するので，甲の行為は不可罰となる。

しかし，本質的な構成要件要素が欠如するために「実行行為としての定型性」がみとめられないばあいが事実の欠缺であるとする見解(小野)からは，別の結論が得られる。この見解は，従来の説が因果関係に関する部分とそれ以外とを分けて不可罰性を基礎づけたのに対して，「行為の危険性」を基本とする定型的実行行為の欠如に不可罰の理由を求める点で異なる。

この見解によれば，客体が現在しないばあいは，次の2つに分けられる(小野)。(1)その具体的状況上，構成要件に該当する行為，つまり犯罪の実行があるとみとめられないばあいは，未遂犯とはならない。たとえば，非公務員を公務員だと誤信してその者に暴行・脅迫を加えても，公務執行妨害罪の定型性をもたず，かりに未遂を罰する規定があったとしても，これは未遂犯とはならない。(2)具体的状況上，なおその行為が一定の犯罪の実行行為と見られるべきばあいは，その未遂犯である。本事例における甲の行為は，まさにこの(2)に当たるとされる。すなわち，通行人が懐中物を所持するのは通常の事態であり，かりに本問のばあいにおいて，乙がたまたま懐中物を所持していなかったために，恐喝罪が完成に至らなかったとしても，甲の行為じたいは，一般的にその危険性のある定型的な行為であり，249条の構成要件である恐喝の実行であると解されるからである。したがって，甲について恐喝罪の未遂が成立するとされる。

(2) 事実の欠缺概念の要否

　構成要件要素の中で，行為の「因果関係」に属する部分と「その他の部分」を価値的に区別し，前者だけを刑法的に重要なものと解する根拠は存在しないとされる。また，事実の欠缺において不足しているのは違法性であるとする立場は，一方において結果の発生の有無により既遂と未遂を区別し，他方において不能未遂の不可罰性を是認するかぎり，違法性を欠く未遂を特殊の不能未遂と見ることは許される，とする(瀧川)。しかし，未遂の違法性は故意の違法性および結果発生の危険性によって基礎づけられるのであり，事実の欠缺のばあいにも，上記のような違法性があれば未遂犯として扱われるべきなのである。

　さらに，事実の欠缺において問題となるのは，「定型的違法性」であるから，これを構成要件該当性の問題として解するのであれば，不能犯と事実の欠缺との間に理論的区別はないことになる。事実の欠缺の概念をみとめると，とくに「方法についての事実の欠缺」の判定が困難であるばかりでなく，不可罰となるケースが多くなり当罰性の要求を満たし得なくなるおそれがあるとされる。

　このように見てくると，事実の欠缺の理論をみとめる必要はなく，未遂犯と不能犯の区別に関する基準に従って，いわゆる事実の欠缺のばあいを未遂か不能犯に振り分けるのが妥当であることになる。

　上記の観点からすれば，具体的状況において，行為者が予見した事実および一般人に予見可能な事実を前提にして，一般人の見地から結果発生の危険性があれば，未遂犯とされる。通行人乙は，たまたま懐中物を所持していなかったにすぎないが，通行人は，一般には何らかの懐中物を所持していると考えられるのであり，繁華街において通行人に対して喝取行為をすれば，一般的にその結果発生の蓋然性が高いと考えられるので，甲の行為は，恐喝罪の未遂となると解すべきである。判例も，強盗罪においてこれと同様の見解をとっている（大判大3・7・24刑録20輯1547頁など）。

4　解答への道すじ

　まず,「事実の欠缺」の概念を明確にし,事実の欠缺の理論を肯定するにせよ否定するにせよ,未遂犯の本質にさかのぼって自己の立場を理由づける必要がある。

　学説が対立していると,論述に当って,ただ学説を羅列する弊(へい)に陥りがちであるが,自己の理論的立場を明瞭にさせて,その立場から問題点の整理をすることが望ましい。

第5章
共 犯

1 共犯一般

◆第1款　共犯の意義と種類

> 　共犯の種類にはどういうものがあるのだろうか。
> 　統一的正犯概念(包括的正犯概念)とは何だろうか。間接正犯と教唆犯はどのように違うのだろうか。
> 　正犯と共犯を区別する基準に関する学説にはどういうものがあるのだろうか。そしてどの学説が妥当なのだろうか。

〔解説〕

1　共犯の種類

　共犯とは，最も広い意味では，2人以上の行為者が，共同して犯罪を実現するばあいをいう(最広義の共犯)。これには，「任意的共犯」と「必要的共犯」とがある。任意的共犯とは，法律上，単独犯として予定されている犯罪を2人以上の行為者が共同しておこなうばあいをいい，刑法総則第11章に規定されている共同正犯（60条），教唆犯（61条）および幇助犯（従犯）（62条・63条）がこれに当たる。教唆犯および幇助犯を「狭義の共犯」または「加担犯」といい，これに共同正犯を併せて「広義の共犯」という。共同正犯は，単独犯および同時犯とともに「正犯」の一種であり，「正犯」は「狭義の共犯」に対立する概念である。それゆえ，（共同）正犯と（狭義の）共犯の区別が理論的に重要な問題となる。

　「必要的共犯」とは，構成要件上，2人以上の行為者の共同行為を必要とする犯罪類型をいう。必要的共犯には「集団犯」と「対向犯」とがある（必要的共

犯については，本章第3款「必要的共犯」を参照)。

2 統一的正犯概念

正犯は，上述のとおり，狭義の共犯 (教唆犯・従犯) に対する観念である。刑法は，共同正犯については，60条において，「2人以上共同して犯罪を実行した者は，すべて正犯とする」と規定するにとどまり，積極的に概念規定しているわけではない。しかし，第11章の共犯の前に置かれている諸規定は，単独「正犯」に関するものであることが前提とされていると見るべきである。そして，61条は「教唆犯」について，62条は「幇助犯」(従犯) について規定している。このように，わが刑法は，明らかに正犯と狭義の共犯とを区別している。

諸外国の立法例においても，正犯と狭義の共犯との区別をみとめる立場が一般的である。これに対して，犯罪の成立に条件を与えた者をすべて正犯とし，教唆犯・従犯と区別しない「統一的正犯者」概念ないし「包括的正犯」概念による立法例もある。

3 間接正犯

教唆犯に似ているが，なお正犯とされるものに「間接正犯」がある。間接正犯とは，他人を道具として利用し犯罪を実現する正犯形態をいう。正犯は，構成要件を実現する現実的危険性のある行為をみずからおこなう者をいうのであるから，器具，動物などを使う直接正犯と同じように，他人を一方的に利用して犯罪を実現する行為も正犯となり得る。これが間接正犯にほかならない。間接正犯は，他人を犯罪実現のために利用する点において共犯と同じであるが，共犯の要件である行為者相互間の意思の疎通(意思の連絡)が欠けている点において共犯と異なる。むしろ間接正犯は，他人を一方的に利用するという点において，あたかも物理的に道具を使用する直接正犯と同じ性質を有するものと解される。

4　正犯と共犯を区別する基準

統一的正犯概念をみとめない立法主義のもとにおいては，正犯と狭義の共犯の区別の基準はきわめて重要な意味を有する。区別の基準に関して，学説上，(1)主観説と客観説，(2)拡張的正犯概念と制限的正犯概念，(3)行為支配説，(4)実行行為性説（形式説）などが主張されている。

(1) 主観説と客観説

主観説は，因果関係論における条件説を基礎として，すべての条件は原因として等価的であるから，正犯と共犯を因果関係の見地から区別することは不可能であるとし，正犯の意思(animus auctoris)で行為をおこなう者を正犯，他人の行為に加担する意思(animus socii)で行為をおこなう者を共犯であると解する。

客観説は，因果関係論における原因説を基礎として，結果に対して原因を与えた者を正犯，たんに条件を与えたにすぎない者を共犯であると解する。

主観説と客観説は，両説の基礎となっている条件説および原因説が不当なものである以上，妥当な基準を提供するものとはいえない。

(2) 拡張的正犯概念と制限的正犯概念

拡張的正犯概念とは，いやしくも構成要件的結果の発生に何らかの条件を与えた者はすべて正犯であるとする見解をいう。この見解によれば，その行為者の態度が単独に構成要件的結果を実現したのか，それとも他人の行為を介してそれを実現したのかは，重要でない。したがって，正犯と共犯との間には，元来，区別はないのであり，ただ法律がその一部について特別な取り扱いを規定しているばあいにのみ，共犯がみとめられることになる。すなわち，教唆行為・幇助行為をおこなった者も正犯であるが，法律はこれをとくに教唆犯・幇助犯として規定しているので，共犯規定は「刑罰縮小事由」であるとされる。これは，因果関係論における条件説（等価説）の立場に立つ正犯論である。

これに対して制限的（限縮的）正犯概念は，正犯の概念を制限的に解し構成要件該当の行為をみずからおこなう者が正犯であるとする見解である。この

見解によれば，正犯とみとめられるためには，その者の行為が構成要件該当行為と見られ得ることが必要である。したがって，他人をそそのかして犯罪を犯させたり（教唆犯），他人の犯罪行為を援助したり（幇助・従犯）する行為は，構成要件的結果をみずから実現するものではないから，正犯たり得ないことになる。制限的正犯概念によれば，正犯と狭義の共犯は，行為類型として根本的に異なるものであり，共犯規定は「刑罰拡張事由」であるとされる。

制限的正犯概念も，拡張的正犯概念と同様に，間接正犯の理論的処理のために工夫されたものであり，情を知らない者を利用する行為を教唆犯や幇助犯とするのは不当であることを実質的根拠とする。しかし，この結論を避けるために正犯概念を拡張する必要も制限する必要もないので，この２つの正犯論は不必要であり，かつ，不当とされる。固有の正犯概念は，間接正犯をも含み得るのである。

(3) 行為支配説

行為支配説とは，構成要件を実現する意思をもって，その実現のために因果関係を目的的に支配・統制することを行為支配とし，行為支配の有無によって正犯と共犯を区別する説をいう。行為支配説は，目的的行為論を基礎にして，「行為支配」を有する者を正犯と解する。すなわち，正犯が行為の遂行とその経過とをみずから支配する者であるのに対して，共犯は正犯の行為支配に従属する者であるとされる。

行為支配説に対しては，次のような批判がある。すなわち，行為支配という観念は，もともと責任の有無判定の基準として提案されたものであり，あまりに漠然としているためほとんど問題とされなかった観念の焼き直しにすぎず，責任よりはるかに細かい解釈問題である正犯と共犯の区別に関する基準としては役に立たない。しかも，その考えをつらぬけば，たとえば，暴力団の親分が絶対服従の関係にある子分に競争相手を襲撃し殺傷するよう指示したばあいのように，今日では共犯（教唆犯）として疑われないものも間接正犯とせざるを得ないことになり（行為支配は明らかに親分にある），従来の共犯体系そのものを混乱・崩壊に導くことになるとされる。さらに，教唆犯・幇助

犯についても，教唆者・幇助者が教唆行為・幇助行為についての支配をもたなければならないことは，同様であるべきはずであるから，行為支配による区別は妥当でないとされる。これらの批判は正当である。

(4) 実行行為性説（形式説）

　実行行為性説（形式説）とは，基本的構成要件に該当する行為，すなわち，実行行為をおこなう者を正犯，修正された構成要件に該当する行為，すなわち，教唆行為および幇助行為によって正犯に加功する者を共犯と解する説をいう。この見解は，構成要件論の立場から基本的構成要件に該当する行為の実行を正犯のメルクマール（指標）とする立場である。この見解によれば，正犯と共犯は「実行行為」の有無という「形式的」基準によって区別されるが，正犯と共犯の「実質的」差異は次の点にある。すなわち，正犯は，当該犯罪をみずから実現したことを根拠にして第一次的な責任を負担すべきものであり，共犯は，正犯を通してその犯罪の実現に加わったことを根拠にして第二次的な責任を課せられるべき者である。つまり，正犯は，みずから直接的にその犯罪を実現したか（直接正犯），または，これと法的に同視できる形態で，他人を道具として利用することによってその犯罪を実現した（間接正犯）ことを要するのに対して，共犯は，そのような正犯を，教唆し，または幇助することによって，その犯罪の実現に関与した者とされるのである。

　わたくしは，構成要件的有意行為論・相当因果関係説の立場に立っているので，目的的行為論や条件説・原因説を前提とする諸説を支持することはできない。構成要件論を堅持しつつ，正犯と共犯を「構成要件の実現態様」と解しているので，実行行為性説（形式説）を支持する。

　正犯および共犯の行為は，いずれも主観的要素と客観的要素から成り立っているので，それぞれ独自の主観的要素を必要とする。正犯の実行行為は，みずから実行行為をおこなう意思を要し，共犯の教唆行為および幇助行為は，それぞれ教唆の意思，幇助の意思を必要とする。また，共同正犯は，共同正犯にあたる行為とともに，共同して犯罪を実行する意思，すなわち共同実行の意思を必要とする。

◆第2款　犯罪共同説と行為共同説

> 共犯の本質に関して犯罪共同説と行為共同説が対立しているが、その内容はどうなっているのだろうか。
> そして、どの説が妥当とされるべきなのだろうか。さらに両説の対立との関連で「罪名の従属性」が問題とされるが、それはどういう問題なのだろうか。

〔解説〕
1　意義
(1)　両説の内容

共犯論は、数人の者が協力して犯罪を遂行する社会心理学的現象に対して、刑法上いかに規制するかを問題とし、この社会心理学的現象の中核として何を捉えるのかをめぐって、犯罪共同説と行為共同説とが対立している。

犯罪共同説は、「特定の犯罪」を数人の者が共同して実現する現象として共犯を把握する。これに対して行為共同説は、数人の者が事実（行為または因果関係）を共同にして「各自の犯罪」をそれぞれおこなう現象として共犯を把握する。つまり、犯罪共同説が共犯を「数人一罪」と解するのに対して、行為共同説は共犯を「数人数罪」と解するものであるとされる。観点を変えると、両説の対立は、共犯現象を、共犯者の「集団的な合同行為」と見るか、それとも共犯者相互間の「個別的な利用関係」と見るかの争いということになる。

(2)　行為共同説の正当性

犯罪共同説と行為共同説が対立しているが、わたくしは行為共同説が妥当であると考えている。社会心理学的現象として共犯現象を見たばあい、そこには集団力学（グループ・ダイナミックス）が存在する。それは、必ずしもつねに犯罪「団体」的な一心同体として結合しているものではなく、「個人の集合体」であるにとどまる。すなわち、共犯においては、各人が各自の目的をもち、その目的を実現するために「集合力」を利用し合っているという集団現象が

存在するのである。犯罪を単独では実現できないばあいでも，分業形態，合同力の利用または相互的な精神的強化によって，これを遂行することができる。このような心理学的観点から，共同正犯の成立と処罰に関する「一部実行の全部責任」の原則が基礎づけられるのである。この観点から見ると，犯罪の共同は，特定の「一個の故意犯」だけを共同することを意味するのではなくて，「数個の故意犯」はもとより，「過失犯」についても共同正犯をみとめ得るのである。

(3) 行為共同説と主観主義刑法学との関係

従来，行為共同説は，共同正犯において共同すべき「行為」を「前構成要件的」な社会的事実としての行為と理解し，そのような行為の共同で足りるのは犯罪者の危険性の徴表がみとめられればよいということに求めていたので，「主観主義刑法学」からの帰結と解されてきた。しかし，行為共同説は，主観主義刑法学とは関係なく基礎づけられ得るのである。

現在の行為共同説は，「構成要件の外部的・客観的要素を実現する限度における実行行為」の共同を必要としていることに注意しなければならない。すなわち，共同の行為は構成要件該当の実行行為でなければならず，各共犯者の自己の犯罪という観点から他人の行為との協力関係が構成要件該当であればよいとする点に特徴があるのである。したがって，行為共同説に対して加えられてきた従来の批判，つまり，構成要件を離れた行為の共同をみとめるのは構成要件論の見地から不当であるとする批判は，われわれの主張する見解にはあてはまらない。現在では，行為共同説が主観主義刑法学だけからの帰結ではないことは一般に承認されている。

2　罪名従属性

(1) 意義

犯罪共同説と行為共同説の対立を「共犯の従属性」の観点から見ると，これは「罪名従属説」の問題となる。罪名従属性とは，共犯はつねに正犯ないし他の共犯と同じ罪名・罰条にあたる必要があるか否か，という問題である。

罪名従属性の問題について，犯罪共同説は，共犯はまったく同じ犯罪を共同にするものであるから，共犯の罪名は正犯の罪名と同じでなければならないと解する。これに対して行為共同説は，犯罪そのものではなくて犯罪的「行為」の共同で足りると解するので，異なった罪名の間にも共犯関係の成立をみとめる。

(2) 事例に即して考える

たとえば，A は強盗の目的を，B は強姦の目的をもちながらお互いに目的を隠して，C 女に対して共同して暴行を加えたところ，C 女に傷を負わせただけでともに目的を遂げなかったとする。このばあい，厳格な犯罪共同説(いわゆる完全犯罪共同説)によれば，強盗と強姦は別個の故意犯であるから共同正犯は成立せず 2 個の同時犯として処理することになる。いわゆる部分的犯罪共同説によれば，A・B につき強盗強姦致傷の共同正犯が成立し，A には強盗致傷の刑が，B には強姦致傷の刑がそれぞれ科せられることになろう。もっとも，いわゆる部分的犯罪共同説は，構成要件の重なり合う限度で共同正犯の成立をみとめ，その例として殺人と傷害をあげるにとどまるので，強盗と強姦について「暴行」の限度で構成要件の重なり合いをみとめる趣旨かどうかは，必ずしも明らかではないが，理論上はこれを肯定すべきである。

(3) 判例

最高裁の判例は，当初，罪名従属性を肯定していた。すなわち，A は恐喝罪の意思で，B は強盗罪の意思で共同して実行行為をおこなった事案において，A・B について強盗罪が成立し，A は 38 条 2 項によって刑のみ恐喝罪で処断されると解したのであった（最判昭 35・9・29 裁判集 135 号 503 頁）。

ところが，その後の最高裁の判例は，A・B ら 7 名で傷害を共謀したところ B が殺意をもって行為した事案について，「殺意のなかった被告人 A ら 6 名については，殺人罪の共同正犯と傷害致死罪の共同正犯の構成要件が重なり合う限度で軽い傷害致死罪の共同正犯が成立するものと解すべきである。すなわち，B が殺人罪を犯したということは，被告人 A ら 6 名にとっても暴行・傷害の共謀に起因して客観的には殺人罪の共同正犯にあたる事実が実現

されたことにはなるが，そうであるからといって，被告人Aら6名には殺人罪という重い罪の共同正犯の意思はなかったのであるから，被告Aら6名に殺人罪の共同正犯が成立するいわれはなく，もし犯罪としては重い殺人罪の共同正犯が成立し刑のみを暴行罪ないし傷害罪の結果的加重犯である傷害致死罪の共同正犯の刑で処断するにとどめるとするならば，それは誤りといわなければならない」と判示したのである（最決昭54・4・13刑集33巻3号179頁）。これは，明らかに従前の立場を変更して，罪名従属性を否定するものである。

◇第3款　必要的共犯

> 「必要的共犯」とは何であり，必要的共犯にはどういうものがあるのだろうか。
> 　集団犯のばあい，集団の外部から関与する行為について共犯規定を適用できるのだろうか。とくに対向犯において一方だけを処罰しているばあい，他の一方の行為について共犯規定を適用して処罰することができるのだろうか。

〔解説〕
1　問題の所在

必要的共犯とは，構成要件上，2人以上の行為者の共同行為を必要とする犯罪類型をいう（通説）。必要的共犯には「集団犯」と「対向犯」とがある。集団犯は，「同一方向」に向けられた多数の者の共同行為を類型化したものをいい，その例として内乱罪（77条）・騒乱罪（106条）が挙げられる。「対向犯」は，相互に対向関係にある共同行為を類型化したものをいい，次の3種類から成る。すなわち，①関与者双方が同一の法定刑で処罰されるもの——重婚罪（184条），②関与者が異なる法定刑で処罰されるもの——贈・収賄罪（197条・198条），③関与者双方の対向的行為のうち一方だけが処罰されるもの——わいせつ物販売罪（175条）がこれである。

なお，相手方の「行為」ではなくて「存在」を必要とする犯罪類型（たとえば，犯人蔵匿・隠避罪——103条）を必要的共犯に含めるべきか否かについて争いがあるが，消極に解するのが一般である。

必要的共犯については総則の共犯規定は適用されず，関与者はそれぞれ正犯として処罰されることになる。この点にこそ，必要的共犯という概念の存在意義があるといえる。しかし，必要的共犯については，まったく共犯規定の適用はあり得ないのであろうか。とくに集団犯と対向犯の③について，これが問題となる。

2　集団犯と共犯規定の適用の可否

集団犯のばあい，「集団の内部」の者はその関与形態に従ってそれぞれ処罰されるので，共犯規定を適用する余地はない。問題は，「集団の外部」から関与する行為について共犯規定が適用され得るか否か，である。

この点につき，集団犯罪ないし群衆犯罪の特質を考慮して集団的行動に関与した者を一定の態様と限度で処罰しようとするものである以上，それ以外の態様の関与行為は不可罰とされるべきであるとする説が有力に主張されている。しかし，通説は，集団外の者の関与行為について共犯規定の適用をみとめる。すなわち，刑法は，集団を構成する者を類型化して特別の処罰規定を設けているのであるから，集団を構成する者に対して共犯例を適用できないが，集団外において集団に協力する者に共犯例を適用することは何ら差し支えないとされるのである。

両説の対立は，破防法（破壊活動防止法）における独立教唆罪の処罰に関連して解釈論上の差異をもたらす。すなわち，破防法38条は，内乱教唆罪を規定しているが，被教唆者が内乱の実行に着手したばあい，教唆者につき，有力説は共犯例の適用を否定し，通説はこれを肯定することになる。

3　対向犯と共犯規定の適用の可否

対向犯において，対向的行為のうちの一方だけを処罰する旨の明文規定が

あるばあい（対向犯の③），他の一方の行為について共犯規定を適用してこれを処罰することができるであろうか。判例・学説は，原則としてこれを消極に解してきた。しかし，その根拠については，次のように見解が分かれている。

(1) **立法者意思説**（形式説）

この説は，対向犯的な性質をもつaおよびbという2つの行為の中で，法律がa行為だけを犯罪類型として規定しているばあいには，当然に定型的に予想されるb行為を立法に当たって不問に付したわけであるから，b行為は罪としない趣旨である，とする（団藤）。すなわち，対向犯的行為の「定型性」を基礎にして，立法者は一方だけを処罰することによって他方の不可罰を宣明したものと解釈されるわけである。したがって，相手方の関与行為が，その「定型性」の枠を超えたばあいには，共犯規定の適用がみとめられることになる。たとえば，わいせつ物販売罪のばあい，たんに「売ってくれ」という行為は，「定型性」の枠内にあるから不可罰であるが，相手に対してとくに積極的に働きかけて目的物を売るように仕向けたときは，「定型性」の範囲外にあるから教唆犯の成立を肯定すべきであるとされる。

この説に対しては，①不可罰的な必要的関与行為の限界が不明確である，②立法者意思説は責任共犯論を前提とするものであるが，責任共犯論によっては必要的関与行為の不可罰性を論拠づけることができない，との批判がある。

(2) **個別的実質説**

この説は，必要的共犯の不可罰性を個別的に実質的観点から根拠づけようとする見解である。この説によれば，必要的共犯が不可罰とされる実質的根拠の第一は，「被害者」としての地位である。すなわち，わいせつ物販売罪のばあい，同罪の保護法益は個々人の性的モラルであり，買受人はその「被害者」にほかならないから，買受け行為は不可罰であるとされる。実質的根拠の第二は，関与者に責任がないことに求められる。たとえば，犯人が自己を蔵匿してくれるように他人に依頼したばあい，他人に期待可能性がないために責任がないからこそ，犯人の行為は不可罰となるとされる（もっとも，通説は，

犯人蔵匿罪は必要的共犯ではないと解している）。

この説に対しては，法益の捉え方次第で結論が異なるので，被害者の地位の考慮も絶対的なものではないとの批判がある。

(3) 判　例

最高裁の判例は，弁護士法72条違反の非弁活動の教唆に関して，「ある犯罪が成立するについて当然予想され，むしろそのために欠くことができない関与行為について，これを処罰する規定がない以上，これを，関与を受けた側の可罰的な行為の教唆もしくは幇助として処罰することは，原則として，法の意図しないところと解すべきである」と判示している（最判昭和43・12・24刑集22巻13号1625頁。同旨，最判昭和51・3・18刑集30巻2号212頁）。

◆第4款　不作為犯と共犯

> 不作為犯による共同正犯，教唆犯および幇助犯（従犯）はみとめられるのだろうか。
> また不作為犯に対する教唆犯や不作為犯に対する幇助犯（従犯）もみとめられるのだろうか。

〔解説〕

1　問題の所在

不作為犯と共犯の問題は，最近になってクローズ・アップされてきた。これは，当初，現実に発生した事件を処理する実務上の必要のために展開されたものではなく，理論的関心から出発したものであった。なぜこれが問題となるのか。それは次の理由に基づく。作為犯と不作為犯は，その「存在構造」が本質的に異なるので，従来，作為犯を念頭において構築されてきた共犯理論は，不作為犯に関しては妥当しないのではないか，という疑問が生じてきたのである。つまり，理論的に細部にわたって深化された「不作為犯の構造論」によって共犯論の新たな捉え直しが迫られたのである。しかし，最近で

は，判例において不作為犯による幇助犯がみとめられるようになり，実務上も重要な問題になっているのである。

「不作為犯と共犯」の問題は，共犯の関与形態により次のように大別される。1つは，不作為によって関与する形態，つまり「不作為による共犯」であり，2つは，不作為犯に対して関与する形態，つまり「不作為犯に対する共犯」である。前者が加功行為の・態・様を問題にするのに対して，後者は加功行為の・対・象を問題にする。

「不作為による共犯」は，その共犯形式によって，①不作為による共同正犯，②不作為による教唆，③不作為による幇助（従犯）の問題に分かれる（さらに不作為による間接正犯の問題もあるが，ここでは共犯に限定する）。

「不作為犯に対する共犯」には，①不作為犯に対する教唆と②不作為犯に対する幇助（従犯）の問題がある。「不作為犯に対する共同正犯」は，不作為による共同正犯の問題に包括され得る。というのは，共同正犯は・共・同・実・行を問題にするので，共同者のそれぞれについて加功行為の・態・様と・対・象が同時に問題となり得るからである。

2 不作為による共犯

(1) 不作為による共同正犯

「不作為による共同正犯」はあり得るのであろうか。これは，共同者の「行為態様」により，さらに，(i)不作為と不作為の共同正犯と，(ii)不作為と作為の共同正犯の問題とに分かれる。

(i)の点について，積極説と消極説（アルミン＝カウフマン，ヴェルツェル）とがある。消極説は，不作為犯の故意なるものは存在しないから，共同加功の意思もあり得ないこと，不作為には実行行為は存在しないので，実行行為の分担もあり得ないこと，を理由として挙げている。しかし，これは不作為に関する特異な理解を前提にしており，通説の立場からは，不作為においても「故意」および「実行行為」はあり得るから，積極説が妥当である。

(ii)については，全面肯定説・部分的肯定説（身分犯についてのみ肯定）・否定説

とが主張されている。不作為犯は真正身分犯であるから、共犯と身分の問題として処理されるべきである。65条1項が共同正犯にも適用されると解する判例・通説の見地からは、全面的肯定説が妥当であることになる。

(2) **不作為による教唆**

「不作為による教唆」は可能であろうか。学説は、積極説と消極説に分かれる。他人が犯罪を決意するのを阻止しなかったばあい、精神的な影響を与えて犯行の決意を惹起したとはいえないので、消極説が妥当である。

(3) **不作為による幇助**

不作為によって幇助行為はなされ得るのであろうか。判例・通説はこれを肯定する（大判昭和3・3・9刑集7巻172頁。投票関渉の幇助）。消極説をとるカウフマンは、不作為による幇助は不作為犯の構成要件に該当し正犯となるとする。しかし、不作為犯の正犯と従犯は区別できるし、また区別されなければならない。作為の正犯者の犯行を阻止すべき義務を負う者が、その義務を履行しないで正犯者の行為遂行を容易にしたばあいには、不作為による幇助の成立をみとめるべきであろう。したがって、判例・通説の立場が妥当であるとおもう。

3 不作為犯に対する共犯

(1) **不作為犯に対する教唆**

不作為を教唆することは可能であろうか。圧倒的多数の学説は、作為義務者に対して結果発生を防止しないように決意させることができるとして、積極説の立場に立っている。これに対してカウフマンとヴェルツェルは、「不作為犯の故意」は存在しないので、他人に不作為を決意させることはあり得ないし、人をそそのかして不作為をおこなわせることは作為にほかならないとして、消極説を主張する。しかし、「不作為犯の故意」は存在するし、不作為を決意させたばあい、その不作為を遂行するのはあくまでも作為義務者であって、不作為を決意させた者が作為犯の「正犯」となるわけではない。したがって、不作為犯を教唆することは可能である。

(2) 不作為犯に対する幇助

不作為犯の正犯者を幇助することはできるのであろうか。ほとんどすべての学説がこれを肯定する。不作為をおこなおうとしている者を精神的に支援することによって、作為義務の不履行を容易にすることは可能であるから、積極説が妥当である。

カウフマンとヴェルツェルは、このばあいにも、不作為の故意が存在しない以上、これを強化することもあり得ないとして、不作為犯に対する幇助の成立をみとめず、これを作為による正犯と解した。しかし、前述のとおり、「不作為犯の故意」は存在するから、それを精神的に強化するという事態はあり得るので、これを幇助犯として扱うべきである。上記の幇助行為を作為の正犯として処罰するのは、実質的に見ても妥当ではあるまい。

◆第5款　身分犯と共犯

> 刑法65条は、「身分犯と共犯」について規定しているが、いったい「身分犯」とは何なのだろうか。
> ここにいう「共犯」とは何を意味するのだろうか。
> 1項と2項の関係はどのように理解されるべきなのだろうか。

〔解説〕

1　問題の所在

共犯と身分に関して刑法65条は、「犯人の身分によって構成すべき犯罪行為に加功したときは、身分のない者であっても、共犯とする(1項)。身分によって特に刑の軽重があるときは、身分のない者には通常の刑を科する(2項)」と規定している。この規定の解釈をめぐって従前から見解が多岐に分かれ、きわめて錯綜した状況が依然として続いている。それはなぜか。「絶望の章」といわれる「共犯」論の出発点である共犯の処罰根拠それ自体について、今なお見解の一致が得られていない。そのうえ、さらに「身分犯」の法的性質を

いかに解するかをめぐっても，厳しい見解の対立が存在する。

このように「共犯」と「身分」のそれぞれについて未解決の問題点があるので，「共犯と身分」の問題は収拾のつかない混迷の度を深めているのである。そこで，この問題をめぐる理論状況を整理することにしよう。

2 身分概念
(1) 判例・学説

身分概念について判例は，「刑法65条にいわゆる身分は，男女の性別，内外国人の別，親族の関係，公務員たる資格のような関係のみに限らず，総て一定の犯罪行為に関する犯人の人的関係である特殊の地位又は状態を指称するもの」であると判示して（最判昭27・9・19刑集6巻8号1084頁），大審院時代の判例（大判明44・3・16刑録17輯411頁）をそのまま踏襲している。

判例の身分概念は通説によって受け入れられているが，反対説がある。すなわち，木村博士によれば，65条1項の身分は「社会的・法律的等の人的関係において特定の義務を負担するところの地位又は資格を意味し，単なる犯罪の常習性や目的犯における目的のような行為者の永続的又は一時的な心理状態を含まない」のに対して，同条2項の身分は「刑の加重・減軽の原因たる地位・資格・状態であればよい。その意味において，判例によって定義せられた身分の概念は，第二項の意味における『身分』を意味するに過ぎない」とされる。

身分概念に関する上記の対立は，究極的には，真正身分犯を「義務犯」として把握するか，それとも「法益侵害犯」として捉えるか，という身分犯の法的性質の理解に関する争いにほかならない。すなわち，反対説は，一定の身分から生ずる「義務」に違反する行為を処罰するのが真正身分犯であると解し，身分概念を厳格に把握する。これに対して判例・通説は，法益侵害に重点をおくので，身分概念をゆるやかに解することになる。したがって，目的犯における目的，強姦罪における男性たることなども，真正身分犯の「身分」に含まれるとされるのである。

(2) 身分の種類

一定の身分が犯罪の成立要件とされるばあいを「構成的身分」といい、これを要素とする犯罪を「真正身分犯」という（たとえば 197 条の収賄罪）。身分の有無が刑罰の量に影響を及ぼすにすぎないばあいを「加減的身分」といい、これを包含する犯罪を「不真正身分犯」と称する。

構成的身分とは逆に、一定の身分を有することが可罰性（犯罪性）または当罰性を阻却するばあいがある。これは、一般に「消極的身分」と称され、次の 3 種類があるとされる。①違法性阻却的身分。たとえば、医師法 17 条が「医師でなければ医業をしてはならない」と規定しているばあいの医師たる身分がこれである。②責任阻却的身分。たとえば、刑事未成年者などがこれに当たる。③刑罰阻却的身分。これは、通常、一身的刑罰阻却事由の中に数え入れられる。一身的刑罰阻却事由は、元来、犯罪の成立をみとめたうえで行為者の一身的な事情によって刑罰の阻却を肯定するものである。たとえば、244 条 1 項・257 条 1 項・105 条における一定の親族関係のある者などがこれに含まれる。これを身分の観点から把握すると、刑罰阻却的身分ということになる。

このように身分には、構成的身分・加減的身分・消極的身分の 3 種があるが、65 条は、真正身分犯と不真正身分犯についてのみ、直接的には、非身分者が身分者の犯罪に加功したばあいの取扱いを規定しているにとどまる。それゆえ、消極的身分はもとより、身分者が非身分者に加功したばあいについては、問題が生ずる。これについては、後で検討する。

3　65 条 1 項にいう「共犯」の意義

(1) 判例

刑法 65 条 1 項は、非身分者であっても「共犯とする」と規定しているが、これは共同正犯を含む趣旨なのかどうか、が問題となる。この点につき判例は、当初、65 条 1 項はもっぱら共同正犯に関する例外規定であるから、教唆犯・幇助犯（従犯）に対しては適用されないと解したが（大判明 44・10・9 刑録 17

輯1653頁），後にこれをあらため，教唆犯・幇助犯はもとより共同正犯についても適用があると解している（大判大4・3・2刑録21輯206頁，大判昭9・11・20刑集13巻1528頁）。

(2) 学説

学説は次の4つに大別される。すなわち，(i)すべての共犯形式に適用されるとする説，(ii)真正身分犯については教唆犯・幇助犯に対してのみ，不真正身分犯についてはすべての共犯形式に対して適用されるとする説，(iii)教唆犯・幇助犯についてのみ適用されるとする説，(iv)共同正犯についてのみ適用されるとする説が主張されているのである（共犯の形態を広くみとめる順に配列した）。

(i)説の根拠は，次の諸点に求められている。(a)法文上，本条も共同正犯の規定もともに「共犯」の章下にあり，65条1項にも「共犯とする」との文言があるから，「共犯」には共同正犯も当然に含まれる（なお，共同意思主体説による論拠づけもなされている）。(b)非身分者は，元来，身分犯の正犯とはなり得ないのに，なぜ教唆犯・幇助犯とはなり得るのかを合理的に説明しないかぎり，限定適用をみとめるべき成文上の根拠を欠く。(c)共同正犯排除説は，非身分者には法律的意味での「実行」はあり得ないとするが，しかし「実行」は「事実的意味での協力実現行為」であるから，非身分者もこれをおこない得る。(d)共同正犯を排除すると，非身分者は現にきわめて重要な実行行為をおこなっても正犯とならず，それが教唆の実質を伴わないかぎり，幇助犯として刑の減軽をうけることとなって，教唆犯が正犯に準じて処罰を受けるのにくらべて均衡がとれない。

順不同になるが，(iii)説によると，共同正犯は，本来，正犯，つまり「実行行為」者であり，身分犯は身分者だけがこれを「実行」できるのであるから，65条1項にいう「加功」とは実行以外の加功であり，「共犯」とは教唆犯または幇助犯を意味するとされる。この見解は，構成要件理論の見地から主張されることが多い。しかし，共犯独立性説をとる木村博士の所説は，身分犯の本質を強調することによって65条1項から共同正犯を排除するものである。

(ii)説に対しては，その前提には身分犯を義務犯として把握するものであるとして，法益侵害説から批判が加えられている。また，「実行」概念を形式的に理解しなければならない必然性はなく，かりに「加功」を狭義に解すると，幇助形態だけが包含されるべきであって，教唆犯も排除されるべきことになる，という批判もある。

(iii)説は基本的には③説と同じであるといえる。しかし，不真正身分犯については，身分のない者も実行行為を共同しておこなうことができるので，共同正犯にこの規定の準用を排除する理由はない，とする点で異なる。

この説に対しては，不真正身分犯について 65 条 1 項の適用をみとめるのは不当である，との批判が加えられている。

(iv)説によると，教唆・幇助は真正身分犯の「実行行為」をおこなうものではないから，身分を要せず，65 条の規定がなくても成立し得るが，共同正犯については特別規定が必要であるとされる。そこで，65 条 1 項は，とくに共同正犯について積極的に規定しているとされるわけである。

この説に対しては，身分犯の特殊性を強調すると，非身分者についても当然に狭義の共犯が成立するとはいえなくなる，との批判がある。

4　65 条 1 項と 2 項との関係

65 条 1 項は身分が連帯的に作用することをみとめ (身分の「連帯性」)，2 項は身分が個別的に作用する旨を規定している (身分の「個別性」)。そこで，この相反する二つの原理をいかに調和させるかをめぐって学説が分かれる。1 項の連帯性と 2 項の個別性の矛盾を解決するために学説は，(1)矛盾それ自体を解消する道と，(2)矛盾のあることに合理的基礎を与える道の 2 つの方向に進んだとされる。

(1)　矛盾の解消を追求する立場

(1)は，相反する二つの原理 (連帯性と個別性) のいずれか一方を徹底することによって矛盾を解消しようとする。この立場はさらに次の 2 つの見解に分かれる。

(i) 共犯の成立と科刑を区別する説

この説は，2項の個別性をたんに科刑の問題にすることによって不真正身分犯についても身分の連帯性をつらぬくものである。この説によると，1項は，真正身分犯・不真正身分犯の両者を通じて「共犯の成立」の問題を，2項は，とくに不真正身分だけについて「科刑」の問題をそれぞれ規定したものであるとされる。

この説に対しては，(a)1項は非身分者の加功について「共犯とする」として，2項と同様に共犯としての「科刑」をも規定している，(b)真正身分犯と不真正身分犯とが機械的に同一視されている，(c)罪名と科刑とが分裂している，という批判が加えられている。

(ii) 個別性の原理を貫徹する説

この説は，1項は連帯性を否定して，個別性の原理を真正身分犯にも貫徹しようとするものである。この説によれば，本来，身分は一身的なものであるから一身的にのみ作用すべきであり，それが個人責任の原則に適合するのであって，1項の真正身分犯の取扱いも個別性の原理で基礎づけられ得るとされる。すなわち，真正身分犯に加功した非身分者の正犯行為の違法性は，身分者の正犯行為の違法性が連帯的に作用する結果として生ずるのではなくて，非身分者の加功行為それ自体が有する固有の違法性に基づくとされるのである。

この説に対しては，次のような批判がある。すなわち，この説によれば，非公務員も公務員に収賄罪を犯させてはならないという規範が，法秩序から当然に出て来るとされる。しかし，この規範は第一次的規範（「公務員は収賄すべからず」）に従属してのみ違反され得る第二次的・補充的規範なのであり，この2つの規範の従属関係を否定することは共犯独立性説の理論を前提にしないかぎり許されず，共犯の違法は連帯性に基づくと解すべきである，と批判されている。

(2)は，連帯性と個別性の2つの原理をそのまま合理化しようとし，さらに2つの見解に分かれる。

(i) 違法身分と責任身分を区別する説

この説は，真正身分は「違法要素」であるから連帯的に作用し，不真正身分は「責任要素」であるから個別的に作用すると解するものである。これは，制限的従属性説から導き出される「違法は連帯的に，責任は個別的に」という立場と 65 条とを結びつけて連帯性の原理と個別性の原理の合理化を図るものであるとされる。

この説に対しては，形式的な加減類型の存否によって違法身分と責任身分を分けることには無理があるとの批判がある。

(ii) 違法身分に関する規定と解する説

この説は，65 条は違法身分に関する規定であり，1 項は違法要素としての性質を，2 項は身分本来の性質をそれぞれ規定しているとするものである。この説によると，責任要素身分が個別的に作用することは当然であるから，65 条 1・2 項ともに身分が行為の違法性に関係する旨を定めたものであり，違法が一応各関係者に連帯的に作用することを 1 項 (真正身分犯) について規定し，厳格にいえば身分本来の性質として身分者と非身分者とでは，等しく加担行為をしたばあいでも，それぞれの行為の法的評価におのずから軽重の差を生じさせるはずであり，このことを 2 項 (不真正身分犯) について規定したものであるとされる。

この説に対しては，(a) 2 項によれば，加減的（違法）身分は「完全に」個別的に作用するのであり，これは「一応」連帯的に作用するとする主張と相容れない，(b) 2 項の趣旨を 1 項の身分に推及するならば，身分なき共犯者は減軽処分ではなくて不可罰とされるべきである，との批判がある。

違法身分は連帯的に作用し (1 項)，責任身分は個別的に作用する (2 項) と解する説も主張されている。これは，従来の学説のように，身分の作用を「構成的—加減的」という「形式的区別」によって決定するのではなくて，当該身分のもつ「法的性格」によって実質的に決定しようとする立場である。すなわち，この説によれば，正犯行為の違法性を基礎づけ，加重または減軽する身分は，他の関与者にも作用し，逆に，犯罪関与者の責任は相互に独立し

ており，関与者の1人の責任を基礎づけ，加重または減軽する事情は，他の関与者には何ら影響を及ぼさないとされる。

この説に対しては，(a)これは構成的身分と加減的身分をみとめている65条の文言に明らかに抵触する，(b)身分を違法身分と責任身分とに截然と区別することはできない，(c)違法性と責任のそれぞれの連帯性または個別性というのは，結局は程度問題にすぎないのに，これに決定的な意味を付与するのは不当である，との批判が加えられている。

5 非身分者への身分者の加功

(1) 問題点

65条1項は，文言上，身分者に非身分者が加功したばあいを規定し，その逆のばあいについては触れていない。これに対して2項は，必ずしも限定的には規定していないので，文言上は，不真正身分犯について身分者が非身分者に加功しているばあいに適用されないとは言い切れないことになる。これらの問題は，次のように処理される。

(2) 真正身分犯のばあい

多数説は，真正身分犯につき非身分者の行為に身分者が加功したばあい，65条1項の適用を否定し，もっぱら共犯理論によって解決すべきであるとする。すなわち，共犯独立性説をとると，身分者について教唆犯がみとめられ，共犯従属性説をとると，「身分なき故意ある道具」を利用した間接正犯が成立し，事実上の実行行為をした者は幇助犯とされるか，犯罪不成立とされる。

しかし，従属性説の立場に立ちながらも，65条1項を適用して，非身分者を正犯，身分者を教唆犯とする見解もある。これには，共同意思主体説によって基礎づける見解（草野）と共犯に存する事情が正犯行為に加わることによって完全な可罰類型行為となるばあいには，そういう行為に共犯が従属すると解する見解とがある。

共同意思主体説には妥当でないものがあり，また，後者に対しては，65条1項の適用をみとめるのは，身分のないことを身分とする消極的身分を承認

することとなって身分概念の自殺である，との批判が加えられている。

(3) 不真正身分犯のばあい

不真正身分犯に関しては，学説・判例は次のように分かれている。すなわち，①65条1項2項の適用を否定し，身分者は非身分犯の共犯にとどまるとする説（団藤・福田・大塚），②身分者は非身分犯の共犯となるが，65条1項により重い身分犯の共犯として処罰されるとする説（通説），③身分者は65条2項により当該身分犯の共犯となるとする立場（判例）が存在するのである。①説と②説は，犯罪としては非身分犯の共犯が成立するとする点で同じであるが（犯罪共同説），③説は身分者に当該身分犯そのものの共犯の成立をみとめる。

上記の争いは，結局，非身分者に犯罪としては身分犯の共犯が成立するが刑だけは通常の例によるとするのか，それとも，当初から通常の犯罪が成立するので通常の刑によるとするのか，の問題に帰着するとされる。そして犯罪共同説によれば前説を，行為共同説によれば後説をそれぞれとることになるとされているのである。

6 加減的身分と共犯の具体例

不真正身分犯とされる特殊な犯罪類型について，共犯と身分の適用例を簡単に見ておこう。

(1) 常習賭博罪（186条1項）

判例は，不真正身分犯については65条1項は適用されないという立場をつらぬき，賭博の非常習者が賭博常習者の賭博行為を幇助したばあいにも，65条1項を適用すべきでないと解している（大判大正2・3・18刑録19輯353頁）。このばあい，団藤説も，犯罪の常習性は行為者定型であるから行為定型に関する65条1項の身分には当たらないとして65条1項の適用をみとめないので，結論的には判例・通説の立場と一致する。

(2) 横領罪（252条・253条）

単純横領の占有者と非占有者との共犯については65条1項が，業務上の占

有者と非業務上の占有者との共犯については同条2項がそれぞれ適用されるので，比較的問題は少ない。しかし，業務上の占有者と非占有者との共犯については，問題が生ずる。このばあい，判例は，一貫して非占有者につき65条1項の適用をみとめて業務上横領罪の共犯とし，さらに同条2項により単純横領罪の刑を科している（大判明44・8・25刑録17輯1510頁など。最判昭32・11・19刑集11巻12号3073頁）。これは団藤説の構成に類似しており，判例の立場として矛盾がないと言い切れるか評価の分かれるところである。

7 消極的身分と共犯

消極的身分と共犯との関係は，次のように取り扱われている。

(1) 違法性阻却的身分と共犯

非身分者が身分者に加功するばあい，そもそも正犯行為は適法であるから，非身分者についても犯罪は成立しない。逆に，身分者が非身分者の行為に加功するばあい，判例は，65条1項の精神にのっとってすべての共犯の成立をみとめており，通説もこれを支持している。

(2) 責任阻却的身分

制限的従属性説（通説）の立場に立つかぎり，本人に存在するこれらの一身に専属する事由が他の共犯者に影響を及ぼすことはない。

(3) 刑罰阻却的身分（一身的刑罰阻却事由）と共犯

244条・257条は，非身分者の共犯に対しては人的刑罰阻却事由の適用を排除する旨を明らかにしている。このような明文のない105条については，とくに身分者が非身分者の行為に加功したばあいの取扱いが問題になる。たとえば，親族である妻が第三者を教唆して夫の被告事件の証拠を隠滅させ，または，犯人である夫を蔵匿させたようなばあいも，自ら単独でこれをおこなったばあいと同様に105条を適用して刑の免除を受けることができるか，ということが争われるのである。通説は，これを肯定的に解しているが，親族という身分を有する者が自らおこなったばあいに限定され，他人を利用する行為にまで及ばないとする見解もある（大判昭8・10・18刑集12巻1820頁）。

●〔択一式問題〕●

【問】 共犯と身分に関する次の記述のうち，正しいものはどれか。

(1) 身分犯における身分を「一定の犯罪行為に関する犯人の人的関係たる特殊の地位または状態」と解する見地からは，目的犯における目的は65条2項にいう身分とは解され得ない。

(2) 構成的身分を有しない者がこれを有する者の実行行為に加担したばあい，65条1項により当然に共同正犯とされる点で判例・学説は一致している。

(3) 65条1項は共犯の成立を，同条2項は科刑の点をそれぞれ規定しているとする見解によれば，非占有者が業務上の占有者に対して横領を教唆したばあい，業務上横領罪の教唆犯が成立し，その刑で処せられる。

(4) 65条1項は構成的身分に関する規定であると解する見解によれば，賭博の非常習者が常習者の賭博行為に加功したばあい，同条2項により単純賭博罪が成立し，その刑で処せられる。

(5) 違法性阻却的身分を有する者がこれを有しない者の行為に加功したばあい，その身分者には65条1項の精神に則って，共犯としての違法性が阻却されて犯罪は成立しないことになる。

☞ 解答へのプロセス

(1) 目的も身分と解され得るので誤り。最判昭和42年3月7日刑集21巻2号417頁（2参照）。

(2) この点について判例・学説は一致していないので（3），誤り。

(3) この見解によると，業務上横領罪の教唆犯が成立するが単純横領罪の刑で処せられる（4・6参照）ので，誤り。

(4) 正しい（4・6参照）。

(5) 65条1項の精神に則るのであれば，むしろ共犯の成立を肯定すべきである（7参照）から誤り。

以上により，正解は(4)。

第1節　共犯一般　291

●〔択一式問題〕●

【問】　公務員Aと公務員でないBは，Aの職務に関して共同して業者Cから賄賂として金銭を受け取り，これを使ってクラブで豪遊した。

共犯と身分に関する65条1項は真正身分犯につきすべての共犯形式に対して適用されるとする見解によると，AおよびBの罪責として正しいものはどれか。

(1)　Aは収賄罪，Bは収賄罪の幇助犯
(2)　Aは収賄罪，Bは収賄罪の教唆犯
(3)　A・Bともに収賄罪の同時犯
(4)　A・Bともに収賄罪の共同正犯
(5)　Aは収賄罪，Bについては犯罪不成立

☞　解答へのプロセス

収賄罪は「真正身分犯」である。収賄罪につき，非公務員Bが公務員Aに「加功」したばあい，65条1項は，Bの行為を「共犯とする」と規定しているが，Bの罪責としていかなる共犯形式が肯定されるかについては争いがある（3参照）。

本問では，すべての共犯形式に対して65条1項の適用をみとめるべきであるとする見解（判例・通説の立場）に従って，A・Bの罪責を明らかにすることが要求されている。この見解によれば，A・Bは共同正犯の形態で収賄罪をおこなったことになる。

以上により，正解は(4)。

●〔択一式問題〕●

【問】　共犯と身分に関して65条1項は身分の a を，同条2項は身分の b を規定している。そこで両者の関係をどのように把握すべきかが問題となる。 c をたんに d とすることによって， e についても身分の f を貫こうとする説がある。しかし，この説は，真正身分犯と不真正身分犯を機械的に同一視するものであり， g を生じさせるものであると批判されてい

る。

　上の空欄a〜gを補充するのに適切な語句を挙げた。誤っているものはどれか。ただし，同じ語句を2度用いてもよい。
(1)　科刑の問題
(2)　罪名と科刑の分裂
(3)　真正身分犯
(4)　個別性
(5)　連帯性

☞　解答へのプロセス

　a—(5), b—(4), c—(4), d—(1), e—不真正身分犯, f—(5), g—(2)をそれぞれ補充すれば文は完結する（4参照）。
　以上により，正解は(3)。

2 共同正犯をめぐって

◆第1款　共謀共同正犯

> 共同正犯に関する「一部実行の全部責任の原則」とは何だろうか。それはどのように理論的に基礎づけられるのだろうか。
> 　共謀共同正犯とは何だろうか。それを理論的に基礎づける学説にはどういうものがあり，どれが妥当なのだろうか。
> 　判例は，共謀共同正犯をどのように把握しているのだろうか。共謀共同正犯に関する有名な最高裁の判例として「練馬事件判決」があるが，それはどういう内容の判決なのだろうか。

〔解説〕
1　一部実行の全部責任の原則
(1)　意義

「一部実行の全部責任の原則」とは，共同正犯者の一部の者が発生させた結果は共同正犯者全員に帰属させられるとする原理をいう。「一部実行の全部責任の原則」は，共同正犯を基礎づける原理である。この原則を個人主義的観点から基礎づけるか集団主義的観点から基礎づけるかという理論的対立がある。近代刑法は，団体責任が「責任主義」ないし「責任原理」に背反するとしてこれを否認し，個人責任主義を要求している。そこにおいては，意思責任が要求されるので，「一部実行の全部責任」を，このような「個人責任」および「意思責任」の要請を満たしつつ，理論的にいかに説明するかが問題とされてきたのである。

(2) 通説

通説は，これを純粋に個人主義的観点から基礎づけており，妥当である。責任主義を徹底する見地においては，団体責任の残滓を包含する集団主義的観点から共同正犯の本質を把握する立場は否定されるべきことになる。純粋に個人主義的な把握は，個々人が集合したばあいの心理状態について，集団心理学の知見の援用を否定するものではない。むしろ集団の心理現象が個々人に影響を及ぼすことを率直に承認したうえで，共同正犯者の相互関係を心理学的側面および規範学的側面から把握することが刑法解釈論としても重要な意義を有する。

個人主義的原理は，共同正犯の犯罪現象を個々の行為者の行為に還元したうえで行為者の共同関係として把握する。すなわち，個性をもった個人が一定の役割を担うことによって犯罪を遂行する共犯は，「分業形態」による犯罪の完成をめざす協力関係と解されるのである。個人主義的原理は，独立の人格をもった行為者が「協同関係」を作って犯罪行為を「分担」して遂行する犯罪現象として共犯を把握していることになる。

(3) 共犯現象の社会心理学的把握

社会心理学的現象としての共犯は，個人主義的原理から次のように説明されるべきである。すなわち，数人が集合して集団を形成したばあい，「共同目的」による「心理的拘束力」が生ずるが，それは集団の個々の構成員を超越するものではない。集団の拘束力は，あくまでも複数の人格主体が作り上げ，その人格主体に従属するものであり，したがって，自由にこれを解消させることもできるものである。集団に「心理的拘束力」が生ずるのは，個々人の人的結合が強化されるからであり，人的結合が緊密になればなるほど，それだけ強く各構成員に「心理的同調性」が生じ，その集団の共同目的関係から離脱することに対する「心理的抵抗感」が強まってくることは明白な事実である。このような人的結合が形成されると，協同関係に基づく合同力が強くなって犯罪遂行が確実になるので，これを抑止するために刑法はこれを共犯として特別に取り扱うのであり，その特別な取り扱いこそ「一部実行の全部

責任」の原則なのである。

　このように，「一部実行の全部責任」の原則は個人主義的原理に基づいて基礎づけられ得る。すなわち，人的結合によって強められた個々人の行為は，それ自体を取り出して形式的に見たばあいに格別の意味をもたなくても，それぞれの分業・分担を一つの「合同力」として統一的な観点から見たときには，重要な意味を有するのである。したがって，個々人の行為は，その部分だけを切り離して形式的に捉えられるべきではなく，全体との関連において実質的に評価されるべきなのである。部分は全体との関係において有機的な意味を有し得るのであるから，人的結合に加わった者は，全体の一部を遂行したにすぎないばあいであっても，全体に対して責任を負わなければならない。これは，個人を超越する者の責任を代位して負担するものではなくて，あくまでも分業・分担によって統一的に実現された結果に対して負担する「自己責任」なのである。これがまさしく「一部実行の全部責任」の原則にほかならない。

2　共謀共同正犯と判例

(1)　意義

　「共謀共同正犯」とは，2人以上の者が一定の犯罪を実行することを共謀し，その共謀した者（「共謀者」）の中の一部の者が共謀した犯罪の実行に出たばあいに，共謀に参加したすべての者について共同正犯としての罪責がみとめられる共犯形態をいう。共謀共同正犯が共同正犯とされるためには，直接，実行行為を分担しなかった共謀者にも，「共同実行の事実」が存在しなければならないが，はたしてこれを肯定できるかが共謀共同正犯論の根本問題である。

(2)　「練馬事件」判決

　共謀共同正犯論の問題を検討するに当たってきわめて重要な意義を有するのは最高裁の練馬事件（印藤巡査殺害事件）判決（最大判昭33・5・28刑集12巻8号1718頁）であるので，まず本判決の内容を見ることにしよう。

(i) 事実関係

本件の事実関係の概要は、以下のとおりである。すなわち、東京都練馬区所在の某製紙会社で発生した労働争議に際し、被告人XおよびYは、第一組合と第二組合とが反目対立し、第一組合員の間で、第二組合の委員長Aおよび紛争の処理に当たった練馬警察署巡査Bに対する反感が高まったのを利用し、Aに暴行を加えて第二組合の動きを抑圧するとともに、権力闘争の一環としてBにも暴行を加えることを計画した。XとYは、相謀り、具体的な実行の指導ないし連絡についてはYがその任に当たることを決め、Yの連絡・指導に基づき、被告人Zほか数名が現場に赴いて、Bをだまして路上に誘い、鉄管や丸棒で後頭部等を乱打し、まもなくBを脳挫傷により、現場で死亡させた。

上記の事実につき第一審および原審は、現場における襲撃に参加しなかったX・Yを含む全被告人について傷害致死罪の共同正犯の成立をみとめた。これに対して被告人側から上告がなされたが、最高裁は次のように判示して上告を棄却したのである。

(ii) 判決要旨

「共謀共同正犯が成立するには、二人以上の者が、特定の犯罪を行うため、共同意思の下に一体となって互に他人の行為を利用し、各自の意思を実行に移すことを内容とする謀議をなし、よって犯罪を実行した事実が認められなければならない。したがって右のような関係において共謀に参加した事実が認められる以上、直接実行行為に関与しない者でも、他人の行為をいわば自己の手段として犯罪行為を行ったという意味において、その間刑責の成立に差異を生ずると解すべき理由はない。さればこの関係において実行行為に直接関与したかどうか、その分担または役割のいかんは右共犯の刑責じたいの成立を左右するものではないと解するを相当とする。」

「数人の共謀共同正犯が成立するためには、その数人が同一場所に会し、かつその数人間に一個の共謀の成立することを必要とするものでなく、同一の犯罪について、甲と乙が共謀し、次で乙と丙が共謀するというようにして、

数人の間に順次共謀が行われた場合は，これらの者のすべての間に当該犯行の共謀が行われたと解するを相当とする。」

(ⅲ) 判例の流れ

共謀共同正犯の観念は，大審院の判例によって旧刑法時代から採用され（大判明28・12・9刑録1巻88頁等），次第にその適用範囲が拡張され，最高裁の判例もこれを踏襲している。共謀共同正犯論は，当初は，恐喝罪のような「知能的犯罪」に限定して適用されていたが，後に放火罪，窃盗罪，殺人罪や強盗罪などのいわゆる「実力犯」にも適用されるようになり，法定犯にも適用されるに至っている。

3 共謀共同正犯の理論的基礎づけ

(1) 共謀共同正犯否定説

当初，通説は，実行行為を共同しておこなっていない共謀者は共同正犯とはなり得ず，教唆犯か幇助犯として処罰されるべきであるとして共謀共同正犯論の観念を否定した。現在では，肯定説が多数説となっている。

(2) 共謀共同正犯肯定説

共謀共同正犯論の「実際上の基礎」は，現実の実行行為者の背後にいる黒幕的存在を「正犯」者として処罰すべきであるとする法感情にある。しかし，これを理論的に根拠づけるためには，「解釈論上の基礎」が必要である。そこで，共謀共同正犯肯定説は，その理論づけに努めてきており，見解は多岐にわたっている。

(3) 共謀共同正犯肯定説における理論づけをめぐる諸説

(ⅰ)共謀により共同意思主体が形成され，共謀者の1人が犯罪の実行に着手することによって共同意思主体の活動があることになり，犯罪の実行に着手しない共謀者も自ら実行に着手したものとする共同意思主体説，(ⅱ)共同意思のもとに一体となり，相互に了解し合って互いに相手を道具として利用し合う点に正犯性をみとめる間接正犯類似説，(ⅲ)共謀者は実行担当者の行為を支配するから正犯者としての行為支配がみとめられるとする行為支配説，(ⅳ) 60

条の「共同して実行した」とは、2人以上の共同意思に基づいて犯罪を実行することをいい、実行行為を分担し合った実行共同正犯のばあいだけでなく、共同実行の意思と共同実行の事実とがみとめられるかぎり共同正犯が成立するとする包括的正犯説、(v)「本人が共同者に実行行為をさせるについて自分の思うように行動させ本人自身がその犯罪実現の主体となったものといえる」ようなばあいを正犯とする団藤説、(vi)実行を担当しない共謀者が、社会観念上、実行担当者に比べて圧倒的優越的地位に立ち、実行担当者に強い心理的拘束を与えて実行に至らせているばあいに共同正犯の成立をみとめる優越支配共同正犯説、(vii)犯罪の実現において実行の分担に匹敵し、または、これに準ずるほどの役割を果たしたとみとめられるばあいにも共同正犯を肯定する「準実行共同正犯」説、(viii)実質的な「共同惹起・共同実行」を共同正犯の要件とする説などが主張されている。

目的的行為支配説、間接正犯類似説および意思支配説などが個人主義的原理によって基礎づけられるのに対して、共同意思主体説は集団主義的原理によって基礎づけられる。

(4) 私見

個人主義的原理に基づく共犯理論の観点からは、共謀共同正犯は次のように基礎づけられるべきである。すなわち、共謀共同正犯関係にある個々の構成員の心理内容の中核をなすのは、それぞれ「相手の行為を利用」することによって犯罪を「容易に、かつ、確実に」遂行・実現しようとすることである。いいかえると、共犯者間に存在する「相互的利用関係」こそが、共同正犯の本質をなすものであり、共謀共同正犯にもその存在がみとめられるのである。この利用関係を全体として見れば、まさしく犯罪の分業・分担にほかならず、共謀者もそれぞれ役割分担をしていることになり、正犯性がみとめられることになる。

上記のように解することによって、行為共同説との理論的整合性も得られる。すなわち、行為を共同するというのは、行為者の心理内容としては、他人の行為を相互的に利用することとなるのである。このような相互的利用関

係は，各構成員にとって単独正犯としての間接正犯における利用関係に類似するものである。すなわち，藤木博士が指摘されたように「二人以上の者が犯罪遂行について合意に達した場合，この二人の行動を全体的にみたときは，間接正犯における利用関係に対比すべき実体をそこに見出すことが可能である」といえる。このようにして，わたくしは，間接正犯類似説が妥当であると考えている。

◇第 2 款　過失犯の共同正犯

> 過失犯の共同正犯はみとめられるのだろうか。
> 過失犯の共同正犯の成否は，犯罪共同正犯と行為共同説との対立および過失犯の本質の把握とどのように関連するのだろうか。
> 過失犯の共同正犯に関して判例はどのように解しているのだろうか。

〔解説〕
1　問題の所在
　過失犯の共同正犯の問題は，2人以上の者が共同して一定の行為をおこない，全員の不注意により過失犯の構成要件に該当する結果を惹き起こしたばあい，これらの者を過失犯の共同正犯として処罰することができるのか，それとも過失犯の同時犯がみとめられるにすぎないのか，という問題である。いいかえると，過失の共同なのか，過失の競合なのか，という問題にほかならない。「過失犯」と「共同正犯」の本質が交錯するため，両者の本質の捉え方の相違により，結論が異なる。

2　共同正犯の本質との関連
　過失の共同正犯の成否が「共同正犯」の本質との関連で問題になるばあいの論点は，「共同正犯」の成立要件として「何を」共同するのかということで

ある。この点につき，従来，犯罪共同説は「故意行為」の共同を要求し，行為共同説は「前構成要件的行為」の共同があれば足りると解してきた。通説は，共同正犯の本質について犯罪共同説をとって過失の共同正犯を否定し，行為共同説の論者の多くは過失の共同正犯を肯定するので，過失の共同正犯について，犯罪共同説→否定説，行為共同説→肯定説という図式化がなされてきた。しかし，犯罪共同説（数人一罪説）の見地から肯定説が主張され，行為共同説（数人数罪説）の立場から否定説が主張されるという現象も存在するので，この図式には疑問が提起されている。

　犯罪共同説は，特定の犯罪を数人の者が協同して実現する現象として共犯を把握する。これに対して行為共同説は，数人の者が事実（行為または因果関係）を共同にして各自の犯罪をそれぞれおこなう現象として共犯を把握する。両説の対立は，共犯現象を，共犯者の「集団的な合同行為」と見るか，それとも共犯者相互間の「個別的な利用関係」と見るかの争いと解することができるのである。

　このように，犯罪共同説と行為共同説が根本的に対立しているが，わたくしは行為共同説を妥当であると考えている。そうすると，犯罪の共同というばあい，特定の1個の故意犯だけを共同することを意味するわけではないことになる。数個の故意犯はもとより，過失犯についても共同正犯は可能となる。

③　過失犯の本質との関連

　過失犯の共同正犯の成否に関して，共同されるべき「過失犯の本質」をどう解するか，という問題は，意識的部分と無意識的部分から成る過失犯の複合形態のどの部分を重視するのか，ということにほかならない。たとえば，XとYが，トラックで貨物を長距離輸送する際，時々，運転を交替し助手席に坐っている時には一緒に安全確認をすることを約束して運転を開始し，Xの運転中，XもYも休憩不足による疲労のため眠くなりかけたにもかかわらず，暗黙のうちに互いに相手を当てにして，そのまま走行を続け，2人とも居

眠りをしてしまい，その結果，通行人Zを轢(ひ)いて死亡させたばあい，過失致死の直接の原因となった「居眠り運転」の時点では，X・Yともに「意思活動」をおこなっているとはいえないにもかかわらず，なお過失致死罪の共同正犯となし得るのか，が問題とされている。

このばあい，主観的面において，過失行為は意識的なものから無意識的なものにまたがる領域を占めており，意識的な部分は過失行為にとって本質的なものではないとする見解からは，意識的な部分についての意思の連絡を基礎にして過失犯の共同正犯の成立をみとめるべきではないとする。たしかに，過失犯には意識的部分と無意識的部分があるが，しかし，問題は，その何(いず)れか一方だけを重視しなければならないのかどうかにある。

過失犯を処罰するに当たって，過失も行為であることが確認されなければならない。行為規範としての刑法は，行為者の意識的部分に第一次的に向かっていくのであり，過失犯においては，一定の結果を認識しないで（認識なき過失のばあい），すなわち，その点については「無意識的に」，構成要件的結果を発生させる危険のある行為をおこなっていることを問題にするのである。過失行為は，あくまでも注意義務を媒介としてはじめて刑法上，意味のある行為となり得るのである。わたくし達が，今ここで問題にしているのは，注意義務に媒介された過失「行為」の共同が可能かどうかであり，いいかえると，構成要件的過失行為の共同の可否にほかならない。

過失犯の共同正犯を肯定する立場は，過失行為の共同の形態の中に，一方が他方の行為についてまで注意しなければならないばあいがあることをみとめるものである。過失犯の共同正犯をみとめるというのは，あくまでも過失「行為」の共同を肯定するにとどまり，過失「責任」の共同をみとめるわけではないので，責任は過失犯にあっても個別的に判断されなければならないことになる。

これまで詳しく見てきたように，構成要件的過失をみとめる以上，構成要件的過失行為の共同を肯定するのが論理的に一貫するといえる。そうすると，「共犯論」の見地からも「過失犯論」の見地からも，過失犯の共同正犯を肯定

するのが理論的に妥当であることが明らかになったと解される。

4 判例の立場

ここで判例の立場を見ることにしよう。大審院の判例は，過失の共同正犯について，つとに否定的立場をとってきた。しかし，最高裁の判例は，過失犯には共同正犯が成立する余地がないという少数意見を押し切ってあえてこれを肯定する判断を示した（最判昭28・1・23刑集7巻1号30頁）。

この判決の事案は，共同して飲食店を経営していた被告人A・Bは，Xから仕入れたウィスキーと称する液体（法定除外量以上のメタノール含有）を，不注意にもメタノール含有の有無を検査せず，意思を連絡して数名の者に販売したというものである。

最高裁は，「原判決は，被告人両名の共同経営にかかる飲食店で，右のごとき出所の不確かな液体を客に販売するには『メタノール』を含有するか否かを十分に検査した上で，販売しなければならない義務のあることを判示し，被告人等はいずれも不注意にもこの義務を懈り，必要な検査もしないで，原判示液体は法定の除外量以上の『メタノール』を含有しないものと軽信してこれを客に販売した点において有毒飲食物等取締令4条1項後段にいわゆる『過失ニ因リ違反シタル』ものと認めたものであることは原判文上明らかである。しかして，原判決の確定したところによれば，右飲食店は，被告人両名の共同経営にかかるものであり，右の液体の販売についても，被告人等は，その意思を連絡して販売をしたというのであるから，此点において被告人両名の間に共犯関係の成立を認めるのを相当とする」と判示したのである。

◇第3款 承継的共同正犯

「承継的共同正犯」とは何なのだろうか。

いったい「何を」なぜ「承継」することになるだろうか。

〔解説〕
1　問題の所在
(1) 意義

承継的共同正犯とは，ある行為者（先行者）が実行行為の一部を終了したがその結果が発生する前に，他の行為者（後行者）が，その事情を認識したうえで，先行者との意思の連絡の下に事後の行為（残余行為）を共同しておこなうばあいをいう。

承継的共同正犯においては，後行者はいかなる範囲で共同正犯としての罪責を負うのか，が争われる。通常の共同正犯は，実行行為をおこなう段階において，すでに共同加功の「意思の連絡」と「共同実行」という共同正犯の要件を完全に具備している。ところが，承継的共同正犯のばあいには，「意思の連絡」は先行者によって実行行為の一部が遂行された後に生じており，「共同実行」も残余行為としての後行行為についてのみ存在するにすぎない。にもかかわらず，このばあいに先行者が予定した「全体としての犯罪」について共同正犯の要件が具備していると解してよいのだろうか。これが承継的共同正犯の肯否の根底に横たわる根本問題である。

(2) 種々の観点

承継的共同正犯論の根本問題は，共犯の本質論の一形態であり，種々の観点からの議論が交錯しているため，複雑な様相を呈している。

まず，第1に，承継的共同正犯において，後行者の「意思」と「外形的行為」の何れを重視すべきか，という観点がある。意思を重視すれば，後行者の「追認」によって全体が共同正犯として把握され，外形的行為を重視すれば，後行行為についてのみ共同正犯をみとめるべきであると解することになる。

第2に，「犯罪の不可分性」の観点がある。とくに結合犯・結果的加重犯の

ばあい，構成要件として2つの行為が不可分的に結びついているので，これを分解してその2個の行為について共同正犯の成否を考えるのは，そもそも罪質上，問題があるのではないであろうか。一方，後行行為をまったく不問に付するのも実際上，不都合であると考えられる。そこで，「犯罪の不可分性」を強調する見地は，承継的共同正犯の全体について共同正犯の成立をみとめようとする。

第3に，「共同正犯の成立範囲」と「処罰・責任の範囲」とを同一視すべきか否か，という観点がある。共同正犯のばあいに「一部実行の全部責任」の法理が働くのは，主観的要件と客観的要件の「同時存在」があるからであって，承継的共同正犯のばあいには，その前提が欠けるので，後行者にこの法理が適用されるのは，介入後の共同行為に限定されるべきことになる。この見地においては，共同正犯としての成立範囲と共同正犯者相互の処罰とは一致しないことになる。

2 学 説

学説は，全体につき共同正犯の成立をみとめる積極説と介入後の行為についてのみ共同正犯の成立をみとめる消極説とに分かれるが，その論拠には相違がある。それは，1において見た諸論点の理解が，学説によって微妙に食い違っているからである。

(1) 積極説

(i) 行為の全体につき「共同意思」・「共同実行」が存在するから全体について共同正犯が成立するとする説

この説は，後行者の利用意思を重視する立場といえる。

(ii) 単純一罪は不可分であるから，意思の連絡が実行行為の一部を遂行した後で生じても，全体について共同正犯が成立するとする説

この説は，犯罪の不可分的一罪性を強調して，全体について共同正犯の成立をみとめる。

(iii) 「共犯成立上の一体性」・「共犯処罰上の個別性」という見地から，全体

について共同正犯の成立をみとめ，処罰に関しては，結合犯・結果的加重犯についてはこれを分割して各共同者の責任を論ずるとする説

この説は，共同正犯の成立とその処罰とを分離して考察する点に特徴がある。

(2) 消極説
(i) 全面的否定説

後行者は関与後の行為についてのみ共同正犯としての責任を負い，たとえば強盗罪のような結合犯のばあい，奪取行為のみを共同した後行者は窃盗の罪責を負うにすぎないとする。その論拠として，①行為共同説の見地から，たとえ先行者の行為を認識していても，後行者がその行為に加功していない以上，遡ってその点についてまで共犯関係をみとめるべきでない，②目的的行為論・行為支配説の見地から，後行者は先行者のなした事実に対して行為支配を有し得ないから，共同正犯としての罪責を負わない，③主観的＝部分的犯罪共同説の見地から，とくに別個に承継的共同正犯の概念を設定するまでもないことなどが挙げられている。

(ii) 部分的否定説

この説は，原則として関与後の行為についてのみ共同正犯をみとめるが，例外的に全体としての罪について共同正犯を肯定する。これを肯定すべきばあいについては，次のように見解が分かれている。

(a)犯罪共同説の見地から，後行者が共同実行の意思をもって，先行者の実行に介入したとき以後の共同実行行為について共同正犯がみとめられるのが原則であるが，結合犯はそれ自体が「独立した犯罪類型」であるから，その全体について共同正犯が成立するとする説

(b)行為共同説・因果的共犯論の見地から，関与前の行為に対して後行者の行為が「因果性」を有することはないから，後行者は関与した時以後の正犯の行為およびその結果についてしか責を負わないが，先行者の行為が後行者の「関与後にもなお効果を持ち続けている」ばあいには，全体について共同正犯が成立することをみとめる説

(c)共同正犯の性質上，合意以後の行為についてのみ共同正犯の成立をみとめるべきであるが，後行者の行為が先行者の行為をも含めた「単一不可分の構成要件の実現に役立つ」ばあいには，同時に承継的従犯として，その罪を幇助した刑責をも負うとする説

3 判　例

判例の主流は積極説であるが（大判明43・2・3刑録16輯113頁，最決昭32・10・18刑集11巻10号2675頁），下級審判例には消極説をとるものが多くなっている（広島高判昭34・2・27高刑集12巻1号36頁など）。

◆第4款　共同正犯の中止と離脱

「中止犯」の規定は，「共同正犯」についても適用できるのだろうか。共同正犯関係からの離脱とは何を意味するのだろうか。共同正犯の中止犯とはどのように違うのだろうか。

〔解説〕
1 中止犯規定の共同正犯への適用の可否

中止犯（中止未遂）の規定（43条ただし書き）は，当然に共同正犯に適用され得るのか，かりに適用が可能であるとしたばあい，何らかの修正が必要なのであろうか。教唆犯・幇助犯についても共犯と中止犯が問題となり得るが，本書では割愛する。

上記のような疑問が生ずるのは，次のような事情があるからである。すなわち，中止犯は，条文の位置・体裁から見て単独正犯を念頭において規定されていると解される。共同正犯の本質は，「一部実行の全部責任」がみとめられるところにある。すなわち，「共同者のだれかが未遂に終ったとしても他の者が犯罪を完成すれば，全員が既遂の責任を負わなければならない」点に共同正犯の特徴があるわけである。そこで，このような共同正犯について中止

犯規定の適用があるというのは,「個々人の未遂を考慮せよということ」にほかならず,「共同正犯をみとめる実益はなくなってしまうであろう」との批判が主張されることになる。

たしかに,中止犯の規定と共同正犯の規定（60条）の文言から見るかぎり,上述のように解することにも相当の理由がある。しかし,共同正犯の本質を「一部実行の全部責任」の原理に求めるそもそもの「理論的根拠」,つまり「共犯の処罰根拠」を考え直したばあい,必ずしも上のように解しなければならないわけではない。つまり,因果的共犯論の立場に立つと,共同正犯の罪責についても結果発生に対する因果的影響の有無によって消長が来たされることになる。いいかえると,「一部実行の全部責任」も共同行為の因果力の相違によって緩和され個別化され得るのであり,したがって,中止犯規定の適用ないし準用が可能となるのである。これが「共同正犯関係からの離脱」の問題にほかならない。とくに行為共同説をとり,人的不法論の見地を採用すると,なお一層,個別化への道が開けてくる。共同正犯について中止犯の適用ないし準用をみとめたばあい,共同正犯の特殊性に基づく修正が必要である（この点については4参照）。

2 共謀関係からの離脱

(1) 意義

共同正犯関係からの離脱は,共同者が実行に「着手する前」と「着手した後」の2つの局面において問題となる。前者は,共謀共同正犯をみとめる判例において,「共謀関係からの離脱」の問題として扱かわれている。

(2) 判例

判例は,犯罪の実行を共謀した者の一部が,他の共謀者が実行行為に着手しないうちに共謀関係から離脱したばあい,その離脱者は,他の共謀者が実行し実現した結果について共同正犯としての罪責を負わないとする。すなわち,「一旦他の者と犯罪の遂行を共謀した者でもその着手前他の共謀者にも実行を中止する旨明示して他の共謀者がこれを諒承し,同人等だけの共謀に基

き犯罪を実行した場合には，前の共謀は全くこれなかりしと同一に評価すべきものである」(東京高判昭25・9・14高刑集3巻3号407頁)とされる(同旨，福岡高判昭28・1・12高刑集6巻1号1頁，大阪高判昭41・6・24高刑集19巻4号375頁)。

(3) 共謀共同正犯否定説の立場

共謀共同正犯の観念をみとめない立場からは，「共同正犯の実行を共謀した者の一部が，実行の着手前にその共謀関係から離脱した場合には，まだ実行行為を共同にしているわけではないから，共同正犯の罪責を負わないことは当然であって，とくに共謀関係からの離脱を論ずる意味に乏しい。その段階での離脱者には，予備・陰謀罪が処罰される場合に，それについての共同正犯の成否が問題となるにとどまる」とされる。

(4) 離脱の表意

共謀関係からの離脱がみとめられるためには，実行の着手前に犯行を断念する旨を共犯者に表示する必要があるが，その「離脱の表意は，必ずしも明示的に出るの要はなく，黙示的の表意によるも何等妨げとなるものではない」(前掲福岡高判)。

後者は，共同正犯の中止犯の成否の問題に包括されるものであり，目下，その取扱いが論議されているので，項をあらためて4で検討することにする。

3 共同正犯の中止犯

(1) 意義

共同正犯の結果が発生しなかったばあい，未遂が罰せられる罪について各人が未遂の罪責を負うことになる点において，異論はまったく存在しない。その際，各人について中止未遂と障害未遂とが問題となり得る。全員が任意に結果の発生を防止すれば，全員について中止犯がみとめられる。共同者の一部が任意に結果の発生を完全に阻止したばあいは，それらの者について中止犯がみとめられ，他の者については障害未遂が成立する。

(2) 成立要件

通説・判例は，共同正犯の中止犯の成立要件として，次のことを要求する。

すなわち，「単独正犯については，着手未遂の形態のばあいには，積極的に実行を中止するだけで——結果の発生は当然に阻止されるから——中止犯になる。しかし共犯のばあいには，そうはいかない。共同正犯のばあいについていえば，他の共犯者の実行を阻止するか，結果の発生を阻止することを要する。自分だけが途中で翻意して立ち去っても中止犯にはならない」(団藤)とされる。

(3) 判例

判例には次のようなものがある。

(i) 恐喝罪

AおよびBが恐喝の目的でXを脅迫したが，その後Aは思い返したためBだけが金を受け取りに行ったという事案において，「被告は犯行に著手したるも恐怖の余り之を遂行することを思いとどまりたりとするも，本件はAとの共謀に係る犯罪に外ならざるを以て，共謀者の実行を防止すべき手段を講じたる事跡をも認むべきものなき場合に於ては，其の為したる行為の結果に付責を免るるを得」ずとして，中止犯はみとめられず恐喝の既遂が成立するとされた（大判大12・7・2刑集2巻610頁。片仮名を平仮名に直し読点・濁点を付した）。

(ii) 強姦罪

婦女乙を強姦しようと他の数名の者と共謀した甲は，上記数名の者が乙を強姦して同女に傷害の結果を生じさせたが，任意に姦淫することを中止したという事案について，「被告人等は乙を強姦することを共謀して同女を強姦し，且つ強姦をなすに際して同女に傷害を与えたというのであるから，共謀者全員強姦致傷罪の共同正犯として責を負わなければならない。原審相被告人甲は，同女を姦淫しようとしたが同女が哀願するので姦淫を中止したのである。しかし他の共犯者と同女を強姦することを共謀し，他の共犯者が強姦をなし且つ強姦に際して同女に傷害の結果を与えた以上，他の共犯者と同様共同正犯の責をまぬがれることはできないから中止未遂の問題のおきるわけはない」として，甲は強姦致傷罪の罪責を負うものとされた（最判昭24・7・12

刑集3巻8号1237頁)。

(iii) 強盗罪

XおよびYが強盗を共謀してZ宅に押し入りZを脅迫したが，XはZが差し出した現金を受け取ることを断念して表に出たところ，Yがその金を強取してきたという事案について，「被告人において，その共謀者たる一審相被告人Yが判示のごとく右金員を強取することを阻止せず放任した以上，所論のように，被告人のみを中止犯として論ずることはできない」として，Xについても強盗既遂の罪責が肯定されている（最判昭24・12・17刑集3巻12号2028頁）。

(4) 通説・判例の立場

上述のように，通説・判例は，共同正犯者の一部が結果を実現したばあいには，共同正犯関係から離脱した者についても一律に既遂の罪責を肯定し，中止犯の成立をまったくみとめない。これは，単独正犯のばあいと同様に，結果が発生した以上，中止未遂（中止犯）の規定を適用する余地はまったく存在しないと解するものである。別の観点からいえば，通説・判例においては「一部実行の全部責任」の原理が厳格に貫徹されていることになる。

4 共同正犯関係からの離脱の取扱い

(1) 意義

通説・判例は，3において見たように，共同正犯の犯罪遂行の途中で一部の者が翻意したとしても，結果が発生したばあいには，全員について既遂の罪責をみとめる。しかし，これは途中で翻意した者にとって酷な扱いであると考えられるので，このようなばあいに，翻意者を解釈論上，救済しようとする試みがなされる。これがいわゆる「共同正犯関係からの離脱の理論」にほかならない。

(2) 学説

翻意者の救済方法について2つの考え方がある。(i)中止犯の適用をみとめる立場と(ii)未遂の範囲で罪責をみとめ刑の任意的減軽をほどこそうとする立

場である。

(i) 中止犯規定適用説

この立場はさらに2つに分かれる。すなわち、(a)発生した結果に対する因果関係の存在を否定することによって、中止未遂（中止犯）の適用をみとめる説、および、(b)意思の連絡が欠如することを理由にして中止未遂の適用をみとめる説が主張されている。

(a)(b)とも、共同正犯関係から離脱した者を「単独犯」と同様に扱うことによって、中止犯規定を適用するものであるといってよい。すなわち、離脱した共同正犯者を「単独犯」とするために、他の共同者によって現実に発生させられた「結果」に対する因果関係を否定し、その者との関係においては「結果不発生」として「評価」しようとするのである。これは、いいかえると、事実的な結果発生を「相対化」し共同正犯者の罪責を「個別化」することによって、中止未遂としての扱いを正当化しようとする試みにほかならない。ここにおいて「一部実行の全部責任」の原理が修正されているのである。しかし、ここにいう単独犯化は、たんに「規範的評価」によってなされるのではなくて、あくまでも「因果関係の不存在」という事実的側面を基礎にしていることに注意する必要がある。

(a)の立場からは、「共同正犯A、Bがともに実行に着手した後、Aが離脱した場合……単なる離脱であれば、Aは、Bのその後の行為についても責任を負うが、Aの説得によってBが一度中止した後、あらためてBの意思によって行為を続けたときは、Aは、すでに行なった行為については中止犯であり、後に行なわれた行為については責任を負わない。これらの場合、Aの行為は、Bの実行行為に対して因果関係がないから責任を負わないのである」と説明される。

(b)の立場からは、「共同加功の意思は、共犯者各人の行為をその全体の中に意義づけ、各人は相互に手となり足となって全体としての違法行為を実現する。だから、共同正犯における行為性は、共同加功の意思すなわち『意思の連絡』によってのみ性格づけられる。そうだとすれば、犯罪遂行の途中においてであれ、『意思の連絡』が欠ければ、それ以後は、各人の行為はもはや全

体の行為としては評価できなくなるのではないか」とされる（井上〔正〕）。
  (ii) 未遂犯として任意的減軽をみとめる説
  この立場は，中止犯は未遂に関する規定である以上，共同正犯が既遂となったばあいには中止犯の成立する余地がないことを不動の前提とする。そして「共同正犯関係からの離脱がみとめられる場合には……未遂の範囲で共同正犯の罪責が問われるべきであり，結局，障害未遂と同様に取り扱われるのであるから，刑法43条本文の規定を準用して刑の任意的減軽をなしうるものと解する。これは，中止犯が成立した場合にうける刑の必要的減免の処遇と比較しても調和のとれた処置といえる」（大塚）とされるのである。
  (iii) 検討
  共同正犯関係からの離脱の問題は，共同正犯の本質にさかのぼって解決されなければならない。前述のように，共同正犯の本質は「一部実行の全部責任」の原理に端的に現われている。共犯現象は個人主義原理によって把握されるべきである。共同者各人が加功することによって結果の実現が「確実化」されるので，「一部実行の全部責任」の原理がみとめられる。「結果実現の確実化」というのは，別の観点から見れば，結果発生に対する因果力・因果関係の問題にほかならない。したがって，「共犯といえども自己の行為と因果関係のない結果についてまで責任を負うべきものではない。唯その罪責の範囲が他の共犯者を媒介とした因果性によって拡張されたにすぎない」（西田）と解すべきなのである。
  このようにして，わたくしは(i)の(a)説を支持する。意思の連絡が欠如することになっても，なお結果に対する因果関係が存在するばあいを看過している点において(i)の(b)説は妥当でない。第2の立場も，「既遂でなく未遂ならば，なぜ中止犯たりえないのかという疑問がのこる」（中山）ので，妥当でないとされる。

第2節 共同正犯をめぐって

● 〔択一式問題〕●

【問】 A 「共犯者ノ1人ニ中止犯ノ成立ヲ認ムルニハ少クトモ其ノ者ニ於テ共同犯行ニ因ル (1) ニ出テ (2) 其ノ (3) ヲ要ス」
B 「仮令(たとい)被告人ニ於テ右犯罪実行ノ一部ニ着手シタル後自己ノミ犯意ヲ翻シテ爾余(じよ)ノ実行行為ニ関与セサリシトスルモ共謀者タル原審相被告人ノ共同犯意ニ基ク (4) 被告人ノミニ付中止犯トシテ論スルコトヲ得(ス)」
C 「他の共犯者とA女を強姦することを共謀し、他の共犯者が強姦をなし且つ強姦に際して同女に傷害の結果を与えた以上、他の共犯者と同様 (5) ことはできない」

A・B・Cの文章はいずれも共同正犯と中止犯の成否に関する同趣旨の判決文の一部である。それぞれの空欄を補充するのに適切な語句を挙げた。誤っているものはどれか。

(1) 結果ノ発生ヲ防止スルノ作為
(2) 又ハ
(3) 結果ヲ防止シ得タルコト
(4) 実行行為ヲ阻止セサル限リ
(5) 共同正犯の責を免れる

> ☞ 解答へのプロセス

A判例は、大判昭12・12・24刑集16巻1728頁、B判例は、大判昭10・6・20刑集14巻722頁、C判例は、最判昭24・7・12刑集21巻8号1237頁である(判例については③参照)。(1)(3)(4)(5)の語句はそれぞれ正しい。A・B・Cとも同趣旨の判決文の一部として掲記されていることに注意する必要がある。C判決において「傷害の結果を与えた以上」共同正犯としての罪責を負い中止犯が成立し得ない旨が判示されているので、共同正犯の中止犯が成立するためには結果発生の阻止が要件とされることになる(この点については③・④参照)。したがって、たんに結果発生を防止すべき作為に出ただけでは足りず、あくまでも結果発生が防止されなければならない。そうすると、(2)は「又ハ」では足りず、「而カモ」(あるいは「且ツ」でもよい)でなければならない。

以上により、正解は(2)。

第5章 共犯

〔択一式問題〕

【問】 共同正犯の中止犯と共同正犯関係からの離脱に関する次の記述のうち,正しいものはどれか。

(1) 共謀関係が成立した後,実行行為に着手する前に,任意に他の共謀者に対して離脱する旨表示してその了承を得た者について,他の共謀者が遂行した犯行の罪責を否定するのは,共謀共同正犯の理論によらないかぎり,不可能である。

(2) いわゆる共謀関係からの離脱をみとめる以上,他の共同者が実行行為に着手した後も,実行行為をおこなわなかった者については,共謀関係からの離脱を理由に,予備罪の範囲での罪責を負わせなければならない。

(3) 共同正犯の中止犯も単独正犯の中止犯とまったく同様の要件を具備しなければならないと解すると,他の共同者が結果を発生させた以上,中止行為者も共同正犯の既遂の罪責を負わなければならない。

(4) 他の共犯者が結果を発生させたばあい,結果発生に対する因果関係の遮断の観点を導入すると,共同正犯関係から離脱した中止行為者は,共同正犯の既遂の罪責を負わなければならない。

(5) 他の共犯者が結果を発生させたばあい,意思の連絡の欠如を理由に中止犯の成立をみとめる見解をとると,共同正犯関係から離脱した中止行為者は,共同正犯の既遂の罪責を負わなければならない。

☞ **解答へのプロセス**

(1) 共謀共同正犯の理論によらなくても,離脱後の行為の罪責を否定することができる(②参照)ので,この選択肢は誤り。

(2) 実行行為に着手した後は共謀関係からの離脱は問題とならず(②参照),共同正犯の中止犯・共同正犯関係からの離脱の問題となる(③・④参照)ので,この選択肢は誤り。

(3) 正しい(③・④参照)。

(4) 因果関係の有無(遮断)を問題にすると中止犯が成立するばあいがあるので(④参照),この選択肢は誤り。

(5) この説によれば意思の連絡の欠如を理由に中止犯をみとめることが可能となるので(④参照),この選択肢は誤り。

以上により，正解は(3)。

〔択一式問題〕

【問】　X，YおよびZは，Aを殺害しようと共謀したうえ，山中でAを待ち伏せし，通りかかったAをXおよびYが抱きかかえ，Zが短刀でその胸を刺してAに重傷を負わせ，X，YおよびZはその場から逃走した。その後，XおよびYは，後悔し，ともに犯行現場にもどり，そのまま放置していれば出血多量で死亡していたであろうAを病院に運び，医師の治療を受けさせたので，Aは一命をとりとめた。
　　X，YおよびZの罪責はどうなるか。
(1)　X・Y・Zともに殺人罪の障害未遂
(2)　X・Y・Zともに殺人罪の中止未遂
(3)　X・Yは殺人罪の中止未遂，Zは殺人罪の障害未遂
(4)　X・Yは殺人罪の障害未遂，Zは殺人罪の中止未遂
(5)　X・Yは殺人罪の中止未遂，Zは殺人罪の既遂

☞　解答へのプロセス

　共同正犯関係にある共同実行者のうちの一部が任意に結果の発生を完全に阻止したばあいは，それらの者について中止犯の成立がみとめられ，他の者については障害未遂が成立する（③参照）。
　本問においてX・Yは，殺人の実行行為終了後に，後悔してAを病院に運んで医者の治療を受けさせてAの死亡という結果の発生を完全に阻止している。したがって，X・Yは任意に結果発生を阻止したことになる。中止犯・中止未遂の成立要件としての「任意性」の内容は，中止犯の法的性格をいかに解するかによって異なる。X・Yの行為は「後悔」（悔悟）に基づいてなされているので，どの説をとっても任意性は肯定される。
　そうすると，X・Yについては殺人罪の中止未遂がみとめられる。しかし，Zは，何ら中止行為をおこなっていないので，Aの死亡という結果の不発生はZにとっては意外な障害に基づくことになり，Zについては殺人罪の障害未遂が成立することになる。
　以上により，正解は(3)。

3 狭義の共犯をめぐって

◇**第1款 共犯の処罰根拠**

「共犯の処罰根拠」はなぜ問題とされるのだろうか。
「共犯の処罰根拠」に関する学説にはどういうものがあり、それはどのように分類されるだろうか。

〔解説〕
1 問題の所在と留意すべき点
(1) 問題の所在

共犯の処罰根拠ないし共犯処罰の根拠がわが国の刑法学において、大きな理論的関心を引き起こしたのは、比較的最近のことである。「共犯の本質をどのように解するか」という問題は、わが国においても古くから議論されてきた。その議論とこんにちの問題関心との間には、自覚的に展開された縦糸が欠落していたと評することができるであろう。しかし、これは、刑法学の怠慢を意味するものではない。むしろ共犯論は、錯綜する諸問題との真摯な学問的格闘を通して実に多彩な成果を得た領域ともいえるのである。にもかかわらず、今、なぜ共犯処罰の根拠という根本問題が問い直されることになったのであろうか。

その理由は、不法論（違法性論）の深化に求められる。すなわち、行為無価値（行為反価値）・結果無価値（結果反価値）という二項概念によって不法を把握するという視点から、共犯の本質論の洗い直しが要求されているといえるのである。その際、「統一的原理」によって共犯の処罰理由を説明しようとする

努力が試みられるが，はたしてそれは成功し得るものなのであろうか。「むなしさ」(香川)だけをもたらすのか，「共犯論の諸問題を相互に有機づける視点」(大越)を提供することになるのであろうか。

(2) 留意すべき点

共犯処罰の根拠論は，ドイツ刑法学の影響を受けて展開されているが，多少の混乱が見られるので，留意すべき点を整理しておくことにしよう。

(i) ここにいう「共犯」は共同正犯を含むか

わが国およびドイツの通説は，共同正犯を「正犯」の一種と解し共犯の処罰根拠論から除外しているが，共同正犯を「共犯」の一種として教唆犯的なものと幇助犯的なものがあるとする見解も主張されている（大越）。

(ii) 分類の多様性

共犯の処罰根拠に関する学説の分類それ自体が多様であり，同じ名称を付されていてもその内容に違いがあるので，注意しなければならない。

(iii) 行為無価値論・結果無価値論との関係

結果無価値論（物的不法論）——→因果共犯論ないし惹起説，行為無価値論（人的不法論）——→責任共犯論という単純な図式化がなされることがあるが，その図式自体について疑問が提起されており，必ずしも絶対的なものではないことに注意する必要がある。これは，行為無価値・結果無価値の内容の捉え方に関係するから，不法論の根本に立ち返って検討を加えなければならない。わたくしは，行為無価値論の見地からも惹起説は主張され得ると解している。

(iv) 統一原理としての処罰根拠論

統一原理としての処罰根拠論が肯定されるためには，個別問題に対する解決策が「必然性」をもって示される必要があり，単なる関連性・類似性では足りないということを忘れてはならない。すなわち，従来，個別的に処理されてきた諸問題を有機的に結びつけるには慎重かつ緻密な分析が要求されるので，短絡的に結論を急ぐべきではないことになる。

2 学　説

前述のとおり，学説の分類自体が多様であり，ここでは一般におこなわれている分類に従っておこう。それらはそれぞれ解釈論上の異なった帰結をもたらすとされる（しかし，その帰結の必然性については批判が加えられている）。

(1) 責任共犯説

この説は，教唆犯を主眼にして構築された理論で，共犯の処罰根拠を，共犯者が正犯者を堕落させ罪責と刑罰に陥れた点に求める。これは，刑法の任務は社会倫理の保護にあるとし，行為無価値論(人的不法論)，とくに心情無価値論を基礎にしているとされる。

解釈論上，次の帰結をもたらすとされる。①必要的共犯者は可罰的，②教唆の未遂は可罰的，③未遂の教唆は可罰的，④極端従属形式と結合，⑤共犯者は正犯者の身分に従属，⑥過失正犯行為に対する共犯の成立を肯定。

(2) 社会的完全性侵害説

この説は，共犯の処罰根拠を，共犯者が正犯者を社会との鋭い対立の中に陥れ，正犯者の社会的完全性を侵害する点に求める。これは，制限従属性説と調和するように修正された責任共犯説であり，この点以外は責任共犯説と同一の帰結に到達する。

(3) 行為無価値惹起説

この説は，共犯の処罰根拠を，共犯者が他人（正犯者）の行為無価値を惹起した点に求める。これは，人的不法論に基礎を置くものである。

解釈論上，次の結論をみとめる。①必要的共犯は可罰的，②教唆の未遂は不可罰，③未遂の教唆は可罰的，④制限従属性説と結合，⑤共犯者は正犯者の身分に従属，⑥非故意行為に対する共犯の成立を否定。

(4) 純粋な惹起説

この説は，共犯の処罰根拠を，共犯者が正犯者の実現した結果を共に惹起した点に求める。これは，刑法の任務を法益の保護に求める法益侵害説を基礎とし，正犯者・共犯者などの関与者によって違法性判断が異なり得るという意味での「違法性の相対性(個別性)」を肯定する。すなわち，共犯者は正犯

者と共に結果を惹起すれば足りると解することになる。

解釈論上，次の結論をみとめる。①必要的共犯者は不可罰，②教唆の未遂は，未遂の処罰根拠を「意思の危険」に求めれば可罰的，これを「法益侵害の危険」に求めれば不可罰，③未遂の教唆は不可罰，④共犯独立性説か最小従属性説と結合，⑤身分要素は，それが法益侵害の事実的依存性を示すばあいを除いて，個別的に作用，⑥非故意行為に対する共犯の成立を肯定。

(5) 修正された惹起説

この説は，違法性の相対性を否定し，共犯者は正犯者と共に違法な結果を惹起したので処罰されると解する（ドイツの通説）。これは，客観的違法性説を基礎とする。

解釈論上，次の結論をみとめる。①正犯として処罰されない実質的な理由が違法性の欠如にある必要的共犯者は，相手方の行為が違法であるかぎり可罰的，②教唆の未遂は不可罰，③未遂の教唆は可罰的，④制限従属性説と結合，⑤違法身分は連帯的に，責任身分は個別的に作用，⑥非故意行為に対する共犯の成立を肯定。なお，違法性の相対性を一定の限度で肯定する「修正された惹起説」としての「第三の惹起説」（大塚）も主張されている。

◇第2款　共犯の従属性の有無

> 従属性の有無に関して共犯従属性説と共犯独立性説があるが，それぞれの根拠は何なのだろうか。そしていずれの説が妥当なのだろうか。
> 共犯の従属性を「実行従属性」，「要素従属性」および「罪名従属性」に分ける見解があるが，その内容はどうなっているのだろうか。

〔解説〕
1　共犯従属性説と共犯独立性説

(1) 共犯従属性説

狭義の共犯に関して，「共犯従属性説」と「共犯独立性説」が対立している。

「共犯従属性説」とは，狭義の共犯が成立するためには，正犯者が一定の行為をおこなったことを要すると解する説をいう。共犯従属性説は，客観主義刑法理論の立場から主張され，この見解によれば，教唆・幇助行為がなされても，それだけでは犯罪を構成せず，被教唆者および被幇助者が犯罪を実行したばあいに初めて，共犯が成立することになる。いいかえると，共犯の犯罪性および可罰性は，正犯の一定の行為に「従属」しているわけである。この見地においては，一定の犯罪に対して直接的ないし重要な地位を有する行為は，独立して犯罪を構成する（「正犯」）が，間接的ないし軽微な関係を有するにすぎない行為は，主たる他の犯罪に従属して犯罪となるにすぎない（「従属犯」・「加担犯」）と解されているのである。

(2) 共犯独立性説

「共犯独立性説」とは，狭義の共犯が成立するためには共犯者の固有の行為（教唆・幇助行為）があれば足り，被教唆者，被幇助者が犯罪を実行したか否かを問わないと解する説をいう。共犯独立性説は，主観主義刑法理論の立場から主張され，この見解によれば，教唆行為および幇助行為も正犯行為と同様にそれ自体が行為者の反社会的性格を徴表するものであり，犯罪的結果に対して原因力を有するかぎり犯罪性と可罰性を有することになる。被教唆者および被幇助者が犯罪を実行したか否かは，共犯の成立にとって重要でなく，その意味において，共犯は正犯から「独立」して成立することとなる。

(3) 両説の結論の相違

共犯従属性説と共犯独立性説との対立は，「教唆犯・従犯の未遂」の成立範囲について結論の差を生じさせる。すなわち，共犯従属性説は，教唆者・幇助者の教唆行為・幇助行為に基づいて，被教唆者・被幇助者が犯罪の実行に着手し，それが未遂に終わったばあいにのみ，教唆犯・従犯の未遂をみとめる。これに対して，共犯独立性説は，教唆者・幇助者の教唆行為・幇助行為がなされれば，被教唆者・被幇助者がまったく実行行為に出なくても，教唆犯・従犯の未遂の成立をみとめ，未遂罪が罰せられる犯罪については可罰的であるとする。

2 共犯従属性説の正当性

(1) 実定法上の根拠

実定法上，61条は「人を教唆して犯罪を実行させた者には，正犯の刑を科する」と規定し，62条は「正犯を幇（ほう）助した者は，従犯とする」と規定している。これは教唆犯および幇助犯の成立には「正犯の存在」が必要であるとするとともに，「正犯と教唆犯・従犯との異質性」を明示するものである。

さらに，特別刑法においては，共犯の独立処罰をみとめる特別の規定が設けられている。たとえば，破壊活動防止法41条は，「この法律に定める教唆の規定は，教唆された者が教唆に係る犯罪を実行したときは，刑法総則に定める教唆の規定の適用を排除するものではない。この場合においては，その刑を比較し，重い刑をもって処断する」と規定している。これは，同法の教唆犯が正犯の実行行為がなくても成立することを示すとともに，刑法典上の教唆犯は実行行為があってはじめて成立することを意味するものと解すべきである。したがって，現行刑法は共犯従属性説に基づいて規定されていると解するのが妥当である。

(2) 理論的根拠

次に，理論的観点から見ると，まず，犯罪を正犯と狭義の共犯とに二分する「二元的関与体系」をとるばあい，これら2つの犯罪形態をまったく異質なものとして捉える必要がある。さらに，構成要件理論の立場に立つと，基本的構成要件に該当する正犯の実行行為と，修正された教唆犯・従犯の構成要件に当たる教唆行為・幇助行為には，明らかに性格の違いがあり，後者の犯罪性は，通常，前者の犯罪性よりも低く，かつ，前者の実行行為を待ってはじめて可罰性を付与されるものと解すべきことになる。

これに対して共犯独立性説は，教唆行為・幇助行為も一種の実行行為であると解し，被教唆者および被幇助者がまったく行為に出ないばあいにも共犯の成立をみとめる。しかし，共犯は，正犯の行為を通じて構成要件的結果の実現に相当な条件を与え，正犯者の意思ないし規範意識を媒介として犯罪の実現に加担するものである。教唆・幇助行為自体は結果発生に至る現実的危

険性に乏しく，正犯の実行行為があってはじめて構成要件的結果発生の現実的危険性が生ずるのであるから，その段階に至ったときに共犯行為の可罰性がみとめられるべきである。したがって，理論的にも共犯従属性説が妥当であることになる。

3 共犯の従属性の分類

共犯の従属性に関して，共犯の従属性を「実行従属性」，「要素従属性」および「罪名従属性」の3つに分類する見解がある。すなわち，実行従属性とは，共犯成立の要件として，正犯が現実に実行行為をしたことが必要かという問題であり，要素従属性とは，共犯概念の前提となる正犯の行為にはどのような犯罪要素が備えられることを要するかの問題であり，罪名従属性とは，共犯は正犯と同じ罪名であることを要するかという問題であるとされる。しかし，実行従属性とは「従属性の有無」の問題，すなわち共犯従属性説と共犯独立性説との対立の問題であり，要素従属性とは「従属性の程度」の問題であり，罪名従属性とは犯罪共同説と行為共同説との対立の一面の問題であると解すべきである。

◇第3款　共犯の従属性の程度

> 従属性の程度（従属形式）に関する学説にはどういうものがあるのだろうか。そしてどの学説が妥当なのだろうか。
> 判例の立場はどうなっているのだろうか。

〔解説〕
1 意義
(1) 4つの従属形式

「従属性の程度（従属形式）」の問題とは，狭義の共犯が成立し，かつ，可罰性を有するためには，正犯の行為がどの程度に犯罪の要件を具備することを

必要とするのか，ということを意味する。この点に関して，M.E.マイヤーは，次の4つの従属形式を提示した。すなわち，正犯がたんに構成要件に該当すれば足りるとする「最少従属形式」(最少従属性説)，正犯が構成要件に該当し，かつ，違法であることを要するとする「制限従属形式」(制限従属性説)，正犯が構成要件該当性，違法性および責任を具備することを必要とする「極端従属形式」(極端従属性説)，正犯が構成要件該当性，違法性，責任のほかに，一定の可罰条件をも具備することを必要とする「誇張従属形式」(誇張従属性説)が示されたのである。

(2) 諸説の検討

「最少従属性説」は，たんに構成要件に該当するだけで違法性を欠く行為に対する共犯をみとめる点において，共犯の本質を考慮していないといえる。逆に，「誇張従属性説」は，正犯の処罰条件や加重減軽事由が共犯に影響を及ぼさないとしている現行刑法の立場（244条2項・257条2項・65条2項参照）と相容れない。

このようにして，現行刑法の解釈論として意味をもち得るのは，制限従属性説および極端従属性説である。この点について通説は，「制限従属性説」の立場に立っている。「極端従属性説」は，61条の「人を教唆して犯罪を実行させた者」とする規定の「犯罪」という文言を重視して，正犯行為が「犯罪」となるためには構成要件に該当し違法かつ有責であることを要すると解する。これに対して制限従属性説は，61条の「実行させた」という文言を重視して正犯行為は違法な実行行為であれば足り，責任（有責性）を必要としないと解しているのである。

法文の文言を根拠とする形式的解釈としては，上記のいずれの立場も可能であるから，実質的・理論的観点から検討されなければならない。極端従属性説に従うと，たとえば，刑事責任年齢に達していない14歳未満の者を教唆して犯罪を実行させたばあいには，すべて間接正犯が成立することとなって妥当でない。なぜならば，14歳未満の者であっても，相当程度に規範意識を備え，自分の行為の犯罪的意味を十分に理解できる者もいるので，そのよう

な者を利用する行為は間接正犯ではなくて教唆犯と解すべきであるからにほかならない。したがって，狭義の共犯の成立の要件として，正犯者に責任の存在を必要とすべきではないのである。責任は，ほんらい反規範的な意思形成をおこなった行為者に向けられる人格的非難である以上，各行為者について個別的に判断されるべきである。したがって，正犯者の責任に従属して教唆者・従犯者の責任を論ずるのは，合理的とはいえない。

2 制限的従属性説の正当性

正当防衛行為，緊急避難行為などのような正犯者の適法行為を利用して犯罪を実現するばあいは，利用者自身に直接的な規範違反がみとめられて間接正犯となる。その意味において正犯行為はつねに違法行為でなければならないのである。したがって，正犯者の違法性を欠く行為に対する教唆犯，従犯はあり得ないことになる。そして，正犯者の行為が，構成要件に該当するものでなければならないことは当然であり，被利用者の構成要件該当性の欠ける行為を利用するのは，間接正犯である。そうすると，教唆犯，従犯の成立の前提として正犯者の行為は，構成要件に該当する違法な行為であれば足り，責任があることは必ずしも必要でないと解する制限従属性説が妥当であることになる。

3 判例

(1) 従属性の有無

判例は，従属性の「有無」について，共犯従属性説の立場に立っている。すなわち，判例によれば，「教唆罪は実行正犯に随伴して成立するもの」であり（大判大 4・2・16 刑録 21 輯 107 頁），「教唆犯および従犯は何れも正犯の行為に加担するものとして独立したるものに非ず」（大判大 12・7・12 刑集 2 巻 718 頁）とされ，「従犯の正犯に対し従属的性質を有するを以て，正犯の成立を俟って始めて成立し得べきものとす。然れども正犯が未だ起訴せられず，又確定判決を受けざるも，之が為めに正犯に先ち従犯の罪を論ずることを妨げざるを

以て，此場合に於ては先ず証拠に依りて正犯の事実を確認し而して従犯の事実を判定すべきものとす」(大判大 6・7・5 刑録 23 輯 787 頁)とされているのである。

(2) 従属性の程度

従属性の「程度」に関して，判例は，従来，極端従属形式をとる極端従属性説に立っているものと解されてきた。すなわち，大判明 37・12・20 (刑録 10 輯 2415 頁)は，10 歳未満の幼児に窃盗をさせた事案において間接正犯の成立をみとめ，仙台高判昭 27・9・27 (判時 22 号 178 頁)は，13 歳未満の少年に窃盗させた事案において間接正犯の成立をみとめたのである。しかし，最判昭 58・9・21 (刑集 37 巻 7 号 1070 頁)は，刑事未成年者を利用するばあいであっても教唆犯にとどまることがあることをみとめており，制限従属性説に接近してきている。

◇第 4 款　幇助の因果関係

> 「幇助の因果関係」がとくに問題とされるのはいったいなぜなのだろうか。
> 「幇助の因果関係」に関する学説には，どういうものがあるのだろうか。そして「幇助の因果関係」に関する判例の立場はどうなっているのだろうか。

〔解説〕
1　問題の所在
(1) 意義

幇助犯(従犯)は狭義の共犯の一形態であり，すでに犯罪の決意をしている正犯者に加担してその犯行を容易にする犯罪である。それは，物理的幇助と心理的幇助を内容とする。幇助犯も他の共犯と同様，①意思の連絡と，②共同加功が要件とされる。なお，判例・通説は，広く片面的幇助犯の成立をみ

とめるが，それは①の要件を不要とするものであるから，明確な理論的根拠を必要とする。

(2) 因果関係が問題となる理由

なぜ幇助犯についてとくに因果関係が問題とされなければならないのであろうか。共同正犯・教唆犯が成立するためにも因果関係の存在が必要である。共同正犯のばあいは，共同実行者のうちの一部の行為と結果発生との間に因果関係が肯定されれば，他の者についてもそれが肯定される点に特殊性がある。むしろ，このように他の関与者に対して因果関係が擬制される点にこそ，共同正犯の特色があるといえる。教唆犯のばあいは，教唆行為と正犯者の犯意の形成との間の因果関係を考えれば足り，格別，問題はない。というのは，教唆→実行→結果発生という直線的な因果系列が問題となるからである。

これに対して幇助犯のばあいは，因果関係が幇助行為と「正犯の結果」（正犯者が発生させた結果）との間に必要なのか，幇助行為と「正犯の実行行為」との間に必要なのか，さらには，そもそも幇助犯については因果関係は必要ではないのではないか，ということが争われる。これは，因果関係の要否・対象の問題である。この問題が生ずるのは，幇助と正犯の結果との間の因果系列が重畳的であるからにほかならない。

(3) 幇助犯における因果関係の問題点

幇助犯における因果関係の問題は，第一に，共犯の処罰根拠にかかわる。結果の共同惹起を共犯の処罰理由とする因果共犯論をとると，幇助犯についても厳格に因果関係を要求するのが筋である。これに対して正犯者を堕落させて責任と刑罰に導いたことに共犯の処罰根拠を求める責任共犯論の見地においては，正犯者への加担行為があれば足り，因果関係を厳格に要求するまでもないことになる。

幇助犯における因果関係の問題は，第二に，条件関係の確定にかかわる。たとえば，Aが窃盗の正犯者BにC宅の合鍵を渡したが，Cが鍵を締め忘れていたため，Bは，その合鍵を使用するまでもなくC宅に侵入して窃盗をおこなうことができたとする。このばあい，Aの行為がなければBの窃盗の結

果は発生しなかったとはいえないので、Aの行為と正犯の結果との間の条件関係の存在は否定されるべきことになる。ここに条件関係確定上の困難がある。合鍵(あいかぎ)の供与により、Bの犯意が強化され犯行の遂行が容易になったとすれば、その点を捉えてAの行為とBの行為またはBの正犯結果との間の条件関係の存在が肯定され得ることになる。

2 学説の状況

(1) 不要説

(i)幇助行為と正犯の結果との因果関係は不要であり正犯の行為を「促進」すれば足りるとする説(荘子・ドイツの判例)

(ii) 危険増加説

幇助行為が正犯による法益侵害の危険を増加させれば足りるとする。これは幇助犯を危険犯として把握することになり、具体的危険犯説と抽象的危険犯説とに分かれる。

(2) 必要説

(i) 幇助と正犯結果との間に因果関係が必要であるとする説(曽根・西田・大越など)

幇助行為がなかったならば構成要件該当の結果は発生しなかったか、または当該結果においては発生しなかったばあいには、因果関係が肯定されることになる。事後判断による危険増加説(山中)も実質的にはこの説に組み入れてよいであろう。

(ii) 因果関係修正説

構成要件要素にとって重要でない事情の修正があれば因果関係ありとする説と、幇助行為によって正犯の結果惹起が早められたり強化されたりするという付加的因果関係があれば足りるとする説とがある。

(iii) 幇助と実行行為との間に因果関係があれば足りるとする説

これは、実行を容易にしたという因果関係があれば足りるとする立場で、実質的には因果関係修正説の1つであるといえる。

不要説は因果共犯論の見地からは否定されるべきである。人的不法論の見地から共犯の本質を不法の惹起に求める以上，必要説の(ii)説が妥当とされるべきであるとおもう。

3 判 例

わが国の判例は，因果関係を不要とし「促進公式」（幇助者が正犯行為を促進すれば足りるとする思考）をとっている。すなわち，幇助犯が成立するためには，「犯人に犯罪遂行の便宜を与へ之を容易ならしめる」だけで足り，「其遂行に必要不可決なる助力を与ふること」を要しないとされるのである（大判大2・7・9刑録19輯771頁）。

事項索引

あ

意思説 …………………54, 64
一部実行の全部責任の原則
　………………………293
一般的主観的違法要素 158
違法性減少・責任減少説
　……………………242, 249
違法性減少説 ……241, 248
違法性推定機能 …4, 145
違法性の錯誤 ……80, 225
違法性の認識 ……216, 225
違法性の認識不要説 …222
違法性の本質 …………138
違法・有責類型説 ………3
違法類型説 ………………3
意味の認識 ……………56
因果関係 ………………9, 14
因果関係の錯誤 …82, 101
因果関係論 ……………7, 9
因果関係論否定説 ………7
ウェーバーの概括的故意
　…………………………61, 102

か

概括的故意 …………57, 61
拡張的正犯概念 ………268
確定的故意 ……………57
加減の身分 ……………282
過失責任 ………………218
過失による緊急避難
　……………………197, 199
過失による正当防衛
　……………………197, 198
過失犯の共同正犯 …299
過剰結果の併発 …88, 99
間接正犯 ………………267
間接正犯類似説 …297, 299

危険概念 ………………163
危険犯 …………………164
基準行為からの逸脱 …110
規範的構成要件要素 …56
規範の名宛人 …………156
客体の錯誤 ……………82
客観説 …………………12
客観的帰責 ……………8, 16
客観的なものは違法性へ，
　主観的なものは責任へ
　……………………47, 50, 155
旧過失論 ………………107
狭義の共犯 ……………266
共同意思主体説 ………297
共同正犯関係からの離脱
　……………………306, 310
共同正犯の中止犯 306, 308
共犯従属性説 …………319
共犯の意義 ……………266
共犯の種類 ……………266
共犯の従属性の程度 …322
共犯の処罰根拠 ………316
共謀関係からの離脱 …307
共謀共同正犯 …………293
共謀共同正犯否定説 …297
極端従属性説 …………323
緊急権としての正当防衛権
　……………………175, 187
緊急避難の本質 ………188
偶然防衛 ………………182
具体的危険説
　………………164, 234, 258
具体的危険犯 …………164
具体的事実の錯誤 ……82
具体的符合説 …………84
区別説 …………………42
傾向犯 …………………157
形式説 …………………270

形式的客観説 …………235
形式的三分説 …………44
刑事政策説 ………239, 248
刑法の倫理化 …………148
結果回避義務 ……110, 119
結果的加重犯 …………126
結果的加重犯と共犯 …128
結果的加重犯の未遂 …128
結果無価値 ……………138
結果無価値論 …………141
原因において自由な行為
　……………………208, 210
厳格責任説 ………219, 226
故意責任 ………………218
故意説 ……………216, 225
故意の体系的地位 ……47
行為共同説 ……………271
行為後の介在事情 ……19
行為支配説 ………269, 297
行為と責任の同時存在の原
　則 ……………………214
行為無価値 ……………138
行為無価値惹起説 ……318
行為無価値論 …………141
行為論 ……………36, 217
広義の共犯 ……………266
構成的身分 ……………282
構成要件 ………………2
構成要件該当事実 ……5
構成要件該当性 ………4
構成要件的過失 …51, 112
構成要件的過失の内容
　………………………113
構成要件的故意
　………………49, 50, 87
構成要件的事実の錯誤
　………………80, 81, 225
構成要件要素説 ………49

330　事項索引

誤想過剰防衛 ……………200
誤想過剰防衛の取扱い
　………………………201
誇張従属性説 ……………323
個別的客観説 ……………236

さ

罪刑法定主義 ………………39
最少従属性説 ……………323
罪名従属性 ………272, 322
作為 …………………………39
作為義務 …………………41, 44
作為義務の根拠 ……………43
錯誤 ……………………79, 87
錯誤論 …………………79, 87
事後判断 …………………150
事実的故意 ………48, 49, 68
事実の欠缺（欠如）……259
事実の錯誤 …………………80
自然権としての正当防衛権
　…………………175, 187
事前判断 …………150, 164
実行行為性説 ……………270
実行の着手 ………………234
実質的客観説 ……………236
社会的行為論 ………………36
修正された惹起説 ………319
従属形式 …………………322
従属性の有無 ……………322
従属性の程度 ……………322
集団犯 ……………………274
主観説 ………………………12
主観的違法要素 …112, 154
主観的違法要素の理論
　…………………47, 155
主観的帰責 …………………8
主観的正当化要素 ………159
純粋な惹起説 ……………318
障害未遂 …………………238
消極的身分 ………………289
承継的共同正犯 …………302
条件関係 ……………10, 15
条件説 ………………10, 15
条件づき故意 ………………78

素人領域における並行的評
　価 …………………………56
新過失犯論 ………108, 109
新旧過失犯論争 …………107
心神耗弱 …………………206
心神耗弱と原因において自
　由な行為 ………………213
心神喪失 …………………206
真正身分犯 ………282, 287
人的不法論　139, 142, 147,
　164, 181, 234, 247, 317
信頼の原則 ………………114
制限従属性説 ……………323
制限従属性説の正当性
　………………………324
制限責任説 ………………219
制限的正犯概念 …………268
正当化事情の錯誤 ………226
正当防衛の意思 …………179
正当防衛の正当化根拠
　………………………175
責任共犯説 ………………318
責任減少説 ………242, 249
責任説 …48, 216, 225, 226
責任能力 …………………204
責任要素説 …………………48
責任要素としての故意
　…………………………49
絶対（的）不能・相対（的）
　不能説 …………………257
折衷説 ………12, 17, 236
窃盗罪の実行の着手 ……237
相当因果関係説　10, 12, 15
相当性 ………………15, 21
相当の理由 …222, 224, 232

た

対向犯 ……………………274
対物防衛 …………………185
択一的故意 …………………57
中止犯 ……………………238
中止犯の法的性格
　………………………238, 246
中止未遂 …………………238

抽象的危険犯 ……………164
抽象的事実の錯誤 ………82
抽象的符合説 ……………104
統一的正犯概念 …………267
同価値性 ……………………39
特殊的主観的違法要素
　………………………157

な

二元的厳格責任説
　……64, 68, 202, 219, 227
二元的人的不法論
　………139, 142, 146, 152
認識説 ………………54, 64
認識ある過失 ………62, 64
認識なき過失 ………………62
認容説 …………62, 66, 75
「練馬事件」判決 …………295

は

犯罪共同説 ………………271
判断基底 ……12, 15, 16, 20
被害者の承諾 ……………167
必要的共犯 ………266, 274
表現犯 ……………………158
不確定的故意 ………………57
不作為 ………………………39
不作為による共犯 ………278
不作為犯と共犯 …………277
不作為犯に対する教唆
　………………………279
不作為犯に対する共犯
　………………………278
不作為犯に対する幇助
　………………………280
不真正不作為犯 ………39, 41
不真正身分犯 ……282, 288
物的不法論 ………139, 142
不能犯 ……………164, 234, 256
防衛意思の内容 …………180
防衛意思必要説 …180, 183
防衛の意思 ………………179
幇助の因果関係 …………325
法人処罰の範囲 ……………31

法人の犯罪能力 ………25
法定的符合説 ………84, 87
法敵対性 ……………243
方法の錯誤 ………82, 99
法律説 …………240, 248
法律の錯誤 ………56, 80
保障人説 ……………42
保障人的地位 …………42

ま

未遂犯の処罰根拠 ……234
未必的故意 ……57, 62, 64

未必の故意 …62, 64, 73, 75
身分概念 ……………281
身分犯と共犯 …………280
目的的行為論 …………36
目的犯における目的 …157

や

有意行為論 …………36
優越的利益の原則 ……192
予見可能性 …………111
予備 …………………234

ら

立法者意思説 ………276
両罰規定 ……………25

わ

著者略歴

昭和19年5月1日生。昭和42年明治大学法学部卒業、司法修習修了、東京大学大学院法学政治学研究科修士課程修了

現職　明治大学大学院法務研究科・法学部教授・法学博士、慶應義塾大学法学部非常勤講師、放送大学客員教授

元司法試験考査委員（昭和63年度～平成9年度刑法担当）、日本学術会議員（第18期・第19期）、法制審議会委員、新司法試験考査委員（刑法担当）

主要著書

『正当化事情の錯誤』、『違法性の理論』、『錯誤論の諸相』、『財産犯論の点景』、『正当防衛権の再生』、『定点観測・刑法の判例』、『共犯論序説』、『法学・刑法学を学ぶ』、『司法試験』、『集中講義刑法総論』、『集中講義刑法各論』、『刑法総論講義』、『刑法各論講義』、『刑法各論概要』（以上、成文堂）、『刑法総論25講』（青林書院）、『通説刑法各論』（三省堂）、『文書偽造罪の理論』（立花書房）、『事例式演習教室刑法』（勁草書房）、『刑法判例演習教室』（一粒社）、カウフマン＝ドルンザイファー著『刑法の基本問題』（翻訳・成文堂）、『論点講義刑法総論』（弘文堂）、『刑法入門』（共著・有斐閣）、『リーガルセミナー刑法1総論・2各論』（共著・有斐閣）、『刑法基本講座（全6巻）』（共編著・法学書院）、『刑事訴訟法』（共著・創成社）、『刑法総論』・『刑法各論』・『刑事訴訟法』（編著・八千代出版）、リューピング『ドイツ刑法史綱要』（共訳・成文堂）ほか

疑問からはじまる刑法Ⅰ ［総論］

平成18年8月10日　初　版第1刷発行
平成19年4月10日　初　版第2刷発行

© 2006　H. Kawabata

著　者　川端　博（かわばた　ひろし）

発行者　阿部耕一

〒162-0041　東京都新宿区早稲田鶴巻町514
発行所　株式会社　成文堂
電話 03 (3203) 9201(代)　Fax (3203) 9206

製版・印刷　三報社印刷　製本　佐抜製本　　　検印省略
☆落丁・乱丁本はおとりかえいたします☆
ISBN 4-7923-1731-2 C3032
定価（本体2700円＋税）